ARTISANAT QUÉBÉCOIS

3. Indiens et Esquimaux

Couverture

- Maquette:
  MICHEL BÉRARD

Maquette intérieure

- Conception graphique:
  MICHEL BÉRARD

- Dessins et croquis:
  CYRIL SIMARD

Page-couverture

1 - Mitaine montagnaise de Pointe-Bleue en cuir d'orignal fumé. Elle est décorée de motifs géométriques aux poignets et de la traditionnelle double courbe au dos; la double courbe se retrouve avec certaines variantes chez presque tous les groupes amérindiens du Québec. (Photo Jauvin)

2 - Raquettes traditionnelles montagnaises de Bersimis, Côte Nord, nattées de babiche de caribou et décorées de motifs géométriques. (Collection Lucien Morisset; photo Claude Bureau)

3 - Sculpture esquimaude en stéatite de Joe Talirunilik illustrant une légende tirée d'un fait historique. (Photo Fédération des coopératives esquimaudes)

DISTRIBUTEURS EXCLUSIFS:

- Pour le Canada
  AGENCE DE DISTRIBUTION POPULAIRE INC.,*
  955, rue Amherst, Montréal H2L 3K4, (514/523-1182)
  *Filiale du groupe Sogides Ltée

- Pour l'Europe (Belgique, France, Portugal, Suisse,
  Yougoslavie et pays de l'Est)
  OYEZ S.A. Muntstraat, 10 — 3000 Louvain, Belgique
  tél.: 016/220421 (3 lignes)

- Ventes aux libraires
  PARIS: 4, rue de Fleurus; tél.: 548 40 92
  BRUXELLES: 21, rue Defacqz; tél.: 538 69 73

- Pour tout autre pays
  DÉPARTEMENT INTERNATIONAL HACHETTE
  79, boul. Saint-Germain, Paris 6e, France; tél.: 325 22 11

Cyril Simard

ARTISANAT QUÉBÉCOIS

3. Indiens et Esquimaux

LES ÉDITIONS DE L'HOMME *

CANADA: 955, rue Amherst, Montréal 132
EUROPE: 21, rue Defacqz — 1050 Bruxelles, Belgique

* Filiale du groupe Sogides Ltée

©1977 LES ÉDITIONS DE L'HOMME LTÉE

Tous droits réservés

Bibliothèque nationale du Québec
Dépôt légal — 1er trimestre 1977

ISBN-0-7759-0522-4

Table des matières

ARTISANAT ESQUIMAU

RÉPERTOIRE D'INFORMATIONS GÉNÉRALES

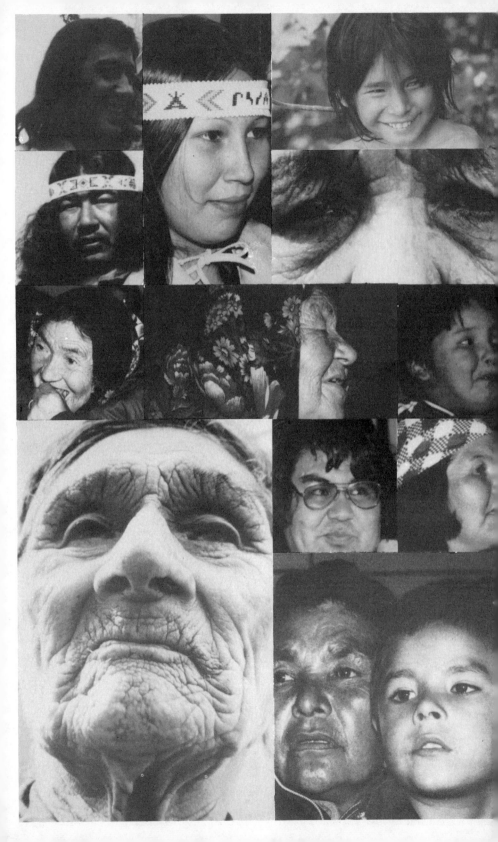

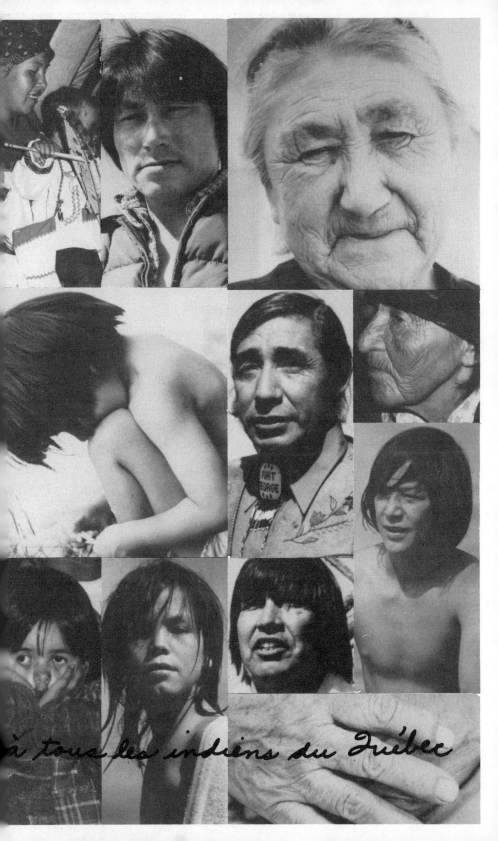

à tous les indiens du Québec

GANOHONYOK (Rendons grâces) *

Notre Créateur a voulu que nous Lui rendions grâces lorsque nous nous réunissons quelle qu'en soit la raison. Nous tournerons nos voix vers Lui.

Nous pardonnons d'abord à la Terre, notre Mère, qui nous soutient. D'elle nous obtenons bien des choses:

> les herbes et les arbustes divers qui nous donnent les médicaments

> les nombreuses sortes de fruits en grappe dont nous faisons usage, parmi lesquels sont la fraise et la framboise

> les arbres et surtout l'érable qui nous donne la sève sucrée

> tous les animaux qui servent à nous nourrir et à nous vêtir, et entre autres le cerf

> les oiseaux qui volent au-dessus de nos têtes et nous ravissent de leurs chants

> les lacs, les rivières et les ruisseaux qui contribuent à notre bien-être

> les trois soeurs qui assurent notre subsistance: le Maïs, le Haricot et la Courge dont nous vivons.

Nous joignons nos esprits et rendons grâces pour les biens de la Terre. Et il en sera ainsi dans nos esprits.

Nous parlons maintenant des Auxiliaires du Créateur, ceux qui habitent là-haut. Nous savons que chacun s'acquitte de sa mission:

---

* Action de grâces iroquoise

nos Grands-pères, les Tonnants, qui viennent de l'Orient, apportant avec eux la pluie pour remplir les lacs et les ruisseaux et qui gardent sous terre les animaux monstrueux qu'Il n'a pas faits

notre Frère aîné, le Soleil, qui réchauffe le vent et qui fait croître toutes choses

notre Grand-mère, la Lune, qui règle le temps et la venue des enfants

nos Grands-parents, les Etoiles, dont nos ancêtres savaient autrefois la signification

le Vent, qui vient des lieux voilés et souffle pour nous, toujours modérément.

Nous réunissons ensemble tous les Auxiliaires du Créateur, nous joignons tous nos esprits et nous rendons grâces pour eux. Et il en sera ainsi dans nos esprits.

Et nous parlons, maintenant, de Sganyadaiyo, Beau-Lac, dont le séjour sur terre a permis à la parole du Créateur de se manifester. Et nous mentionnons également les quatre Etres, nos Gardiens qui nous protègent. Nous les remercions de toujours rester fidèles à leur rôle. Et il en sera ainsi dans nos esprits.

Et nous portons maintenant nos remerciements plus haut jusque chez notre Créateur, lui qui habite le monde céleste. Il nous écoute et nous surveille jour et nuit. Nous lui rendons grâces pour tout. Ainsi soit-il.

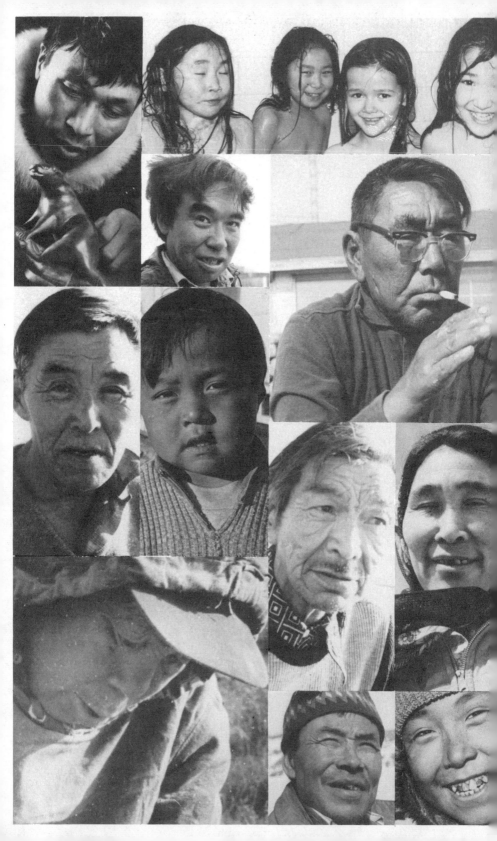

...tous les esquimaux du Québec

Remerciements

Bernard Assiniwi a choisi depuis longtemps de nous présenter les aspects les plus positifs de la culture amérindienne du Québec. En lui demandant d'écrire cette préface, je savais qu'il ferait oeuvre d'architecte en mettant en valeur les coutumes et les traditions de son peuple dans un esprit de fierté et non de lamentations.

Je le remercie et le félicite pour la saine contribution qu'il apporte au peuple du Québec qui, comme tous les autres peuples, a besoin de "ce petit remontant" qui en terme savant s'appelle la motivation, stimulant essentiel pour consolider le passé, vivre le présent et bâtir le futur.

N'étant pas moi-même un homme de bois...mais voulant que cet ouvrage reflète le plus possible la réalité, j'ai intimement associé à mon cheminement l'expérience à la fois théorique et pratique d'un expert en ce domaine: Michel Noël, ethnologue de Québec.

Pour mieux vous informer, nous avons parcouru ensemble tous les postes ou réserves indiennes du Québec, de la Gaspésie à la Baie James en passant par Maniwaki sur la rivière Désert. Nous avons également visité, grâce au ministère fédéral des Affaires indiennes et au ministère des Richesses naturelles du Québec, la presque totalité des villages esquimaux du Québec, de Poste-de-la-Baleine à Ivujivik sur la Baie d'Hudson et de Saglouc à Fort-Chimo sur la Baie d'Ungava.

C'est une contribution exceptionnelle que Michel Noël m'a apportée en ce qui concerne principalement la recherche et je l'en remercie avec cette même ferveur que je veux manifester pour souligner ici le rôle magnifique qu'il joue actuellement comme l'un des premiers responsables de la mise en valeur de l'artisanat indien au Québec, en collaboration étroite avec l'Association des Artisans indiens du Québec. Par cette même voie, de nombreuses informations nous ont été fournies par Serge Bedikian, qui a passé près de trois ans dans le Nord avec la Fédération des Esquimaux et qui travaille aujourd'hui pour l'Association des Artisans indiens du Québec.

Madame Lorraine Parent-Sicotte, qui a monté pour l'Association tout le service de documentation et fait des recherches excep-

17

tionnelles sur les motifs décoratifs indiens, nous a guidé dans divers domaines et a corrigé, il y a un an, la première version de notre travail. Les documents concernant les techniques de crin d'orignal et de porc-épic n'auraient pas été possibles sans ses recherches spécialisées dans ces domaines. La Fédération des Coopératives du Nouveau-Québec a contribué aussi, par les renseignements qu'elle nous a fournis sur les Inuits, à l'exactitude des informations contenues dans ce livre.

Messieurs Bruce Myers et Jim Donagh nous ont toujours reçus avec beaucoup de courtoisie et Madame Marybelle Myers, responsable du développement artistique, a complété de nombreux documents et nous a assisté dans nos recherches. Je ne voudrais pas oublier le dévouement exceptionnel de Mademoiselle Suzette Labbé, qui n'a pas hésité à mettre son expérience à notre disposition, au service de la promotion de l'art esquimau.

Au ministère des Affaires culturelles du Québec, le sous-ministre René Barbin nous a ouvert les portes des riches collections ethnologiques du service d'anthropologie et d'ethnographie du Québec, de la Direction générale du Patrimoine. Monsieur Marcel Junius nous assista de ses conseils professionnels et Monsieur Camil Guy ainsi que Madame Céline Saucier n'ont pas ménagé leur temps pour nous aider.

Cette contribution du ministère des Affaires culturelles nous aura été fort précieuse. Nous croyons qu'elle s'inspire d'une volonté générale de collaboration et d'ouverture de la part de la direction de ce ministère, volonté exprimée par le ministre Jean-Paul L'Allier dans son livre vert du 27 mai 1976. C'est la première fois, je crois, que ces riches collections du ministère sont mises à la disposition d'un auteur s'adressant à un large public.

Merci également à Clément Tremblay, directeur de la Direction générale du Nouveau-Québec (DGNQ) ainsi qu'à Camille Roy, géographe, directeur du service de mise en valeur des ressources de cette même institution.

Le ministère des Affaires indiennes du Canada n'a pas lui non plus ménagé ses efforts pour nous aider. Il a mis à notre disposition matériel, personnes ressources et avion quand il le fallait. Fernand Marcoux et sa femme, qui nous reçurent dans le Nord, à Poste-de-la-Baleine, furent de ces personnes accueillantes et compréhensives dont le concours nous fut des plus précieux.

A la Guilde canadienne des Métiers d'Art, la directrice Virginia Watt ainsi que Madame Olga Burman eurent la grande amabilité de nous indiquer de bonnes sources d'information.

A l'Office National du Film, à Québec, nous avons rencontré la première directrice de la Centrale d'Artisanat du Québec, Mlle Madeleine Marcoux. Il n'y a rien que cette "grande dame de l'artisanat du Québec" n'ait fait pour nous informer avec pertinence sur les films et les moyens audiovisuels disponibles relatifs à l'artisanat québécois et canadien. Cette pionnière du renouveau de l'artisanat du Québec mérite le respect et la reconnaissance de tous les Québécois. Artisans et amateurs de belles choses de cette province lui doivent beaucoup! A Montréal, c'est une Indienne qui nous a reçus à l'Office National du Film, Mlle Alanis Obomsawin. Elle nous a fourni des photos provenant de ses intéressantes recherches.

A l'Université de Montréal, Carole Lévesque et Aline Tremblay, spécialistes des questions relatives aux arts indien et esquimau, au département d'anthropologie, nous ont présenté des travaux de première importance et fait découvrir que de nombreuses recherches universitaires mériteraient une plus large diffusion dans le grand public. Monsieur Bilkins, des Collections particulières, nous a reçus avec son habituelle gentillesse lorsque nous sommes allés choisir les gravures appropriées.

Nos remerciements iront également:

à Guy Sioui, ce jeune Indien, artiste et administrateur, qui nous reçut dans le musée abénaqui d'Odanak...le seul musée au Québec créé et dirigé par un Indien;

à Hélène Montmigny et Marie-France Guedon, du service du Musée de l'Homme du Canada, à Ottawa, qui nous ont informés sur les riches collections du Canada;

à Huguette Marquis et Michel Lessard de Québec, qui nous ont assurés de leur amicale collaboration professionnelle;

à Monsieur Russel Robertson, cet Indien de Pointe-Bleue qui nous a accompagnés dans le Nord et qui sut nous faire partager son engouement pour les secrets de la chasse et la beauté des fourrures des animaux sauvages du Québec;

à M. William Commonda de Maniwaki, qui nous a montré l'art de la confection des canots d'écorce;

à Serge Jauvin, photographe de Québec, qui nous a fourni d'excellentes photos d'un travail personnel sur l'artisanat montagnais de Pointe-Bleue;

à toutes ces artisanes, comme Madame Marie-Jeanne Gill d'Odanak, qui nous parlèrent de leur métier...et nous firent réaliser à quel point tous les Québécois devaient à ces Indiennes et ces Inuits qui surent conserver envers et contre tous des coutumes ancestrales.

Pour son aide technique, nous voulons remercier l'Alliance laurentienne des Métis et Indiens de Loretteville de nous avoir permis d'utiliser les magnifiques photos d'Elizabeth Karné. La plupart des autres photos publiées dans ce livre ont été prises par les services gouvernementaux ainsi que par les photographes attachés à la réalisation des deux premiers ouvrages, Claude Bureau et Serge Jauvin, de Québec, Ronald Labelle, Daniel Leduc et Daniel Fyen, de Montréal. Les photos de Fort-George ont été prises par Jean Tremblay de la Direction générale du Nouveau-Québec. J'aimerais rendre hommage au grand Armour Landry, historien et photographe renommé qui, comme toujours, ajoute à ses photos merveilleuses des informations historiques et des faits des plus appréciés. Précisons que les photos relatives à la vie esquimaude sont l'oeuvre du Frère André Chauvel, O.M.I. Elles appartiennent maintenant au ministère des Affaires culturelles et ont été réalisées en 1951, alors que le Nord était encore... le Nord.

En 1976, Lise Paré, professeur à Saglouc, nous a fourni des photos d'actualité de l'école française où elle enseigne et de nombreuses illustrations nous viennent des magnifiques livres scolaires publiés par la Commission scolaire du Nouveau-Québec et illustrés de main de maître par Paulusi Sivuak de Povungnituk ·

Jean-Louis Fleury revisa les textes et corrigea les brouillons de cet ouvrage. Johanne Moreau dactylographia notre manuscrit.

Enfin, je voudrais remercier le public qui a accueilli les deux premiers ouvrages jusqu'à leur donner le statut de "best sellers" québécois. Ce succès relève sans aucun doute de l'intérêt et de l'attachement toujours plus grands que portent les Québécois à leur patrimoine, et aux questions qu'ils se posent sur l'avenir... de l'artisanat du Québec.

Et à tous ceux que nous oublions de remercier, qu'il nous soit permis de rappeler ce gentil proverbe amérindien: "Avant de reprocher quelque chose à quelqu'un, il faut porter pendant une semaine... ses mocassins".

Ce troisième volume complète notre série d'ouvrages consacrés à l'artisanat québécois. Nous souhaitons qu'il représente pour tous les artisans une sorte de lien qui les rattache aux fécondes racines des civilisations autochtones du Québec.

Cyril Simard

Préface
de
Bernard
Assiniwi

La neige molle recouvrait encore le sol du sous-bois et , malgré le chaud soleil de la fin d'avril, l'homme trapu devait porter raquettes aux pieds pour ne pas s'épuiser à marcher.

A la ceinture, il portait un rouleau de corde fine et une hache à manche court.

Il s'arrêta devant un très grand bouleau dont les premières branches étaient à environ une vingtaine de pieds du sol.

Il enleva ses raquettes et les planta dans la neige. Il défit le rouleau de corde et le posa près des raquettes. Il sortit de sa poche de veste un morceau de peau d'orignal qu'il déroula et en sortit son couteau croche.

Il regarda attentivement l'arbre majestueux pour en découvrir la légère courbe et il y fit face. A l'aide de son couteau, il traça une marque tout autour de la base puis il déroula sa corde et la lança à la première branche de l'arbre. Lorsque l'autre extrémité de la corde retomba vers lui, il la fixa sous ses fesses et à l'aide de ses bras puissants, il se hissa vers le haut de l'arbre en s'aidant de ses pieds, à l'image des alpinistes. Arrivé à l'endroit choisi, il attacha la corde sous ses aisselles et se mit en frais de refaire ce qu'il avait fait au bas de l'arbre.

Puis, décrochant sa hache, il entreprit de fendre l'écorce du bouleau de haut en bas. Au fur et à mesure qu'il redescendait, il insérait des coins de bois entre l'écorce et l'arbre. Cette opération dura une bonne heure et finalement, il put enlever l'écorce entière sans abattre l'arbre.

23

Plaçant l'écorce au soleil, il attendit une couple d'heures que les chauds rayons la fassent s'étendre et il entreprit de la rouler dans le sens de la longueur, mais à l'envers.

Cette opération dura deux autres heures. Lorsque l'écorce fut roulée, il l'attacha à l'aide de la corde qui lui avait servi à grimper, la mit sous son bras et, ramassant ses outils, chaussa ses raquettes et prit le sentier du retour.

Cet Algonquin venait de répéter le geste millénaire de l'artisan constructeur de canots d'écorce de bouleau.

Il venait, par tradition, mais avec des outils modernes, d'accomplir la première opération de l'artisan autochtone de notre pays. Il lui faudrait au moins quinze jours pour terminer seul le travail de construction.

Ce geste, je l'ai observé des dizaines de fois et j'ai aidé à le poser à plusieurs reprises. Tout comme celui de couper le frêne, de le fendre en son centre à l'aide de coins de bois et ensuite d'y prendre les morceaux nécessaires à la confection d'un fût de raquettes à neige.

Rituel des véritables artisans soucieux de la qualité du produit qu'ils fabriquent ou simplement répétition traditionnelle d'un geste appris en guise de besoin, de survie ou de vie? Peu importe! C'est le geste qui compte et qui fait que les techniques se perpétuent tout en s'améliorant.

Que ces gestes soient encore posés, malgré les multiples frustrations subies au cours des quatre siècles, et plus, du processus d'aculturation mis en branle avec l'établissement de la colonie européenne sur notre territoire, tient (peut-être) du miracle...ou de la puissance de la tradition.

Il en a fallu du courage pour s'obstiner à utiliser des moyens qu'on disait périmés et rétrogrades. Il en a fallu de l'amour du métier pour s'obstiner à pratiquer un art qui perdait de sa popularité chaque jour et qui ne faisait pas vivre celui qui l'avait appris.

Oui mon frère, j'ai été humilié de ne pouvoir en tout temps sentir en moi la force d'une tradition capable de soutenir mon envie de crier mon passé et mon besoin d'égalité et de respect.

Oui mon frère, je me suis souvent senti vide face à l'enseignement étranger que l'on me donnait et qui venait d'ailleurs.

Oui mon frère, je me suis retranché dans ma révolte intérieure faute de pouvoir véritablement apprécier le génie et le talent de mes pères.

Oui mon frère, je me suis fermé en voyant qu'on m'expliquait, m'analysait et ne me comprenait qu'à travers la comparaison souvent injuste et remplie de préjugés.

Oui mon frère, j'ai craché ma passivité et affiché l'image du dominé par crainte d'une plus grande humiliation que celle de ne pas être accepté tel que j'étais.

Mais mon frère, je me suis sorti de ma torpeur et j'ai crié ma condition. Je me suis raconté et parlé de mes ambitions, je me suis revalorisé à mes propres yeux en apprenant à me connaître.

J'ai appris la fierté dans la défaite et regardé la honte dans la victoire.

J'ai appris le respect lorsque j'ai été respecté et accordé mon amitié lorsqu'on m'a aimé.

Et voilà qu'un chercheur ami m'a découvert, étudié, compris et expliqué dans un ouvrage des plus sérieux et des mieux conçus.

Pour ce faire, il fallait beaucoup d'amour et de sympathie.

Par ce fait, mes connaissances ont été classifiées et pourront un jour servir à d'autres... Indiens ou non.

A celui-là (assisté, bien sûr, par plusieurs personnes), je dis merci car il m'aide (ainsi que mon frère) à continuer mon apprentissage de ma propre connaissance et de ma propre acceptation de ce qui est.

Que l'auteur de ce livre accepte toute l'expression de la gratitude de ceux qui ont craint de voir mourir ce qui leur appartenait. Grâce à lui, la fierté d'être ce qu'ils sont sera perpétuée dans la découverte de l'art du quotidien.

Je (je devrais dire "nous") ne suis plus tout-à-fait ce que j'étais et je ne le serai plus jamais, mais j'aurai tout de même un outil de mémorisation pour me faire mieux apprécier et (qui sait) peut-être... aimer.

C'est dans le quotidien de l'Indien que l'auteur a trouvé cet amour de l'explication du talent de l'artisanat véritable. De cet artisanat à qui nous devons de connaître ce qui reste de notre pauvre culture...pourtant si riche.

WIGWASS WIGWASS *(traduction algonquine)*

O mon écorce de bouleau
Sous la pluie de l'automne, tu sais te conserver.

O mon écorce de bouleau
Aux braises du feu, tu sais résister.

O mon écorce de bouleau
Sur les eaux, tu sais si bien flotter.

O mon écorce de bouleau
Le temps, tu sais mépriser.

Même le cèdre ne te survit
Même la terre ne te flétrit

O mon bouleau, source de vie
O mon bouleau, toi mon ami.

Bernard Assiniwi

Avant-propos

...Lorsque, en effet, une société rejette brusquement toutes ses certitudes techniques et toutes ses représentations traditionnelles, elle abandonne, du même coup, toutes ses valeurs propres, elle se livre, littéralement parlant, au groupe humain qui lui impose et ses techniques et sa figuration nouvelle. La destruction des images des dieux a toujours été un des moyens les plus efficaces pour asservir. La démarche naturelle du progrès humain exige que les nouveaux systèmes de compréhension et de figuration de l'univers se présentent comme englobant les anciens sans les détruire. Il s'agit d'élargissement, d'enrichissement, non de substitution brutale. Le véritable progrès exige une certaine adhérence au passé.

Pierre FRANCASTEL, Art et techniques, p. 230

Ce troisième volume consacré au patrimoine artistique et artisanal du Québec est lui aussi un outil, un ouvrage de référence pour ceux qui veulent retourner à nos sources. Et si l'on parle de retour, de retrouvailles, n'est-ce pas une quête de vérité merveilleuse que de tenter enfin de redécouvrir ce patrimoine?

Il y a belle lurette que les Indiens ont le culte de la terre et des matières premières que leur offrait ce continent...Ils n'ont pas besoin de fleur à la boutonnière. Pour eux, vivre en parfaite communion avec la nature n'était pas une affaire de mode, mais un mode de vie. Jusqu'où notre influence d'Européens aura-t-elle contaminé leur existence?...

Ce troisième volume, consacré à l'artisanat d'origine amérindienne du Québec, nous en avons abordé l'élaboration avec beaucoup d'humilité, conscients que nous ne saurions en même temps contenter tout le monde. Les ethnologues nous reprocheront notre attitude par trop désinvolte devant les aspects très importants des modes de vie et de production des populations autochtones de cette province. Les spécialistes de la géographie humaine mettront probablement nos frontières en doute, encore que la Commission Dion qui a étudié ce problème n'ait pas réussi non plus à vraiment trancher le sujet. Les artistes diront peut-être que nous nous méprenons sur le sens profond de l'art et le rôle que nous voulons donner à l'artisanat aujourd'hui. Cependant, au travers de ce concert discordant qui pourrait se faire entendre, qu'une note reste claire, qu'une chose soit certaine: nous n'avons pas cherché à être savants pour être savants, mais à présenter, suivant une formule simple, un portrait accessible à tous de ce qu'a été dans le passé et de ce qu'est aujourd'hui la "culture matérielle" de ces deux "peuples fondateurs", les Indiens et les Inuits.

Nous avons tenté d'identifier et de répertorier sur le territoire québécois les productions artisanales et artistiques des peuples autochtones qui nous semblaient les plus aptes à intéresser nos concitoyens et à les pousser à approfondir certains éléments de cette étude générale.

Nous avons parcouru l'ensemble des territoires où habitent les Inuits et les Indiens québécois, de la Baie James à la Baie d'Hudson, de Fort-George à Povungnituk, d'Odanak à Maria en Gaspésie, etc. Nous avons discuté avec les artisans autochtones, avec ceux qui s'intéressent à cette forme d'expression artistique, ceux qui font des recherches sur ce sujet et ceux qui contribuèrent au développement de cet art.

*   *   *

Plusieurs se demanderont pourquoi nous titrons cet ouvrage en utilisant les mots "artisanat *indien* et *esquimau*".

Bien sûr, nous savons qu'on rattache généralement le qualificatif d' "amérindien" à l'ensemble des peuples autochtones qui habitaient ce continent avant l'arrivée des Européens. Quant à nous, nous avons choisi de parler d'artisanat "indien", reprenant le mot que Christophe Colomb associa à ces hommes rouges qu'il rencontra en débarquant sur les rives de Terre-Neuve, persuadé qu'il était d'avoir découvert les Indes. Peut-être, après tout soyons ambitieux, ce livre sera-t-il aussi une découverte pour plusieurs de nos concitoyens.

Nous avons également utilisé le qualificatif d' "esquimau", même si nous savons qu'initialement ce terme avait une nuance péjorative (mangeur de viande crue) pour les Indiens qui dénommaient ainsi ces habitants du Nord avec lesquels ils ne s'entendaient guère.

Nous ne nous servirons du mot "Inuit", qui est le nom que se donnent eux-mêmes les Esquimaux, que comme nom, et non comme adjectif. Ce terme "esquimau", nous le garderons car nous voulons que ce livre soit accessible au plus grand nombre de Québécois qui depuis si longtemps ont adopté le terme "esquimau" pour dénommer ces peuples du Nord. Il faut bien dire que sur cent personnes qui se présentent à la Centrale d'artisanat pour acheter une sculpture faite par les Inuits, 99% demandent à la vendeuse l'endroit où se trouve "la sculpture faite par les Esquimaux"! C'est donc par respect pour cette clientèle que nous avons conservé le mot d' "esquimau" qui sonne si bien... Vox populi, vox dei! et voix aussi des grands spécialistes en la matière comme Taylor, Swinton, etc.

Pour les mêmes raisons, nous avons uniformisé l'utilisation du mot "Inuit" en l'employant même au singulier et en le faisant suivre au pluriel du "s" grammatical. En fait, il aurait fallu écrire "Inuk" au singulier et "Inuit" au pluriel. Mais nous avons choisi de simplifier les choses et de garder "Inuit", qui est le plus connu des deux termes, quel qu'en soit le genre ou le nombre.

* * *

Vous remarquerez également que nous avons tenu à montrer les divers aspects de l'expression artistique et artisanale des Inuits et des Indiens, en nous attachant aux objets réalisés par la main de ces hommes. Nous avons voulu que toutes les explications et les images viennent converger pour mettre en valeur la beauté de l'objet indien ou esquimau. De plus, nous avons insisté sur l'actualité de cet artisanat et de ses productions contemporaines dont les techniques sont encore appliquées avec un sens du "bel ouvrage", concept qui existe également dans le vocabulaire indien où, en montagnais, il est exprimé par les mots: perception du beau (KAMILUNAKIT) et ouvrage (TESSIUM).

Par ce livre, nous croyons pouvoir aider ceux qui cherchent à se procurer des pièces d'art ou d'artisanat indien et esquimau authentiques, à faire leur choix et à différencier le vrai du faux, du simili ou de l'importé. Ce sera notre façon à nous de protéger un peu un marché qu'un trop grand libéralisme à nos frontières met souvent en péril d'envahissement. La notion de fierté est hélas pour quelques-uns trop souvent diluée dans cette notion exclusive de recherche de profit.

Quand donc cesseront ces importations bâtardes, à l'image de notre propre sang, de poupées indiennes et sculptures esquimaudes en plastique!... L'Espagne achète-t-elle au Canada... des poupées espagnoles? Le Danemark vient-il demander à nos manufacturiers des petites miniatures de bateaux "viking"?...

Aujourd'hui, la commercialisation des produits d'artisanat indien et esquimau est organisée. Quelques-uns se lamenteront devant ces faits comme ils déplorent que certains potiers québécois aient décidé de faire un métier de la pratique de leur art. Il y aura toujours des "mains habiles" qui créeront, en passe-temps, durant leurs heures de loisirs et de façon désintéressée, des pièces magnifiques, comme autrefois. Mais ceux qui ont décidé de consacrer leur vie professionnelle à ce type de production permettent à un plus grand nombre de Québécois de découvrir dans leur maison ou leur appartement des grandes cités le parfum des foins d'odeurs, le confort d'une paire de mitaines en fourrure de castor ou l'utilité d'un panier d'écorce pour aller à la buanderie automatique, et cela est un bien! Il est bon que de nombreux Québécois puissent encore toucher du doigt des produits "qui sortent des bois".

*   *   *

Pour présenter le fruit de toutes nos recherches, voici comment nous avons conçu cet ouvrage.

La formule reprend à peu près celle des deux livres précédents. Toutefois, nous avons cru bon d'y apporter quelques changements en vue de mettre en valeur le passé culturel des peuples indiens et esquimaux, passé qui, dans une large mesure, explique les facettes actuelles des productions artisanales et artistiques.

A la fin, un répertoire d'informations générales complète l'ensemble des trois volumes consacrés exclusivement aux productions québécoises.

POUR UNE MEILLEURE CONNAISSANCE DE L'ARTISANAT

a. Les saisons de production

Nous avons voulu présenter une vue générale de la vie des Indiens et de celle des Inuits à travers laquelle nous pourrions saisir leurs faits et gestes. L'art des autochtones de fabriquer des objets pour manger, celui d'inventer et de confectionner des vêtements et celui d'affronter les rigueurs du climat québécois, nous permirent de dresser un calendrier de production de ces peuples, fondé sur l'alternance des saisons. Jouant un peu sur les mots, nous avons imaginé nos "saisons de production" où nous pourrons vous présenter dans un cadre de fleurs, d'eau, de bois et de neige, les objets de la vie courante des peuples autochtones.

Ce livre est donc un tableau, une fresque modeste dont les ombres et les lumières mettent en valeur les objets produits par les Indiens et les Inuits. Dans nos chapitres et nos illustrations consacrés aux saisons de production des Algonquins, des Iroquois et des Inuits, vous trouverez une synthèse bien imparfaite mais que l'on a voulue attachante.

Ceux qui voudraient trouver dans ce livre une oeuvre hautement scientifique seront peut-être déçus de n'y voir qu'une oeuvre d'amour et de fierté avant tout.

b. Développement de l'artisanat

Depuis ces dernières années, de grands changements technologiques sont apparus tant chez les Indiens que chez les Inuits. Ceux qui ont visité des villages esquimaux et indiens savent bien que les iglous et les tentes indiennes ont à peu près disparu de même que les coutumes ancestrales de ces peuples qui, de plus en plus, sont noyées dans le flot uniforme de notre société de consommation.

Le présent ouvrage n'a pas pour but d'indiquer ces changements sociologiques ni d'en faire le bilan. Laissons cela à d'autres, plus qualifiés que nous.

Heureusement, cette intrusion des Blancs dans la vie des autochtones n'eut pas que des effets négatifs. Dans le domaine de l'artisanat particulièrement, des contributions valables sont à souligner qui permirent à de nombreuses techniques artisanales de survivre (c'est le cas de l'artisanat indien) et, parfois même, de naître (comme la sculpture et la gravure esquimaudes). Nous ne porterons pas ici de jugement de valeur, mais nous avons voulu vous faire mieux connaître le rôle de ces agents intérieurs et extérieurs du développement de l'artisanat:

— les artisans,

— les institutions,

— les événements,

— les associations,

— les manifestations importantes,

— les personnes ressources.

PRODUCTIONS ACTUELLES

Nous avons regroupé pour chacune des productions, des explications sur la technique elle-même, des critères d'authenticité ainsi que des méthodes d'entretien et de restauration. Vous remarquerez que les techniques présentées ici sont des techniques appliquées encore de nos jours et dont vous pourrez trouver des exemples sur le marché québécois... Pas n'importe où, évidemment! C'est pour cela que nous donnons une information assez complète concernant les ateliers et les endroits propres à vous présenter les objets de meilleure qualité. Evidemment, nous ne nous sommes pas aventurés dans le monde du "souvenir". En vous indiquant les critères de qualité et en vous référant toujours aux étiquettes officielles d'authenticité acceptées par les artisans et le gouvernement, nous pensons vous aider à indentifier le vrai... et le meilleur.

Nos informations dans les différents chapitres se divisent ainsi:

a. Techniques et productions

— Origine de la technique

— Matériaux
— Procédés de fabrication
— Outils et accessoires
— Classification des techniques

b. Critères d'authenticité et de qualité

— Forme et fonction
— Principaux produits
— L'authentique et le faux
— Perfection d'exécution
— Pièces de collection

c. Entretien et rénovation

— Entretien
— Rangements spéciaux
— Mise en garde et protection
— Eléments destructeurs

LECTURES SUGGÉRÉES

Un grand nombre d'ouvrages consacrés aux Inuits et aux Indiens ont été publiés. Ils sont généralement rédigés en anglais et parlent de ces peuples dans un contexte plus large que le nôtre qui se limite aux autochtones du Québec. La meilleure bibliographie en ce qui concerne les Inuits du Québec a été rédigée par le Service du Patrimoine du ministère des Affaires culturelles du Québec. Nous en avons extrait les titres des volumes qui concernaient plus particulièrement la "culture matérielle" et l'artisanat actuel des Inuits.

Du côté indien, la bibliographie fournie par le ministère des Affaires indiennes a été préparée par Lorraine Parent-Sicotte, anthropologue au vaste savoir dont le dévouement auprès des populations indiennes est bien connu.

En principe, nous avons sélectionné des ouvrages écrits en français; cependant, nous avons inclu à notre liste des documents en langue anglaise qui sont des classiques sur ce sujet.

À VOIR

Il n'est pas donné à tout le monde de se rendre dans le Nord et d'y rencontrer des Indiens ou des Inuits. Cependant, il vous sera très facile de vous rendre dans ces nombreux villages indiens proches des régions métropolitaines où vous constaterez que de nombreux centres de recherches et d'expositions sont ouverts au public. Ceux qui veulent jeter un rapide coup d'oeil sur les réalisations artistiques et artisanales des Indiens et des Inuits trouveront au Musée McCord, en plein coeur de Montréal, une collection très intéressante, présentant avec beaucoup de finesse ces deux types de cultures.

Ceux qui veulent voir la façon dont travaillent les artisans trouveront une liste des ateliers que nous avons identifiés. Cependant, comme 85% de la production artisanale indienne se fait à la maison et sans horaire précis, il est difficile de répertorier les authentiques artisans prêts à nous montrer la façon dont ils réalisent leurs pièces. C'est pour cela que nous complétons notre liste de choses à voir par une liste de films, vidéos et diaporamas qui vous permettront, si vous pouvez assister à leur projection, de vivre de bons moments avec les artisans et leurs secrets anciens.

RÉPERTOIRE D'INFORMATIONS GÉNÉRALES

Nous incluons à la fin du présent volume un large chapitre consacré à l'information générale sur l'artisanat du Québec. Cet addenda déjà promis sera très utile à tous les intéressés, qu'ils soient artisans ou simples amateurs. On remarquera, au chapitre des guides d'artisans, qu'on a préféré ici cataloguer les institutions, qui durent, plutôt que les individus qui, eux, changent.

Voici le classement de ces informations générales:

    1. Ouvrages généraux

2. Mémoires et études
3. Collections de livres
4. Revues, bulletins, périodiques
5. Catalogues d'exposition
6. Documents audio-visuels (films, diapositives, vidéos)
7. Guides d'artisans (livres, associations)
8. Assistance technique
9. Enseignement et demandes de bourses
10. Organismes des provinces canadiennes

Nous aurons toujours plaisir à recevoir toute information qui pourrait rendre service aux Québécois intéressés au domaine de l'artisanat. Il n'est pas impossible que nous corrigions... ou complétions notre ouvrage dans les prochaines impressions ou éditions, s'il y a lieu, bien sûr. Ces informations peuvent nous parvenir chez l'éditeur du présent ouvrage, Les Editions de l'Homme, 955 rue Amherst, Montréal.

Artisanat indien

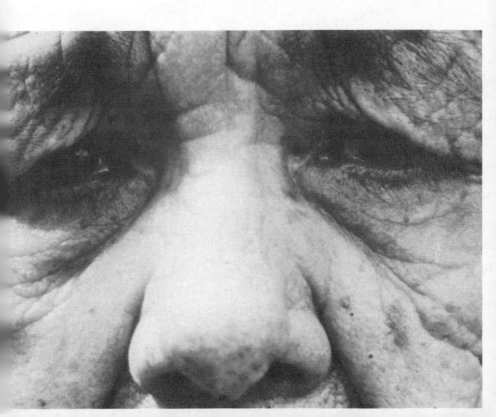

Pour une meilleure connaissance de l'artisanat indien

Histoire

L'HISTOIRE DE L'ARTISANAT INDIEN

Les Européens, à leur arrivée sur ce continent, au début du XVIIe siècle, manifestèrent immédiatement un vif intérêt pour l'artisanat des Indiens. Ceux-ci réalisèrent très vite l'attrait que leurs productions exerçaient sur les nouveaux arrivants et ils commencèrent à faire "la mise en marché" de leurs produits. Les ventes, ou trocs, étaient faits évidemment au hasard des rencontres, "à la bonne franquette", sans organisation précise et toujours de façon individuelle. Les clients, les Blancs, achetaient avant tout des pièces utiles pour la vie quotidienne. Cependant, certains voyageurs de passage se procuraient aussi des pièces artisanales originales et exotiques qu'ils rapportaient avec eux en Europe. D'importantes collections ont ainsi été constituées à l'étranger.

Le Sieur Le Beau, dans la narration de ses aventures en Amérique, rapportait ainsi ce qu'il vit en 1738: "Elles brodent, par exemple, leurs fouliers, leurs mitaffes, leurs couvertures & tout ce qui leur fert d'habillements auffibien qu'à leur Maris. Elles y brochent pour ornemens des plumes de Porc-épics de différentes couleurs, qu'elles travaillent artiftement fur les deffeins qu'elles y ont fait auparavant tout au tour. Ces plumes de Porc-épics leur fervent à tout. Elles en ornent de même leurs plats d'écorces, des boêtes petites & grandes & des ceintures qu'elles vendent aux Canadiens. J'ai vu à Québec une Toilette de leur façon, complette & fi bien travaillée, que l'ouvrage mérite d'être vu. Sans doute que quelques Français leur en avoit donné le deffein. On l'a envoyé en Europe pour y fervir à quelqu'une de nos Dames''.

Peter Kalm signale aussi, lors de son voyage en 1749, que des Indiens vendaient aux Blancs des paniers en lamelles de frêne.

Plus tard, plusieurs inventaires après décès énumèrent des produits de fabrication indienne: paniers en écorce de bouleau, vêtements, bijoux de perles et d'os...

a) Les héritiers directs

De vieux artisans et artisanes se souviennent encore de leurs voyages en canot à Maria, à Pointe-bleue, à Maniwaki ou ailleurs, où ils allaient vendre leurs pièces d'artisanat aux citadins ou aux postes de la Compagnie de la Baie d'Hudson. Ils y échangeaient alors leurs produits contre du sel, de la farine, ou toute autre marchandise qui leur était essentielle.

Ceux qui ont vécu leur jeunesse à proximité des réserves indiennes se souviendront de ces Indiens artisans qui, au printemps, au retour de la chasse, circulaient de maison en maison pour vendre leurs paniers en écorce de bouleau, des canots miniatures ou de magnifiques mocassins en cuir d'orignal boucané.

Au cours des années, de petites entreprises privées, pour la plupart saisonnières, se sont implantées aux endroits fréquentés par les touristes. Souvenez-vous de ces familles indiennes installées dans des tentes au Lac Rapide, dans le Parc de La Vérendrye ou dans des kiosques près du "traversier" de Rivière-du-Loup, du "traversier" d'Oka ou du quai de La Romaine. C'était l'époque de la petite entreprise individuelle et du troc familial et la naissance d'un artisanat de petites séries.

Petit à petit, les Indiens s'organisèrent pour vendre quelques-uns des objets qui autrefois servaient à leur famille. Ils les modifièrent souvent pour les rendre plus monnayables, puis les produisirent en plusieurs exemplaires. Peu à peu, au lieu de produire uniquement pour sa propre consommation les objets dont ses ancêtres se servaient dans leur vie quotidienne, l'Indien produisit en série pour la vente: l'artisanat d'inspiration indienne fit son apparition. Tout comme la courtepointe ou le soulier de boeuf faits à la main par le colon européen, les paniers d'écorce et les raquettes prirent le chemin des salles d'exposition et des vitrines.

Parfois, ce sont de véritables entreprises qui virent le jour. Ainsi, le village huron en banlieue de Québec ouvrait en 1960 des usines de raquettes employant plus de cent personnes pendant toute l'année. La manufacture *Saint-Charles River Manufacturing,* située sur la rivière Saint-Charles, a été parmi les premières entreprises à standardiser certaines productions en utilisant des patrons et un équipement mécanique pour certaines phases de la fabrication.

Insensibles aux avantages pécuniaires de cette production en série, quelques artisans orientèrent cependant leur création dans le sens d'une recherche plus personnelle. Ainsi, tout en respectant les traditions culturelles indiennes et en y cherchant son inspiration, Raymond Gabriel, d'Oka, se spécialise dans la conception de bijoux d'expression personnelle. C'est le cas également de l'Abénaqui Guy Sioui qui, ayant côtoyé longtemps le milieu universitaire, en sortit plus enraciné que jamais dans ses sources et dans son univers traditionnel intérieur qu'il a exprimé avec une grande finesse artistique dans ses sérigraphies et dans ses pipes.

Au Village huron, le fils de M. Sioui, Marcel, prit la relève de son père sous le nom de commerce de *Kabir Kuba* (rivière aux mille méandres), en ayant le souci constant de respecter les critères de qualité que suivait son père. Il a cependant diversifié la production familiale en se spécialisant non seulement dans la raquette, mais aussi dans la fourrure. La marque de commerce Kabir Kuba est maintenant connue et respectée dans toute l'Amérique du Nord et dans de nombreux pays d'Europe.

Le Grand chef Max Gros-Louis a été un des premiers Indiens à ouvrir un commerce de détail d'envergure. Par son magasin de la réserve du Village huron, il a fait connaître l'artisanat de son village et les pièces traditionnelles de plusieurs autres villages indiens du Québec. Son commerce, au cours des années, a acquis une réputation internationale.

41

1825

NICHOLAS VINCENT TSAWANNONHI

Nicolas Vincent Tsawannonni. Il se rendit à Londres en 1825 rencontrer le roi George IV pour défendre les droits territoriaux et les privilèges de chasse et de pêche des Hurons. (Photo François Vincent)

D'autres Indiens, au Village huron et sur d'autres réserves, ont suivi son exemple en se lançant dans le commerce des pièces artisanales. Plusieurs ont pris la relève de petites entreprises saisonnières qui n'étaient en opération qu'au cours de la saison touristique. Ils en ont fait des entreprises fonctionnant sur une base annuelle.

Ainsi, le centre d'artisanat montagnais de Pointe-Bleue (Lac Saint-Jean), est un commerce prospère que Mme Lucette Robertson a mis sur pied vers la fin des années 1960. Ce commerce, par l'originalité, la diversité et la qualité de ses produits, a donné un essor considérable à l'artisanat indien en le faisant connaître dans tout le Québec.

b) Un début d'organisation

Parallèlement à ces efforts individuels, le ministère des Affaires indiennes et du Nord a joué un rôle de premier plan dans le développement de l'artisanat indien au Québec. Certains fonctionnaires ont de tout temps manifesté beaucoup d'intérêt pour cet aspect de la culture des Indiens.

Lucien Morisset, du ministère des Affaires indiennes, est certainement un des pionniers dans le domaine du développement de l'artisanat indien au Québec. Il a été l'instigateur de rencontres d'artisans et d'artisanes et il est à l'origine d'une politique du développement de l'artisanat dans toutes les réserves indiennes du Québec.

V.J. Caissie, actuellement directeur de la Mise en oeuvre au ministère des Affaires indiennes, est un autre de ces fonctionnaires qui donnèrent une solide impulsion au développement de l'artisanat et à la mise en place du Plan de développement des arts et de l'artisanat des Indiens du Québec.

Il n'a pas toujours été facile pour ces précurseurs de faire admettre les valeurs économiques, sociales et culturelles de l'artisanat indien dans un système axé avant tout sur une rentabilité à court terme.

En 1972, le ministère des Affaires indiennes convoquait pour la première fois une importante assemblée générale d'artisans. Il s'agissait alors d'échanger des idées sur un projet global de développement et de promotion de l'artisanat indien. Cette rencontre faisait suite à un travail de recherche de Mlle Thérèse LeVallée qui avait

François Xavier Picard. Il a été un des derniers grands chefs traditionnels des Hurons (1870-1883). Il portait le nom huron de Tahaurenche, qui veut dire "Point du jour". (Photo François Vincent)

Conseil de bande du village des Hurons en 1909. A gauche, J.B. Laliberté, important marchand de fourrures de Québec. Au centre, le chef Maurice Bastien. (Photo François Vincent)

au préalable rencontré nombre d'artisans dans plusieurs réserves pour répertorier leur production.

Madame Lorraine Létourneau-Parent, anthropologue au ministère des Affaires indiennes, joua également un rôle important lors de cette rencontre et au cours des années qui suivirent. Son travail a surtout consisté à retourner aux sources mêmes de l'artisanat pour faire revivre auprès des artisans des formes, des motifs, des couleurs et des techniques qui assurent aujourd'hui l'authenticité et les normes de qualité de l'artisanat indien.

Grâce aux recherches de cette dame, les artisans indiens du Québec disposent aujourd'hui d'une riche banque d'information dans laquelle ils peuvent puiser tous les renseignements dont ils ont besoin pour respecter dans leurs oeuvres l'authenticité et l'originalité de l'artisanat traditionnel de leur peuple.

c) L'aboutissement: Les Artisans indiens du Québec

Au cours d'un colloque annuel tenu à Québec en 1973, des artisans indiens venant de toutes les régions du Québec élurent le premier bureau de direction d'une corporation à but non lucratif qu'ils nommèrent: Les Artisans indiens du Québec.

C'est cette corporation qui assura la mise en place du Plan de développement des arts et de l'artisanat des Indiens du Québec, travaillant constamment en étroite collaboration avec les fonctionnaires du ministère des Affaires indiennes.

Au cours des dernières années, des animateurs-gérants ont été engagés dans différentes réserves du Québec pour promouvoir la production de pièces artisanales, et des ateliers ont été créés qui permettent aux artisans de se procurer les matières premières dont ils ont besoin et de vendre les produits de leur artisanat.

Un important centre de distribution a été mis sur pied à Sainte-Foy, près de Québec. Ce centre a pour rôle d'approvisionner les ateliers en matières premières et d'assurer la mise en marché des pièces d'artisanat indien produites dans les diverses régions du Québec.

TENTATIVE DE DÉFINITION

a) Les "anciens" et les "modernes" (une querelle de toujours)

Quand spécialistes, connaisseurs, néophytes ou tout simplement amateurs parlent de l'artisanat indien, il est fréquent que deux thèses s'affrontent. Les uns disent que le seul artisanat indien véritablement intéressant est celui qui est réalisé par l'artisan selon son goût et selon la technique autochtone traditionnelle, sans aucun apport étranger ni aucune contrainte. Les autres maintiennent qu'il est important que, pour vivre de son art, l'artisan indien, à l'image de ses collègues blancs, potiers ou tisserands, adapte ses oeuvres et ses moyens de production aux besoins actuels.

La première thèse favorise la création de pièces uniques ou tout simplement d'objets utiles à la vie quotidienne. L'artiste s'exprime là à sa façon et selon la technique de son choix, celle de ses ancêtres la plupart du temps. Il ne mesure ni la durée ni le coût de la matière première qu'il emploie, pas plus que les diverses étapes de préparation qu'elle exige. Le produit est en général destiné à une utilisation personnelle ou familiale. Cette thèse est particulièrement celle des ethnographes, des anthropologues et de ceux qui sont attachés à retrouver la culture indienne ancestrale.

L'autre thèse, celle d'une production que nous qualifierons de "semi-artisanale" ou "semi-industrielle" si vous préférez, implique que l'artisan s'impose des contraintes afin d'adapter la matière première qu'il utilise aux goûts et aux habitudes du plus grand nombre de consommateurs. C'est ainsi que les mocassins ont des pointures, que les raquettes répondent à certaines normes et que les cuirs employés sont garantis "non putréfiables" même dans nos chaudes maisons! Ces adaptations et ces normes valent de nos jours à l'artisanat indien une grande renommée sur le plan commercial et ont fait connaître à leurs produits une percée économique certaine. Cette thèse a pour défenseurs les administrateurs et les promoteurs de développement de l'artisanat indien ainsi que les économistes.

Toutefois, il semble qu'un système bien équilibré peut concilier les deux tendances en tenant compte à la fois des facteurs humains et des caractéristiques de ces peuples, premiers occupants de ce pays. Du reste, la prise en charge de ce développement par les Artisans indiens en 1973 nous rassure sur l'avenir de l'artisanat indien, et la production actuelle est là pour confirmer notre confiance.

b) Les originalités de l'artisanat indien

Attachant par ses créations, l'artisanat indien l'est aussi par son originalité qui tient au caractère même des peuples indiens.

Le terme "métier" tel que nous l'entendons couramment n'existant même pas dans les langues indiennes, la notion de "métier d'artisan" par rapport à "métier" ne s'applique donc pas pour l'Indien. C'est une notion tout à fait nouvelle et dans une certaine mesure vide de sens, car traditionnellement, l'Indien était en mesure de tout faire par lui-même. Ses connaissances lui étaient transmises par les anciens et son apprentissage se faisait au rythme de sa vie. Il n'est donc pas logique ni facile pour lui de se spécialiser dans un seul domaine. On parlera donc davantage, pour définir son art et sa production, d'expression artisanale que de métier.

La notion de temps "à l'heure" est également nouvelle pour l'Indien habitué qu'il est à penser à ses activités et au temps qu'il y consacre en fonction des saisons ou des cycles de la nature. Il est impossible, pour sa production artisanale, de parler de "passe-temps" ou de "plein-temps". Son rythme de production était traditionnellement fondé sur ses besoins et ses intérêts. Il n'est pas surprenant de savoir qu'aujourd'hui encore, 85% de la production est réalisé à la maison, comme revenu d'appoint.

L'Indien a toujours exécuté ce qui était essentiel à sa vie et à ses goûts au moment où il en ressentait le besoin. Le fait de produire en quantité pour un autre ou de produire pour vendre et en tirer un profit est tout à fait contraire à son éducation traditionnelle et à sa culture propre.

Les notions "d'argent" et de "profit" sont mal assimilées par l'Indien qui a toujours évolué dans un système économique basé essentiellement sur le troc. Il est donc difficile pour l'artisan d'évaluer sa production en termes de dollars ou de discuter de prix de revient, prix de gros et prix de détail.

c) Les apports étrangers

Les formes, les motifs décoratifs et l'agencement des couleurs des pièces artisanales créées par les Indiens n'ont pas tellement été modifiés au cours des siècles. Les artisanes ont cependant été influencées par des outils étrangers à leur culture et par certaines matières premières venant de l'extérieur. Voici comment et dans quels secteurs.

Outils

Les artisanes ont rapidement saisi les avantages du poinçon et des ciseaux sur le couteau traditionnel, et de l'aiguille métallique sur l'aiguille en os ou en bois.

Ces apports étrangers n'ont cependant pas altéré l'authenticité des produits d'artisanat, puisqu'ils ne modifient pas les formes, les couleurs ou les motifs propres à l'artisanat indien.

Matières premières

C'est dans le domaine des matières premières que l'artisane a fait le plus d'emprunts. Ces emprunts ont souvent été rendus nécessaires par les difficultés qu'elle éprouvait à se procurer les produits de base qui lui étaient familiers: cuirs de caribou, d'orignal , etc... Il arriva même qu'elle fut complètement coupée de ses sources d'approvisionnement habituelles.

L'artisane est donc allée chercher ailleurs une matière première nouvelle qui l'attirait et qu'elle adaptait tant bien que mal à ses besoins. Cependant, elle n'a pas toujours réussi à trouver une matière première équivalente à ce qu'elle avait connu depuis toujours. La matière première traditionnelle se faisant de plus en plus rare et par le fait même de plus en plus coûteuse, l'artisane prit l'habitude de s'approvisionner près de chez elle et au plus juste coût.

Cette différence de provenance de la matière première permet d'établir une distinction entre une pièce artisanale *traditionnelle* et une pièce artisanale *contemporaine*.

La pièce traditionnelle respecte rigoureusement les techniques anciennes et est faite à partir d'une matière première non traitée industriellement.

La pièce artisanale contemporaine respecte également la technique ancienne. Cependant, sa matière première est un apport étranger.

Les cuirs - Traditionnellement, les Indiens utilisaient les cuirs d'animaux sauvages. Ces cuirs étaient "boucanés". Au cours des années, ils sont devenus de plus en plus rares et onéreux. L'artisane s'est alors tournée vers le cuir de vache qu'elle a utilisé pour la fabrication des mitaines, des mocassins et des vestes.

Ce cuir s'apparente au cuir de chevreuil par sa souplesse, sa texture et sa durabilité. Il a de plus l'avantage d'être imperméable.

Cet emprunt a également été fait pour la "babiche" utilisée pour le tressage des raquettes de fabrication industrielle. Toutes les raquettes de ce type sont tressées avec de la peau de vache crue, coupée en fines lanières.

Les tissus - Les tissus de toutes sortes et de toutes couleurs ont rapidement été substitués aux cuirs et aux fourrures dans la tenue vestimentaire des Indiens. Ces tissus importés avaient l'avantage d'être souples, chauds et légers, et l'Indien pouvait se les procurer en échange de ses fourrures.

Le tissu qui a le plus marqué la production artisanale indienne est le *duffle*. Il s'agit là d'une étoffe qui s'apparente au molleton. Elle est 100% laine et d'un poids de 32 onces à la verge (environ 1 kg au m). Son tissage est serré et la laine est foulée. On peut se la procurer en quatre couleurs seulement: rouge, blanc, bleu marine ou bleu pâle.

Ce tissu est d'origine anglaise et il a été introduit au Canada par l'entremise des postes de traite de la Baie d'Hudson. Plusieurs se souviendront des fameuses couvertures de la Baie d'Hudson, bleu - blanc - rouge.

Aujourd'hui encore, les différents postes de la Baie d'Hudson sont pratiquement les uniques vendeurs de *duffle* sur les réserves indiennes.

Les artisanes ont vite compris les grandes qualités de cette étoffe qui conserve la chaleur, est souple à porter, riche à toucher et à voir et se travaille bien... Elles en font donc les célèbres anoraks esquimaux, des mocassins, des mitaines et des vestes qu'elles brodent de motifs multicolores qui se détachent particulièrement bien sur le *duffle*.

Cette étoffe est véritablement entrée dans les moeurs des Indiens et elle est aujourd'hui à ce point intimement associée à leur artisanat qu'on aurait presque tendance à la dire authentique et traditionnelle.

Les fils - Traditionnellement, les nerfs et la peau des animaux découpée en lanières ainsi que certaines fibres des arbres et des écorces étaient utilisés par les Indiens dans la fabrication des fils, des lacets et des cordes.

La "babiche" des raquettes, par exemple, était tirée de la peau verte (non tannée) de certains animaux. La peau était débarrassée de ses poils, trempée, puis découpée en fines lanières que l'artisane tressait.

Les nerfs des animaux étaient réservés pour les besognes plus délicates comme la confection des vêtements.

Les crins d'orignal et de caribou ainsi que les piquants de porc-épic étaient utilisés pour la broderie qui décorait les vêtements de cuir.

Tous ces fils traditionnels ont été remplacés au cours des derniers siècles par des produits traités industriellement: fils synthétiques très résistants, peau de vache crue, fils de coton, etc.

La laine - Avant l'arrivée des Européens, les Indiennes excellaient dans l'art du tressage et du nattage de fibres qu'elles tiraient de la nature: écorces, racines, joncs, lamelles de frêne, "foin d'odeur", etc. Dans l'est du pays, le tricot au crochet ou à l'aiguille et le tissage au métier n'étaient pas connus des artisanes.

Mais les jeunes Indiennes qui fréquentèrent les institutions religieuses perdirent un peu de cet art dès les débuts de la colonie en étant initiées au tissage en basse lisse ou au tricot.

Les Montagnais de la Romaine sur la Basse Côte Nord tricotent des bas de laine aux motifs jacquard. Leurs artisanes pratiquent ce genre d'artisanat depuis de nombreuses années et leurs bas sont typiques par le jeu des couleurs qu'elles utilisent.

Les Indiens vivant à proximité des centres urbains, comme c'est le cas de ceux du village des Hurons près de Québec et de ceux d'Oka et de Caughnawaga près de Montréal, excellent dans le tissage en basse lisse. Le tissage au métier s'est souvent développé au détriment de l'artisanat typiquement indien. Les mariages assez fréquents dans ces milieux entre homme indien et femme non indienne ont largement contribué à faire passer le tissage avant l'artisanat indien.

Aujourd'hui, les artisanes indiennes continuent à tisser. Elles cherchent à retrouver et à conserver, dans leur travail, les formes, les motifs et les couleurs propres à leur culture. Ces artisanes font également des recherches pour exploiter des matériaux tirés de la nature. Mme Louise Gaspé, d'Oka près de Montréal, est une tisserande qui produit des murales montées sur de la laine, mais dont les fils de trame se composent de plantes sauvages séchées et de branches d'arbre. On y retrouve un agencement de "foin d'odeur", de branches de cèdre, de quenouilles, de laine, de toison, de "cocottes", etc.

Les fourrures - Les animaux de ce pays sont restés les mêmes, avant comme après l'arrivée des Blancs et ce sont toujours les mêmes fourrures qui sont utilisées aujourd'hui comme autrefois: castor, renard, ours, loutre, etc. Cependant, des changements importants se sont produits au niveau du tannage.

Traditionnellement, l'artisane tannait elle-même la fourrure. Ce travail consistait à étendre la peau sur un fût et à gratter, à l'aide d'une lame en os, la chair et le gras du cuir. L'ouvrage se faisait souvent l'hiver et à l'extérieur. Les résultats étaient satisfaisants, mais le cuir gardait une certaine rigidité et pouvait se détériorer à la longue.

Cette technique du grattage est de moins en moins employée et les fourrures maintenant utilisées par les artisanes indiennes pour la confection artisanale sont tannées de façon industrielle par des tanneries réputées.

Les artisanes ont pour la plupart été initiées aux techniques modernes de coupe, de blocage, de couture et de manipulation des différents types de fourrures. Cependant, seules les fourrures dites sauvages (d'animaux sauvages) sont employées dans la confection des pièces des Artisans indiens du Québec. Les fourrures synthétiques sont systématiquement refusées.

Les perles - A l'origine, le perlage indien se faisait à partir de coquillages. Ces perles étaient minutieusement taillées au couteau et polies pendant de nombreuses heures.

L'Indien leur accordait une grande importance symbolique. Ce sont ces perles qui servaient à la confection des *wampum,* ces longues ceintures de cuir abondamment perlées sur lesquelles l'Indien illustrait les faits importants de l'histoire de son peuple, et qu'on s'échangeait entre tribus en gage de paix ou qu'on offrait à des personnages importants en signe d'estime et d'amitié.

Les artisanes ont, là aussi, rapidement été influencées par la mode européenne et adoptèrent massivement la verroterie européenne aux couleurs vives et variées dont l'approvisionnement ne leur demandait pas autant de labeur. Ces perles ont joué un rôle important dans le domaine de la traite des fourrures puisqu'elles avaient valeur de monnaie d'échange entre l'Indien et le négociant en fourrures.

Ces nouvelles perles ont été adoptées sans réserve par toutes les tribus dès le début de la colonie et peut-être même avant, puisque Jacques Cartier écrit à plusieurs reprises lors de son premier voyage: "Nous leur donnâmes des couteaux, des chapelets de verre, des peignes et autres choses de peu de valeur".

La technique du perlage est bien d'origine indienne. Les perles utilisées aujourd'hui proviennent des pays nordiques et elles s'apparentent aux perles d'origine. Les "brillants" que l'on retrouve dans le perlage sont des apports étrangers, car les os et les coquillages étaient de couleurs mates.

Les teintures - Les Indiens possédaient une gamme intéressante de teintures vives à base minérale ou végétale. Ils utilisaient ces couleurs pour se peindre le corps ou pour dessiner des motifs décoratifs sur leurs pièces vestimentaires.

Les teintures, au même titre que les perles, sont devenues des objets de troc. Tout bon négociant en fourrures transportait de grandes quantités de "vermillon", car c'est cette couleur que les Indiens recherchaient avant tout. Un négociant de 1791 écrivit: "..., and gave them scalping knives, tomahawks, *vermillon,* tobacco, beads, etc."

Les teintures végétales et minérales ont été abandonnées pendant de nombreuses années au profit des teintures commerciales. On note cependant dans ce domaine un retour aux sources de plus en plus évident de la part des artisanes, et des expériences intéressantes sont faites actuellement sur les teintures naturelles, principalement dans la coloration des poils d'orignal et des piquants de porc-épic.

* * *

L'approvisionnement des artisans indiens en matières premières a été pendant plusieurs décennies un problème primordial. Pour remédier à cette difficulté, la corporation Les Artisans indiens du Québec et le ministère des Affaires indiennes et du Nord ont mis sur pied des programmes de récupération de matière première. C'est ainsi que la corporation en est arrivée à acheter des chasseurs et des trappeurs peaux d'orignal et de caribou, fourrures, dents, griffes, plumes de toutes sortes et "cocottes", écorces, lanières de frêne, etc. Ces diverses matières premières sont stockées puis redistribuées aux ateliers et aux artisans.

Les amateurs d'artisanat traditionnel sont ainsi assurés de pouvoir se procurer des pièces authentiques et de grande qualité.

LES ARTISANS INDIENS DE NOS JOURS

La population indienne du Québec est d'environ 30 000 habitants et presque tous ces Indiens possèdent aujourd'hui encore une habileté manuelle surprenante. Leurs jeunes gens qui ne se consacrent pas à l'artisanat ne sont pas pour autant sans connaître cette forme d'expression puisqu'ils se souviennent avoir vu leurs parents ou leurs grands-parents travailler et créer de leurs mains les outils ou les vêtements dont ils avaient besoin. Plusieurs retrouveraient facilement les secrets de l'art, les formes et les motifs traditionnels dont ils parlent spontanément lors de discussions.

On estime qu'actuellement la population d'artisans indiens peut se chiffrer à plus de 2 000 personnes, ce qui est une proportion tout à fait remarquable et sans doute unique en Amérique du Nord. Ce sont surtout les femmes, habiles et appliquées, qui constituent le gros de cette main-d'oeuvre artisane. Depuis quelques années, un revenu d'appoint très appréciable a été apporté aux nombreux ateliers de création, à la faveur du retour aux sources.

a) Répartition géographique des Indiens du Québec

	Emplacements des réserves	Population inscrite en mai 1974 (Selon les statistiques du ministère des Affaires indiennes)
1) Famille algonquine:		
Algonquins	Maniwaki	1 027
	Lac Rapide	250
	Lac Victoria	207
	Lac Simon	443
	Amos (Pikogan)	349
	Winneway (Témiscamingue)	399
	Kipawa	171
	Notre-Dame du Nord	276
Abenaquis	Bécancour	43
	Odanak	623
Naskapis	Schefferville	356
Micmacs	Maria	405
	Restigouche	1 484
Montagnais	Pointe-Bleue	1 604
	Betsiamites	1 708
	Sept-Iles Maliotenan	1 277
	Mingan	262
	Natashquan	371
	Romaine	499
	Saint-Augustin	86
	Schefferville	425
	Escoumins	116
Attikamek	Manouane	874
	Weymontachingue	500
	Obedjiwan	942
Cris	Poste-de-la-Baleine	342
	Fort-George	1 455
	Nouveau-Comptoir	600
	Eastmain	282
	Fort-Rupert	1 000
	Waswanipi	676
	Mistassini	1 673
	*Matagami	
2) Famille Iroquoise:		
Mohawks	Oka	831
	Caughnawaga	4 777
	*Saint-Régis	
Hurons	Village Huron Banlieue de Québec	1 147

* Matagami n'est pas une réserve comme telle. Les Cris qui y habitent sont rattachés à la bande de Waswanipi.

* Saint-Régis est une réserve à cheval sur l'Ontario, le Québec et les Etats-Unis et n'est pas considérée, pour fin de classification, comme faisant partie de la province de Québec.

Porte-bébé mohawk richement décoré de
motifs floraux et d'animaux (vu de dos).

b) Production selon les peuples et les régions

Région	Peuple	Endroit	Atelier	Productions
Gaspésie	Micmac	Maria	Atelier coopératif	— Vannerie de lamelles de frêne et raquettes
Lac Saint-Jean	Montagnais	Pointe-Bleue	Entreprise Robertson	— Cuir, laine molletonnée fourrure, broderie, perlage, raquette, Tikinagan
Québec	Huron	Village huron	Nombreuses entreprises commerciales	— Productions diverses
			Entreprise Kio Warini (*Le huron vagabond*)	— (Cette entreprise organ des visites du village) Productions diverses, vestes de cuir
			Entreprise Le Huron propriété du grand chef Max Gros-Louis	— Fourrure, raquettes, productions diverses
			Entreprise Antoine Gros-Louis	— Bâtons de crosse, productions diverses
			Les Artisans de la raquette indienne, organisme qui regroupe et représente les artisans de la raquette et ses accessoires.	— Raquettes, mocassins, fourrures
Drummondville	Abenaqui	Odanak (voir le musée)	Atelier de la réserve Waban-Aki	— Cuir, laine molletonne perlage, vannerie de fr masques en maïs, fourrures
			Entreprise Sioui	— Pipes sculptées, sérig
Montréal	Mohawk	Caughnawaga	Entreprise coopérative	— Productions diverses, perlage
	Mohawk	Oka	Atelier Mattew-Etienne	— Bâtons de crosse, poteries iroquoises
			Comptoir d'artisanat Kanesatake	— Cuir, broderie, perlag laine molletonnée, tissage
			Atelier de Raymond Gabriel	— Joaillerie
Mauricie	Attikamek	Manouane	Atelier de la réserve	— Paniers en écorce de
	Attikamek	Abedjiwan	Atelier de la réserve	— Cuir d'orignal "bouc
				— Broderies

eau	Algonquin	Maniwaki	Atelier Wadub	— Laine molletonnée, cuir, fourrure, perlage, broderie, anoraks
			Entreprise Commanda (route 105)	— Paniers d'écorce de bouleau canots d'écorce, cuir
			Entreprise McConnini (gros castor)	— Bois, pyrogravure, cuir, perlage
bi	Algonquin et Cris	Pikogan	Réserve de Pikogan	— Poupée Pikogan, cuir, anoraks brodés, etc.
	Algonquin	Cadillac	Entreprise Rogers	— Cuir, perlage, joaillerie, chapeaux en renard ou en raton laveur
sca- ue	Algonquin	Notre-Dame du Nord	Atelier Notre-Dame du Nord	— Laine molletonnée, cuir, perlage, broderie
	Algonquin	Winnaway	Atelier de la réserve de Winneway	— Cuir, Tikinagan, laine molletonnée, perlage, écorce de bouleau
	Algonquin	Kipawa	Entreprise McKensie	— Cuir, perlage
de La drye	Algonquin	Lac Rapide	Réserve du Lac Rapide	— Laine molletonnée, cuir, broderie, perlage, écorce de bouleau
Nord	Montagnais	Bersimis	Ateliers Mitesh	— Poupée montagnaise, cuir, laine molletonnée, perlage fourrure, joaillerie
	Montagnais	Sept-Iles	Atelier de Sept-Iles	— Cuir, laine molletonnée, perlage, broderie, fourrure, loup marin
	Montagnais	Sept-Iles	Entreprise Jourdain	— Meubles en bois naturel, bois de grève, sculptures, etc.
	Montagnais	Natashquan	Entreprise Bernard Bellefleur	— Cuir, tricot, molleton, etc.
	Montagnais	La Romaine	Association des artisanes	— Cuir, perlage, tricot, bonnets
ferville	Montagnais et Naskapi	Schefferville	Entreprise André Vollant	— Anorak, raquettes, cuir, loup marin, sculpture sur stéatite
ames	Cris	Fort George	Coopérative de Fort George	— Laine molletonnée, cuir, *duffle*, perlage, broderie, oiseaux de bois
ugamau	Cris	Mistassini	Association des artisanes	— Cuir, anoraks, broderie, perlage

c) Adresses utiles

Le ministère des Affaires indiennes et du Nord du Canada, section Développement économique, a la responsabilité du développement de l'artisanat indien au Québec. En collaboration avec les artisans, il a mis sur pied une corporation à but non lucratif qui est chargée de la réalisation d'un programme de développement de cet artisanat.

Ce programme, comme nous l'avons déjà dit, consiste à évaluer le potentiel artisanal de chacune des réserves et, avec l'aide des artisanes locales, à mettre en place les structures qui faciliteront l'approvisionnement en matières premières, l'équilibre de la production et la vente des produits.

La corporation des Artisans indiens du Québec est un organisme à but non lucratif qui fait la mise en marché des produits d'artisanat lors de certaines manifestations à caractère économique et culturel.

On peut obtenir des renseignements concernant l'artisanat indien en s'adressant à la corporation ou au ministère des Affaires indiennes, aux adresses suivantes:

Pour les informations:

Ministère des Affaires indiennes
1141, Route de l'Eglise, C.P. 8300
Sainte-Foy, Québec

Pour la mise en marché:

Corporation des Artisans indiens du Québec
Parc Colbert, 2455, rue Watt
Sainte-Foy, Québec

Pour la vente au détail à Montréal et Québec

La Centrale d'Artisanat du Québec
1450, rue Saint-Denis
Montréal, Québec

Boutique de la Centrale d'Artisanat du Québec
Place Desjardins
Montréal

Boutique de la Centrale d'Artisanat du Québec
Centre commercial Laurier
Sainte-Foy, Québec

Lors de l'achat d'une pièce d'artisanat indien, assurez-vous qu'elle est accompagnée
de ce sceau d'authenticité représentant une peau de castor tendue sur un cerceau.

Carte représentant un combat entre Français et Iroquois au début de la colonie.

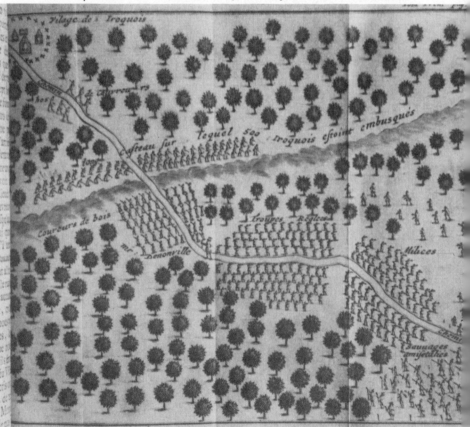

Saisons de production des Indiens du Québec

LES INDIENS DU QUÉBEC

a) Un peu d'histoire

Les Indiens ne seraient pas à proprement parler originaires d'Amérique. L'hypothèse la plus fréquemment retenue veut que les Indiens soient d'origine asiatique et que leurs ancêtres soient venus jusqu'en Amérique en passant sur les glaces du détroit de Bering.

Mais cette thèse ne tient plus qu'à un fil depuis que certaines découvertes en Amérique Centrale tendent à prouver l'existence de l'homme sur notre continent depuis aussi longtemps, sinon plus, que sur le continent asiatique, selon Bernard Assiniwi.

Il ne faut pas croire, non plus, que tous les Indiens sont de même origine, puisque les Mayas, par exemple, étaient définitivement des Blancs aux mensurations anthropométriques de type méditerranéen.

Au fil des siècles, les Indiens se seraient adaptés aux conditions géographiques et climatiques du pays, apprenant graduellement à vivre au rythme de la nature qui les environnait. Ils vivaient de chasse, de pêche, de cueillette et d'agriculture.

Même s'ils ont une origine commune, les peuples amérindiens évoluèrent différemment au cours des siècles et présentent aujourd'hui des caractéristiques culturelles et physiques différentes d'un groupe à l'autre. Ceci est dû, dans une grande mesure, aux particularités des régions naturelles où ils s'établirent et vécurent et qui les modelèrent.

D'une tribu à l'autre, la langue est différente, le mode de subsistance aussi, les outils ne sont pas les mêmes, adaptés qu'ils sont aux types et aux habitudes de travail, et les objets de fabrication domestique et d'utilisation courante se distinguent par des caractéristiques originales. Il en va de même pour l'habitation, les moyens de transport, la tenue vestimentaire et les motifs décoratifs à caractère symbolique qui ornent les vêtements, les objets usuels et les parures de toutes sortes.

A l'arrivée des Européens en Amérique du Nord, on évalue que la population amérindienne devait être environ de cent mille habitants. Ces statistiques sont évidemment très approximatives puisqu'il n'y avait pas à l'époque de recensement officiel. Il est bien évident qu'il ne subsiste aujourd'hui de cette période ni document officiel ni archives, si ce ne sont les pièces découvertes lors de fouilles et analysées par les archéologues, l'histoire se transmettant par voie orale d'une génération à l'autre.

On a cependant pu déterminer que la population amérindienne de cette époque vivait dans un vaste quadrilatère dont les sommets seraient aujourd'hui la ville d'Edmonton à l'ouest (Alberta), le poste de Fort-Chimo sur la côte arctique (Baie d'Ungava, province de Québec), la province de Terre-Neuve à l'est et le lac Erié dans les eaux duquel passe la frontière canado-américaine.

A l'est du Canada, au Québec principalement, s'étendait une vaste région bordée au nord par la toundra et peuplée d'Esquimaux. Le reste du territoire appelé aujourd'hui Québec était habité par deux grandes races, les Algonquins au nord et les Iroquois au sud. Les premiers, semi-nomades, vivaient de chasse, de pêche et de cueillette de fruits sauvages. Les autres, sédentaires, vivaient principalement des produits de leur agriculture. La nature elle-même avait engendré ces deux zones principales, qui impliquaient pour l'homme deux modes de vie différents qu'adoptèrent les deux peuples. Le régionalisme venait de naître au Québec.

- Le gros gibier était poursuivi jusqu'à épuisement, puis il était tué au couteau par les chasseurs.
- Deux Indiens fumant la pipe. Le tabac est une invention américaine...
- Sorcier faisant des incantations pour guérir les malades et chasser les mauvais esprits.

Porte-bébé mohawk de Caughnawaga.
L'Ours, symbole de force et de vie,
inspire et protège le bébé.

Porte-bébé mohawk de
Caughnawaga décoré de fleurs
multiples d'inspiration européenne.

65

Groupe de bébés algonquins dans leur tikinagan photographiés en 1913 avant le départ pour le camp de chasse.

b) Les grandes familles

Le Canada comprend 566 collectivités indiennes qui sont connues sous la désignation de *bandes*. Ces bandes se répartissent en 2 210 réserves dont seulement 700 sont habitées. Il serait juste de parler de deux à trois cent mille Indiens habitant le Canada.

Une *bande* est un regroupement d'Indiens dans une même localité ou *réserve*. L'administration locale s'appelle *conseil de bande* et les chefs ou conseillers sont élus démocratiquement tous les deux ans.

"Une réserve est une parcelle de terrain dont le titre juridique est attribuable à Sa Majesté et qu'Elle a mise de côté au profit d'une bande". (Selon la *Loi concernant les Indiens*, chapitre 1-6).

Les Indiens ne constituent pas une seule race homogène. Ils se regroupent en unités linguistiques qui se subdivisent en tribus.

Au Canada, il existe dix groupes linguistiques dont quatre à l'est des Rocheuses: Algonquin, Athapascan, Iroquois et Siou et six en Colombie-Britannique: Kootenay, Salish, Wakashon, Tsimshian, Haida, Tlinkit.

Au Québec, on trouve deux grandes familles. La famille algonquine (algique) comprend les Algonquins, les Abénakis, les Naskapis, les Micmacs, les Montagnais, les Attikameks et les Cris; la famille iroquoise comprend les Mohawks et les Hurons.

Au Québec, sur 39 villages indiens, la population au 31 décembre 1974 était de 22 342 habitants. Hors ces réserves, 6 065 Indiens complétaient les statistiques gouvernementales. En 1975, le total a été porté de 28 409 habitants à 29 116, avec un taux de croissance annuelle de 2,5%.

Voici comment, pour la Province de Québec, sont actuellement réparties ces populations dans les 5 districts:

Québec	: 5 bandes
Abitibi	: 17 bandes
Montréal	: 6 bandes
Pointe-Bleue	: 4 bandes
Sept-Iles	: 9 bandes

Soulignons qu'en quelques villages, Indiens et Esquimaux cohabitent, comme à Fort-Georges, Poste-de-la-Baleine et Fort-Chimo.

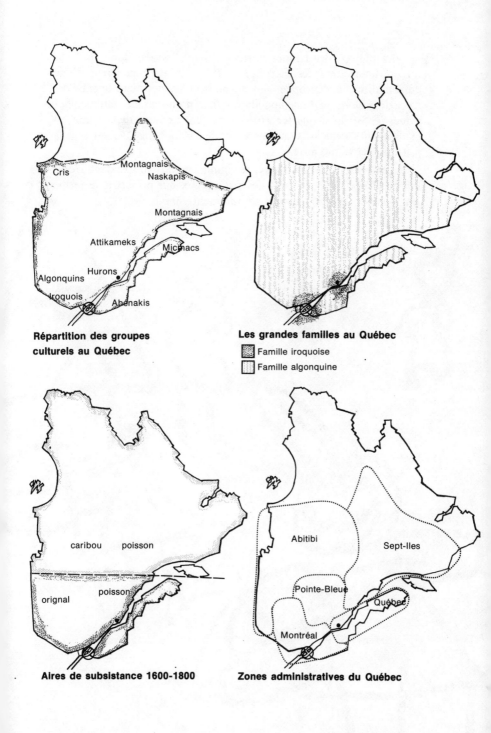

Répartition des groupes culturels au Québec

Cris
Montagnais
Naskapis
Montagnais
Attikameks
Micmacs
Algonquins
Hurons
Iroquois
Abénakis

Les grandes familles au Québec

- Famille iroquoise
- Famille algonquine

Aires de subsistance 1600-1800

caribou   poisson

orignal   poisson

Zones administratives du Québec

Abitibi
Sept-Iles
Pointe-Bleue
Québec
Montréal

La plupart des bandes portent aujourd'hui des noms qui leur furent donnés par les Européens. Il s'agit habituellement d'une déformation "à l'européenne" du nom qu'ils portaient avant l'arrivée des colons ou d'une appellation tirée d'une caractéristique physique. (C'est ainsi que les *Hurons* portent ce nom depuis que les explorateurs français trouvèrent que leurs coiffures avaient tout à fait l'aspect d'une hure.

Les Indiens, quant à eux, se nomment plus simplement *Homme* ou *Peuple*. C'est le cas des Esquimaux qui préfèrent le terme *Inuit* et des Montagnais qui se nomment *Inno*.

MARIE-ÈVE
6 ANS

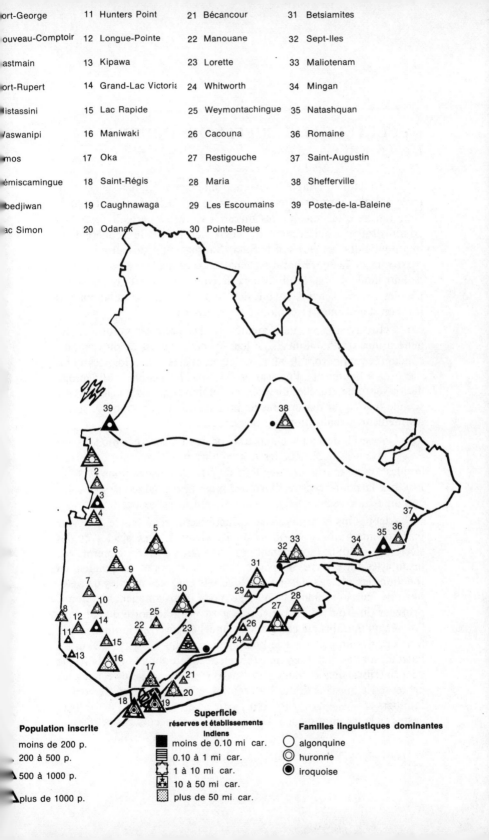

	11 Hunters Point	21 Bécancour	31 Betsiamites
ort-George	12 Longue-Pointe	22 Manouane	32 Sept-Iles
ouveau-Comptoir	13 Kipawa	23 Lorette	33 Maliotenam
astmain	14 Grand-Lac Victoria	24 Whitworth	34 Mingan
ort-Rupert	15 Lac Rapide	25 Weymontachingue	35 Natashquan
istassini	16 Maniwaki	26 Cacouna	36 Romaine
aswanipi	17 Oka	27 Restigouche	37 Saint-Augustin
mos	18 Saint-Régis	28 Maria	38 Shefferville
émiscamingue	19 Caughnawaga	29 Les Escoumains	39 Poste-de-la-Baleine
bedjiwan	20 Odanak	30 Pointe-Bleue	
ac Simon			

Population inscrite

moins de 200 p.

200 à 500 p.

500 à 1000 p.

plus de 1000 p.

Superficie
réserves et établissements
indiens

◼ moins de 0.10 mi car.

0.10 à 1 mi car.

1 à 10 mi car.

10 à 50 mi car.

plus de 50 mi car.

Familles linguistiques dominantes

◯ algonquine

◎ huronne

◉ iroquoise

LA CULTURE MATÉRIELLE DES INDIENS DU QUÉBEC

Parfaitement adapté à son environnement, l'Indien de ces contrées qui plus tard devinrent la province de Québec, n'avait rien de commun avec les soldats, les missionnaires, les agriculteurs et les administrateurs qui, venant du vieux continent, débarquèrent un jour pour coloniser les rives du Saint-Laurent. Sûrs de leur bon droit, persuadés de la suprématie de leurs sciences, de leurs techniques et de leur mode de vie, les nouveaux arrivants ne surent voir dans ces peuples qui les accueillaient que des "sauvages" dont il fallait au plus tôt sauver les âmes et exploiter les richesses.

Cette assurance quasi médiévale des premiers colons et des générations d' "habitants" qui leur succédèrent est de plus en plus condamnée aujourd'hui, alors qu'économistes et écologistes commencent à douter que l'utilisation faite par les peuples occidentaux des ressources naturelles du globe et l'établissement d'une hiérarchie sociale fondée sur des critères de production et de rentabilité soient les meilleures réalisations de nos ancêtres.

Que serait devenu le Québec si l'on avait respecté le mode de vie de ses premiers habitants, les Algonquins et les Iroquois?... Certes, la question ne mérite pas que l'on s'y attarde puisque nous ne sommes pas là pour réécrire l'histoire, mais la connaissance des us et coutumes des Indiens engage volontiers à la réflexion.

Algonquins et Iroquois se caractérisent, répétons-le, par leur parfaite adaptation au milieu où ils vivaient. Des siècles et des siècles de vie dure façonnèrent ces hommes, au fil des générations, jusqu'à les faire vivre, un peu comme les arbres et les plantes, en fonction des saisons. On ne fabrique pas chez ces peuples un vêtement de fourrure selon telle ou telle mode, mais uniquement pour se protéger du froid de l'hiver. Et ce n'est pas n'importe quand dans l'année qu'on fabrique ce vêtement, mais en hiver au moment où la fourrure des animaux est le plus épaisse. Dans ces pays d'eau, les bateaux sont essentiels comme moyen de locomotion: on les fabrique au printemps quand fondent les neiges et monte la sève dans les arbres... Et ainsi de suite. La création et la production des objets familiers et d'usage courant font partie, chez les Indiens, des faits et gestes de la vie quotidienne. L'artisanat n'est pas chez ces peuples un métier, la condition sociale de quelques individus, comme d'autres seraient chasseurs ou pêcheurs... Non, l'artisanat est plutôt une des facettes de la vie de tous les jours...quant à nous, nous le dirons "quotidien", tant l'autochtone d'hier sut s'adapter à son environnement et associer les ressources naturelles de cet environnement aux ressources sans cesse renouvelées de son imagination.

a) Des chasseurs nomades: les Algonquins

Les Algonquins, qui habitaient la partie septentrionale de la zone forestière de l'Est, étaient des nomades dont les principales activités consistaient à chasser, à pêcher et à récolter des fruits sauvages. Ils se déplaçaient selon les saisons et suivant la migration et l'abondance des animaux et du poisson. Ils vivaient à l'intérieur du pays lors de la chasse à l'orignal et au caribou; revenaient vers le fleuve au moment du frai du poisson ou du passage des animaux marins (saumons, phoques). L'été, avec son abondance naturelle, était pour ces peuples la saison des danses et des mariages.

Le nomadisme est une caractéristique importante des tribus de la famille algonquine. C'est cette façon de vivre qui façonna leurs croyances religieuses et leur organisation sociale. Ce mode de vie semi-nomade ne favorisant pas le développement d'un pouvoir excessif des chefs pas plus qu'un système très hiérarchisé, l'esprit d'entreprise et d'indépendance caractérisait ces peuples.

Sur le plan religieux, les peuplades algonquines, dépendantes qu'elles étaient de la chasse et de la pêche, croyaient au pouvoir surnaturel d'un maître du monde, créateur et responsable de toute vie animale ou humaine. Elles croyaient que ce pouvoir était représenté sur terre par le *chamane,* sorte de sorcier de la tribu. Le respect de la vie était l'objet d'un culte lors de diverses manifestations rituelles. Des prières accompagnaient la cueillette des plantes médicinales pour assurer leur repousse. Le gibier n'était pas gaspillé pour assurer sa réincarnation.

b) Des agriculteurs sédentaires: les Iroquois

En 1535, l'explorateur Jacques Cartier donna le nom d'Iroquois aux peuplades d'Indiens agriculteurs qui habitaient les deux rives du fleuve Saint-Laurent, depuis Gaspé jusqu'à la ville actuelle de Montréal.

Contrairement aux Algonquins, les Iroquois étaient des agriculteurs sédentaires. Ils récoltaient en grande quantité le maïs, le haricot, la courge. Les Iroquois consacraient même un culte à ces trois denrées qu'ils désignaient sous le nom "Les trois soeurs".

Les cérémonies rituelles suivaient un cycle annuel et prenaient la forme d'actions de grâces, de remerciements pour les moyens de subsistance reçus et la fécondité de la terre dont la vie des hommes dépendait. On récitait des prières pour la santé et la tranquillité de l'esprit et on organisait des jeux et de grands festins.

La production de nombreux masques s'explique par d'autres mythes qu'entretenaient les deux grandes sociétés secrètes des Iroquois: les *Faux Visages* pour la médecine et la magie et les *Visages à Cosses,* pour la prophétie et l'agriculture.

L'artisanat des Iroquois témoigne de cette vie d'agriculteurs sédentaires et leur production est très différente de celle des Algonquins.

Les saisons de production algonquines

N'en déplaise à nos poètes qui ramènent souvent l'année québécoise à deux saisons (le "si court été" et "l'hiver si long" chers à Gilles Vigneault) le Québec est un pays où les quatre saisons alternent avec une remarquable diversité de couleurs et de sensations, et c'est ce qui fascine nombre d'Européens qui, de nos jours encore, décident de s'y établir.

Nulle part ailleurs l'hiver n'est plus froid et neigeux, le printemps plus riche et vigoureux, l'été plus luxuriant et l'automne plus coloré.

Les populations autochtones de cette province avaient des saisons une connaissance quasi viscérale. Comme le lièvre du Québec devient blanc en hiver, comme la glace fond en torrent au printemps, comme la chenille devient papillon en été et comme l'érable rougit en automne, l'Indien de ce pays s'adaptait tout naturellement à chaque saison. Sa production qualifiée aujourd'hui d'"artisanale" pourrait en fait se résumer par une série de gestes quotidiens qui étaient autant de mesures correctives pour suivre parfaitement les changements de la nature.

Printemps

À l'heure du renouveau de la nature, aprè[s]
les mois d'hiver, quand les glaces libèrent
l'eau, source de toute vie, l'Algonquin
profitait de la montée de la sève dans les a[rbres]
pour "récolter" l'écorce de bouleau. Ces nor[...]
des avaient besoin de cette matière première
pour construire les bateaux qui les
transportaient sur les eaux du
printemps et pour fabriquer
la "batterie de
cuisine" qui

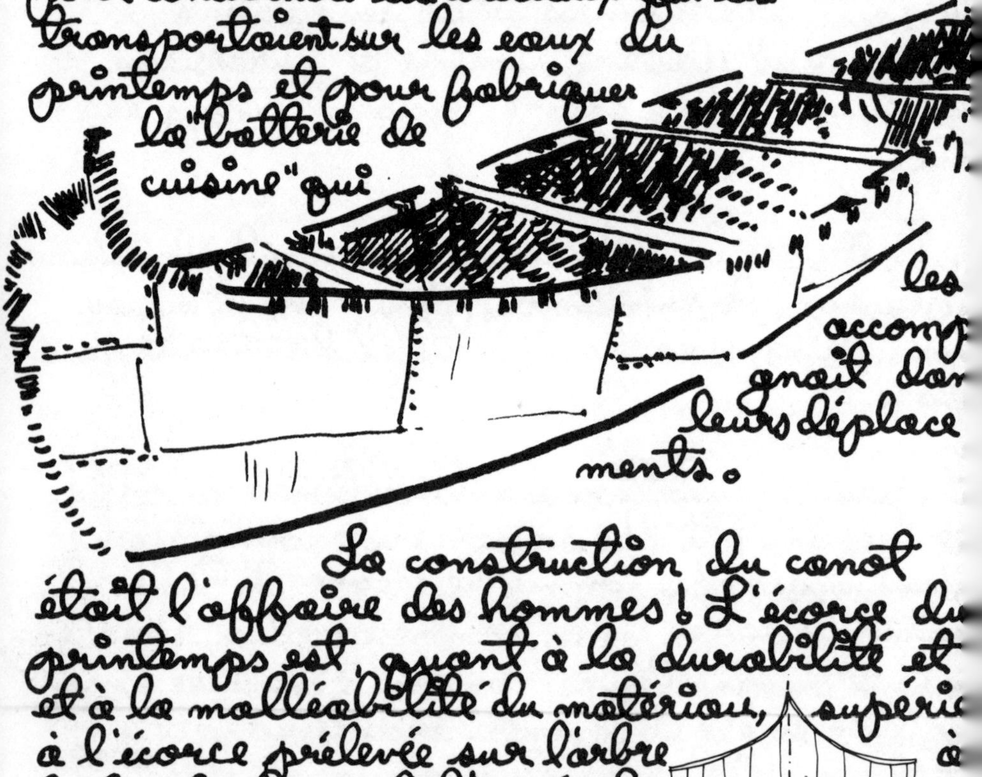

les
accom[...]
gnait dar[...]
leurs déplace[...]
ments.

La construction du canot
était l'affaire des hommes! L'écorce du
printemps est, quant à la durabilité et
et à la malléabilité du matériau, supérie[ur]
à l'écorce prélevée sur l'arbre à
tout autre temps de l'année. Le 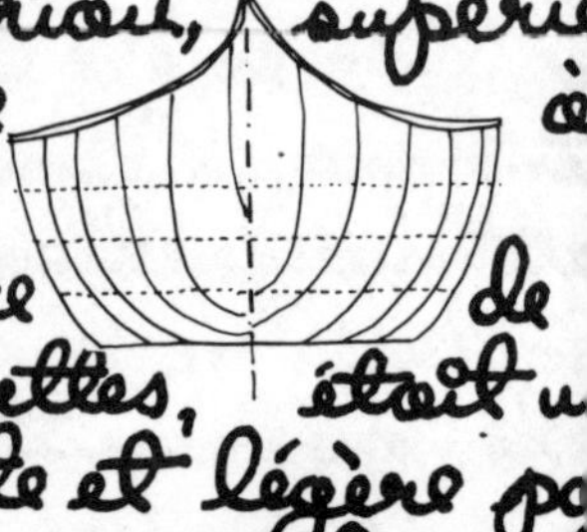
canot algonquin, fait d'écorce de
bouleau et de racines d'épinettes, était u[ne]
embarcation petite et légère pa[rfaitement]
faitement 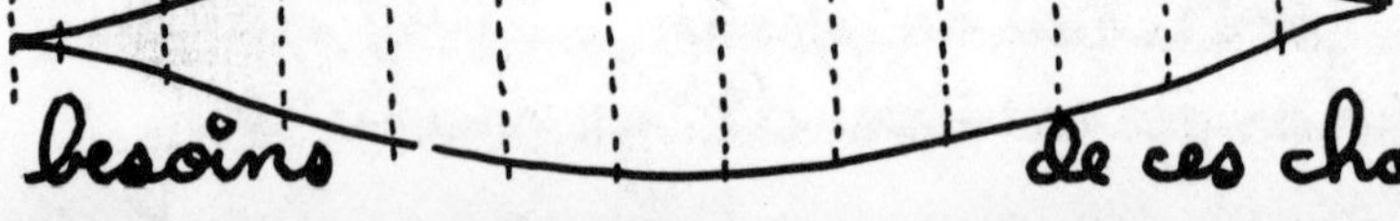
adaptée a[ux]
besoins de ces chasseurs,

cheurs et grands voyageurs qui devaient
avoir porter les embarcations sur leur
s quand il fallait éviter les rapides et
teindre les zones difficiles d'accès, plus
oyeuses et plus poissonneuses.

Cependant, ce type de canot était fra-
le et résistait rarement à plus d'une saison
navigation. S'il était endommagé au cours
n voyage, il était réparé immédiatement.
l'avarie était d'importance, l'Indien
rrêtait et, tout simplement, construisait
autre canot.

Tandis que les hommes construisaient
canots, les Indiennes, avec l'écorce de bou-
u, fabriquaient divers récipients. Comme
peuples nomades ne
vaient se permettre de
nsporter un équipe-
t lourd et embarras-
t au cours de leurs
breux déplacements
bjets d'utilisa-
quotidienne fa-
qués d'écorce
nt parfaitement
ptés à leur mode de   vie et à leurs besoins.

Les contenants d'écorce de bouleau aux.
mes variées, destinés à de multiples usages,
ent légers et imperméables. Ils flottaient
l'eau et fermaient hermétiquement, ce qui

était essentiel pour des gens qui devaient continuellement transporter leurs ustensiles dans des petits canots fragiles.

Les Algonquins se servaient de ces récipients d'écorce de bouleau pour faire bouillir des aliments, ce qui peut se faire facilement à condition de ne pas exposer l'écorce à la flamme et de s'assurer qu'il y a toujours de l'eau dans le récipient. Ils s'en servaient également pour la cueillette des fruits, le transport de l'eau, la conservation des aliments et pour y ranger les petits objets tels que les bijoux, les pipes, le tabac, les coquillages etc.

Été

C'est le rassemblement de la bande au campement d'été.

Saison où l'on vit nu ou presque, où la vie est facile, où la chaleur engage à la quiétude et au repos où l'abondance invite au plaisir et à la fête, l'été était le temps où l'Ind...

reposait et ne produisait guère.

La nature répondant à tous ses besoins [es]sentiels sans qu'il ait à beaucoup travail[l]er, l'Indien, durant cette saison, laissait [li]bre cours à son imagination [cré]atrice et à son sens artistique. [C']est pendant les chaudes soirées [d']été que les artisanes algon[q]uines avaient le goût et le [te]mps de décorer les vêtements en les brodant de piquants de porc-épic ou de crins d'orignal et en y réalisant [le]s savants motifs décora[tif]s perlés propres à la [f]amille algonquine.

Ces décorations bien connues des amateurs [se]se caractérisent par le motif à double [co]urbe. Speck, qui a longuement étudié [di]fférents motifs, écrit : "... l'élément [es]sentiel consiste en deux lignes incurvées en apposition avec des décorations plus [ou] moins élaborées modifiant l'espace [inc]lus entre ces lignes, avec des variations [com]patibles avec la [for]me et les propor- [ti]ons du dessin entier". [S]peck. F. G. 1915)

Champlain précise dans la description

qu'il en fait: "Tous
sont d'une même
diversité d'in-
ils passent
sonnable-
leurs braies
ment gran-
chausses,
ceinture,
souliers
castors
ils
por-
la
des
par

vention
et accommodent
ment les peaux,
d'une peau de cerf,
de, et d'une autre le
ce qui leur va jus-
étant fort plissé.
sont de peaux de cerfs,
dont ils usent en bon nom-
ont une robe de même four-
me de couverture, qu'ils
façon irlandaise ou égyp-
manches qui s'attachent avec
le derrière"

leurs habits
façon, sans
nouvelle.
assez ra
faisant
moyens
bas d
qu'à l
fleur
ours e
bre. P.
rure, e
porten
tienne.
un cord

Les femmes s'habillai-   ent

peu
me
mais
étaient
les cein-
elles se
de bi-
toutes
l'ham-
tinue:
chargées
de por-
tant en
chaînes (...)
pendants

près c
les hom
leurs r
ajustée
ture et
couvrai
jour de
sortes
plain c
"elles s
de quant
celaine,
colliers
bracelets
d'oreille".

Pour être plus séduisants, les hommes préféraient se peindre le visage et le corps de différents motifs noirs et rouges.

Automne

De la mi-août jusqu'à la mi-septembre, les familles algonquines se réunissaient par petits groupes et se préparaient au voyage vers les territoires de chasse. Au début d'automne, tandis que les érables rougissaient aux petits matins des premières gelées, les chasseurs algonquins préparaient leurs flèches, leur filets, leurs instruments et tout leur équipement de chasse.

Vers le milieu de septembre jusqu'au milieu d'octobre, venait le temps de la chasse. Le

petit gibier - lièvres, gélinottes, ca
nards, oies, bernaches - était abon
dant, les petits nés au printemps
ayant grandi sous le couvert d
la végétation pendant tout l'été
l'orignal et le chevreuil, en période de rut, étaient en perpé-
tuelle maraude et faciles à
appeler et à tuer dans les ri
vages et en bordure des ma
récages. C'était le temps
pour l'Indien de faire sa pro
pre provision de viande
pour l'hiver. Tandis que
les hommes parcouraient
les bois, les marécages et
les battures des bords
du Saint-Laurent, qu'ils
guettaient, immobiles
dans les joncs et la bo
l'orignal sur les ber
des lacs où la
gelée fi-
geait la
végétation et
d'une blanche
femmes

couvrait l'eau
vapeur, les,
au campement,
séchaient la
viande et
pré a-
raient
les réserves pour
l'hiver.

Après la chasse et la pêche, l'homme
installait le camp d'hiver dont on connaît bien la forme conique caractéristique.
Bientôt, les violentes tempêtes empê-
cheraient tout lointain déplacement.
L'Indien, comme l'ours, choisissait
cette fin d'automne le lieu où il pas-
serait les mois les plus froids de
l'année. Il y construisait son abri.
Les Algonquins utilisaient principalement la tente de peau ou d'écorce
de bouleau. (La peau était surtout
utilisée dans les régions du nord.)

Les petites habitations uni-
familiales étaient des abris
temporaires qui répon-
daient à des besoins im-
médiats. Elles proté-
geaient l'Indien et sa famille
les dures intempéries de l'hiver
et avaient l'avantage de pouvoir être construites rapidement à partir de maté-
riaux que

l'Algonquin trouvait partout, à po-
tée de la main. Il entrecroisait des
piquets de bois en formant une char-
pente conique qu'il recouvrait ensuit
de peaux ou d'écorces de bouleau. En
disposant ces peaux ou ces écorces, il
laissait une ouverture pour la port
et une autre ouverture, au sommet
du cône, servait naturellement de
cheminée. Quand venait le temps d
quitter le camp, seules les peaux étaie
récupérées et servaient pour le cam
pement suivant.

À la fin de l'automne, quand, aprè
la première neige, blanchissait le lièv
les Algonquins commençaient à piège
les animaux à fourrure : castor, lou
loutre, vison, martre, etc., tout en co
tinuant de chasser le gros gibier, ori
gnal, chevreuil, caribou.

Les femmes récupèraient les peaux, l
grattaient et les fumaient et, immé
tement, les transformaient en vêteme

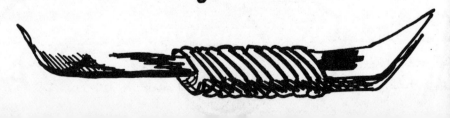

Hiver

L'hiver était encore un temps de chasse pour l'Indien, puisque c'est alors que la fourrure des animaux est le plus belle, la plus riche et le plus chaude. L'Indien devait, pour pratiquer cette chasse, parvenir à se déplacer sur les neiges qui recouvrent pendant plusieurs mois le sol québécois. C'est pourquoi l'hiver pour l'autochtone de ce pays, fut de tout temps la saison de la raquette : le temps de la fabriquer et, évidemment, le temps de s'en servir.

On ne sait pas grand-chose de l'origine de la raquette, en dehors du fait qu'elle a inventée, et perfec- tionnée au fil des siècles par les Indiens qui, sans se déplacer sur les neiges épais- ses raquettes, été créée tionnée siècles par de ce pays, elle n'auraient ni chasser sur ses de l'hiver, tout comme le

canot d'ailleurs, sont des preuves éviden-
tes du génie des peuples autochtones de
l'Amérique du Nord et de leur parfaite adaptation à leur environnement.

Grâce à la raquette, le chasseur pouvait suivre sa proie à la trace, marchant
régulièrement derrière elle, jusqu'à ce
que l'animal s'épuise. La bête était
alors tuée et débitée sur place:
la viande, la peau et certains
os étaient transpor-
tés au campement
sur des traî-
neaux ou à
dos d'homme.

Quand les Indiens
plaçaient leur campement
en temps de neige, chaque mem-
bre de la famille chaussait
sa paire de raquettes. Armes
et bagages étaient entassés sur
les traîneaux et la mère portait
son nouveau-né dans un porte-
bébé (tikinagan) qu'elle suspendait
dans son dos. L'homme et la femme
travaillaient pour produire des raquettes: l'homme en taillant et
formant les fûts de bois et la
femme en laçant les treillis de
"babiche".

Les raquettes variaient considérablement selon les tribus et le type de territoire qu'elles avaient à parcourir. L'Indien créait une raquette longue et étroite pour les étendues peu accidentées (cri), une raquette ovale et large pour les régions montagneuses et encombrées (montagnais), une raquette ronde et sans queue pour les régions boisées (queue de castor), etc. L'Indien changeait également de raquettes selon que la neige qu'il foulait était trempée, légère, en croûte, etc.

Masque porté par les membres de la Société de médecine iroquoise des Faux Visages; cette société soignait les malades lors des fêtes rituelles du Maïs.

(Photo ministère des Affaires culturelles)

Masque iroquois du clan du Chevreuil sculpté et décoré de cosses de maïs tressées et frangées.

Masque iroquois qui jouait un rôle important lors des cérémonies religieuses.

Masque de bois de pin, de crin, de métal et de cuir.

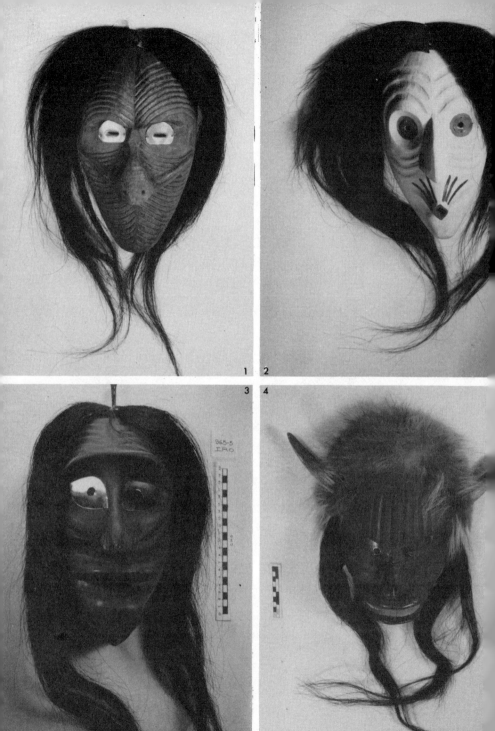

1 - Masque du clan du Loup. Scarifications multiples sur tout le visage.

2 - Masque iroquois. Des cercles métalliques forment l'intérieur de l'oeil.

3 - Masque iroquois commun sculpté dans le bois de pin et peint en rouge.

4 - Masque iroquois représentant un buffle coiffé de fourrure et de cornes en os.

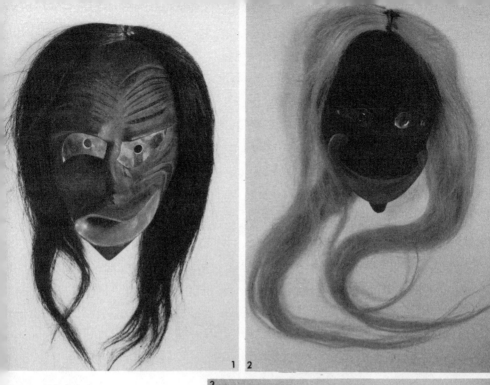

(Photos ministère des Affaires culturelles)

1 - Masque iroquois de la nation des Cayuga. Scarifications sur le front.

2 - Masque iroquois dont la mandibule est articulée. Il est d'inspiration onirique

3 - Masque iroquois "le grand-père aux grosses lèvres".

(Photos ministère des Affaires culturelles)

1 - Masque iroquois "stone giant" dont la figure est incrustée de pointes de flèche.

2 - Masque iroquois porté par les membres de la Société de médecine iroquoise pour soigner les malades lors des cérémonies publiques des Fêtes du Maïs et du Jour de l'An.

Les saisons de production iroquoises

Printemps

La fonte des neiges, la débâcle des cours d'eau, la réapparition des sols labourables, des bourgeons aux arbres et des plantes dans les champs étaient occasion de fêtes et de réjouissances pour cet agriculteur qu'était l'Iroquois. De grands festins rassemblaient les familles à l'issue des journées de travail. Le printemps était aussi le signal de la reprise des travaux agricoles. Les femmes s'en retournaient aux champs détrempés pour préparer la terre et les semailles. On prélevait l'écorce du bouleau ou de l'orme avec laquelle on fabriquait les récipients dont on

avait besoin au cours de l'été pour récolter les fruits et les légumes, transporter les bagages et les aliments ainsi que le sirop d'érable.

Avec l'écorce, les hommes réparaient les canots

et les maisons.

Les Iroquois habitaient des maisons en écorce d'orme, rectangulaires, groupées en bandes à forte densité de population. Chacune de ces maisons était occupée par une matrone, la famille de ses filles et la famille de ses petites-filles. C'était aux femmes de la tribu qu'appartenaient les champs, les maisons et l'équipement ménager.

Champlain nous donne une bonne description de ce type de forteresse :

... et en cette étendue de pays, il y a dix-huit villages, dont six sont clos et fermés de palissades de bois à triple rang, entrelacés les uns dans les autres, et au dessus, ils ont des galeries, qu'ils garnissent de pierres, et d'eau, pour ruer et éteindre le feu que leurs ennemis pourraient appliquer contre leurs palissades (...) Leurs cabanes sont en façon de tonnelles ou berceaux, couvertes d'écorces d'arbres de la longueur de vingt-cinq à trente toises, plus ou moins, et six de large, laissant par le milieu une allée de dix à douze pieds de large, qui va d'un bout à l'autre. Aux deux côtés il y a un espace, où ils conservent leurs blés d'Inde, qu'ils mettent en de grandes tonnes, faites d'écorce d'arbres, au milieu de leur logement (...) En telle cabane y aura douze feux, qui sont vingt-quatre ménages."

Été

L'été, la vie était facile et la nourriture abondante. L'Iroquois profitait de cette saison pour se reposer, festoyer et célébrer les puissances de l'au-delà qui le comblaient.

Il allait à la pêche et à la chasse pour assurer sa subsistance. Pour

conserver ses aliments, il
les faisait sécher ou bouca
ner. Il en profitait pour
réparer sa maison et la
palissade.

Les principales fêtes avaie
pour but de remercier la nati
re pour tout ce qu'elle offre
aux hommes. L'Iroquois fê
te la saison des fruits (fraic
ses et framboises), la fécondi
té de la terre et la clémence.
la nature. Chacune de ces fê
te était l'occasion de grand
rassemblements où l'on "fa
sait marmite" et où l'on ma
geait la sagamité, un mélé
ge de poissons, de viandes et
de maïs.

L'Iroquois profitait de ce
rassemblements pour pra
tiquer de nombreux jeux de l
sard et disputer descompé
titions : courses, jeu de cros
osselets, etc. C'était aussi a
cours de l'été que se faisa
les grands voyages et les
guerres.

Durant cette saison, les fe
mes produisaient des vêteme

légers qu'elles décoraient de motifs perlés et de broderies. C'est en été également que les Iroquois fabriquaient des wampums de perles, de coquillages ou de pierres polies sur lesquels ils inscrivaient l'histoire de la tribu, dont ils se servaient comme monnaie d'échange ou qu'ils offraient en gage de paix. Iroquois et Hurons créaient des pièces de poterie. Ils ne possédaient ni tour, ni four, ni glaçures. Ils montaient leurs pièces à la main, par enroulement ou modelage.

Les pots servaient au transport de l'eau ou à la cuisson des aliments. Ils étaient larges à l'ouverture et ronds ou pointus à la base, pour tenir entre les pierres ou dans des dépressions de terrains. La cuisson se faisait sur un feu de broussailles. Les pots étaient décorés de motifs géométriques gravés dans la glaise. Les Iroquois fabriquaient également des pipes en terre cuite.

Enfin, les Iroquois étaient d'habiles vanniers qui produisaient une grande

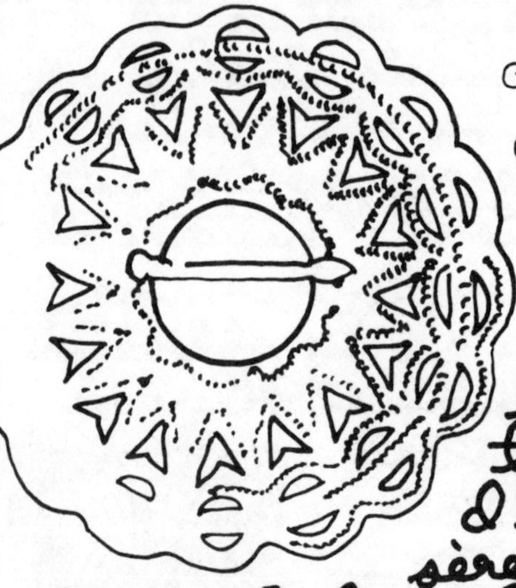

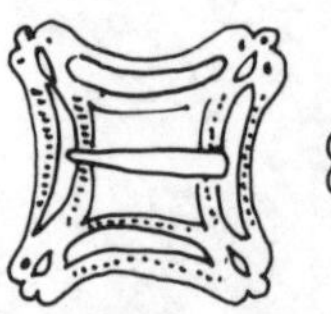

variété de bracelets,
de pendentifs et de
bijoux divers. À par-
tir de 1800, certains
d'entre eux se spéciali-
sèrent dans le travail d
l'argent, bracelets, amulettes, etc.
Bientôt, chaque village eut son joaillier (silversmith). Encore aujour-
d'hui, les meilleurs joailliers améri-
diens sont Iroquois.

Automne

Vers la fin de l'été et au cours d
mois d'automne, les Iroquois se re-
mettaient à l'oeuvre en vue de se préparer à l'hiver. Les fêtes devenaient p
rares, même si de grands rassemblem
avaient encore lieu pour fêter la féco
dité de la terre, la moisson, l'abonda
ce des récoltes, le retour des voyageurs ou des guerriers, etc.

Les femmes allaient aux champs r
colter le maïs, les courges et les mel
Les hommes prenaient le chemin des ?
et des lacs pour chasser et pêcher. Pois

t viandes étaient fu-
més ou séchés.

L'automne était la
période des pêches
au poisson blanc
que l'on prenait au
filet ou au harpon.

Les artisans fa-
briquaient des mas-
ques en "cosses" de maïs.
Ces masques étaient
utilisés lors des danses
rituelles. Ils étaient
aussi suspendus
au-dessus des portes
pour indiquer que la
récolte avait été

bonne et qu'il y avait à manger pour
tout le monde.

Le maïs était accroché aux murs
de l'habitation ou égrené et conservé
dans de gros paniers en écorce de bouleau qu'on enfouissait souvent aux extrémités des cabanes afin de protéger les aliments.

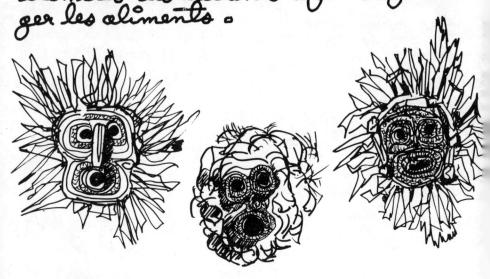

Hiver

Malgré le froid et la neige, l'hiver
était une période active pour l'Iroquois qui, chaussé de raquettes qu'il
fabriquait aux premiers mois neige
pêchait, chassait et piégeait. Le gibier
surtout l'orignal, était d'abord re-
péré puis suivi à la trace jusqu'à ce
qu'il s'épuise dans la neige épaisse.
L'Indien le suivait patiemment sur
ses raquettes qui lui permettaient
d'aller à sa guise et sans effort où il

le désirait. L'animal était tué, débi-
té, puis chargé dans un toboggan.

La femme iroqui-
se était, elle aussi,
fort occupée

durant
cette saison puis-
qu'elle devait habiller
toute sa famille. Elle devait d'abord
préparer les peaux que son chasseur
lui apportait. Grattées, étirées, net-
toyées, dépilées, etc., les peaux d'ours,
d'orignal, de castor servaient à la
confection des robes et des bonnets
de fourrure.

Les peaux d'ours, d'orignal, de chevreuil souvent - quand la

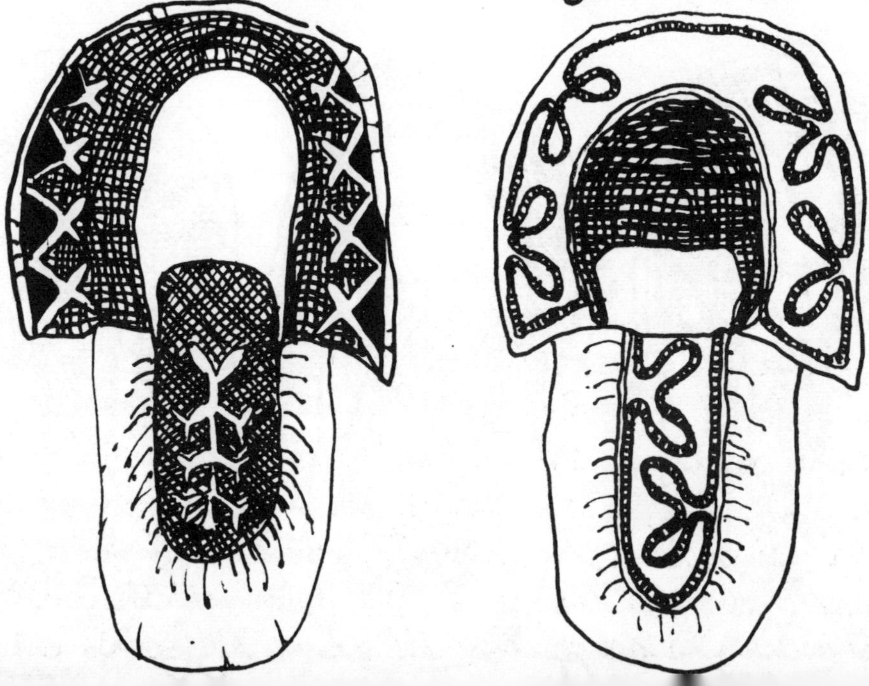

chasse était bonne - étaient préparées à l'automne, puis transformées en mitaines, ceintures, mocassins etc.

Au cours de ces longs mois d'hiver, l'Iroquoise, à l'abri dans sa chaude maison, perlait ou brodait de crins d'orignal ou de piquants de porc-épic les vêtements de cérémonie (jupes, robes, manteaux, etc.)

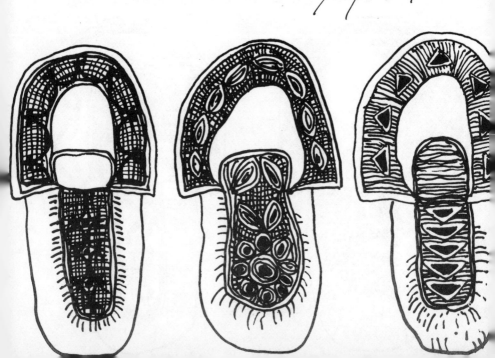

Productions actuelles (techniques, qualité, conservation)

L'écorce de bouleau

On m'a dict qu'auant qu'on leur apportât des chaudieres de France, ils faisoyent cuire leur chair dans des plats d'escorce, qu'ils appellent ouragana. Ie m'estonnois comme ils pouuoyent faire cela, car il n'y a rien si aisé à brusler que cette escorce. On me respondit qu'ils mettoyent leur chair et de l'eau dans ces plats, puis qu'ils mettoyent cinq ou six pierres dans le feu; et quand l'vne estoit tout bruslante, il la iettoyent dans ce beau potage, et en la retirant pour la remettre au feu, ils en mettoyent vne autre toute rouge en sa place, et ainsi continuoyent ils iusques à ce que leur viance fût cuite.

Relations des Jésuites
1611 - 1636 - Volume 1
Editions du Jour

Petit panier à fruits de forme traditionnelle. Couture de racine et courroie en cuir.

TECHNIQUES

a) Composition de l'écorce

L'écorce de bouleau se compose de deux éléments:

La couche extérieure s'appelle liège et se subdivise en plusieurs fines feuilles de papier. La couche supérieure de papier va du jaune clair au blanc. C'est elle qui a donné à l'arbre son appellation courante de bouleau blanc. Dans la fabrication d'articles en écorce de bouleau, cette partie blanche (partie du liège) sera renversée pour former l'intérieur de l'article et en assurer l'imperméabilité.

La partie qui adhère à l'arbre s'appelle le liber. Il y a également entre l'arbre et le liber une couche de *cambium* qui est en fait la zone génératrice comprise entre le bois et l'écorce. Au printemps, aux mois d'avril et de mai, la sève circule dans l'arbre et ce n'est qu'à ce moment que l'on peut facilement écorcer l'arbre. L'écorce est fendue dans le sens de la longueur puis décollée à l'aide d'un couteau ou de coins insérés dans la coupure.

Le cambium, en plus de faciliter l'écorçage, a un rôle essentiel à jouer dans la décoration des articles en écorce de bouleau. L'écorce étant renversée au moment de la fabrication de l'article, c'est le cambium, colorant la face interne de l'écorce en brun foncé, qui assure la couleur de la surface de l'objet.

Pendant les autres mois de l'année, l'écorce adhère à l'arbre. L'écorçage et la décoration sont alors pratiquement impossibles à effectuer. Les articles néanmoins fabriqués avec ce type d'écorce sont de qualité inférieure.

b) Caractéristiques du matériau

L'écorce qui protège le bois du bouleau fut une matière première très importante, travaillée par les artisans amérindiens pour la fabrication de leurs objets d'utilisation courante. Cette écorce a des propriétés exceptionnelles et l'artisane indienne avait appris, au cours des siècles, à l'utiliser couramment pour la fabrication d'objets usuels. Ses principales caractéristiques sont les suivantes:

L'Indien croit que le bouleau a été créé par les dieux, qui lui ont appris l'utilisation et la formation secrète de son enveloppe qui peut se détacher.

Légèreté - Voilà pourquoi les canots des artisans amérindiens étaient fabriqués en écorce de bouleau, les embarcations devant souvent être portées à dos d'homme pour éviter les rapides dangereux (portage). Cette caractéristique permettait encore aux voyageurs de transporter avec eux des écorces de rechange afin d'effectuer des réparations en cas d'avaries.

Les voyageurs ne souhaitaient pas s'encombrer d'ustensiles, de gamelles, de chaudrons ou de paniers trop lourds. Aussi, l'écorce de bouleau répondait-elle merveilleusement à leurs besoins, les artisanes indiennes fabriquant avec elle des plats et des paniers tout usage, légers, pratiques, faciles à transporter et à ranger. Plusieurs de ces récipients se fabriquaient, au besoin, sur les lieux mêmes du campement.

Etanchéité - Ce matériau, en plus d'être d'une grande disponibilité, est d'une étanchéité surprenante. Tous les objets fabriqués d'écorce de bouleau flottent.

Malléabilité - L'écorce de bouleau est, aussi, malléable. Elle peut prendre toutes les formes et se prête à de nombreuses décorations. On la roule en cornet, on l'arrondit pour construire des canots et des maisons, on la plie pour former des paniers, etc. On peut la décorer de broderie, de piquants de porc-épic. On peut encore la gratter pour y incruster de multiples motifs décoratifs.

On a même avancé l'idée que l'écorce de bouleau possédait une propriété aseptique et que c'était pour cette raison que la nourriture des Indiens s'y conservait si bien.

C'est à force d'expériences répétées que les Indiens ont appris à fabriquer des objets qui étaient d'abord utilitaires, mais dont la technique, les formes et les motifs décoratifs témoignent d'un art certain ainsi que d'un sens inné et sûr de l'équilibre et de l'esthétique.

c) Techniques de décoration

L'artisane utilisait principalement deux techniques de décoration: la gravure et le raclage. Ce sont de nos jours les techniques encore le plus couramment utilisées.

Traditionnellement, la surface des articles en écorce de bouleau était aussi décorée de motifs dits "appliqués", ou de différentes broderies aux piquants de porc-épic ou aux poils d'orignal teints. Ces techniques sont moins utilisées aujourd'hui.

Gravure

Un motif est tracé à l'aide d'un objet pointu dans le cambium brun foncé. Le cambium qui couvre la partie intérieure du motif est ensuite gratté par l'artisane qui met ainsi en évidence la couche jaune clair de l'écorce. Le motif apparaît alors jaune clair sur fond brun foncé.

Panier à fruits en écorce de bouleau décoré de motifs floraux.

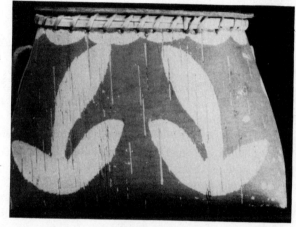

Raclage

Le motif est ici également tracé dans le cambium. Cependant, la partie intérieure du motif est laissée en brun clair et c'est la partie qui entoure le motif qui est raclée pour faire apparaître la couleur jaune clair de l'écorce. Le motif apparaît alors brun foncé sur fond jaune clair.

Panier à ouvrage en écorce de bouleau décoré de feuilles et de la double courbe traditionnelle.

Les appliqués

Cette technique de décoration était utilisée sur de l'écorce séchée ou récoltée hors saison. Le motif était alors découpé dans un autre morceau d'écorce puis cousu à la pièce par de la racine d'épinette.

Broderie

On trouve deux types de broderie traditionnels sur écorce de bouleau: l'un dit "aux poils d'orignal" et l'autre "aux piquants de porc-épic".

Pour rehausser une écorce en y brodant des piquants de porc-épic, la technique la plus simple consiste à perforer l'écorce de trous minuscules et à y insérer les extrémités des piquants. Ces extrémités sont ensuite recourbées à angle droit. L'écorce ainsi décorée doit être doublée pour masquer les piquants à l'intérieur.

La technique de la broderie aux crins d'orignal consiste à pousser des poils à travers l'écorce. Les brins apparaissent alors soit en lignes parallèles, soit en touffes drues du genre hérisson. La décoration est obtenue en rasant l'extrémité des poils qui sortent dans une même touffe. Plusieurs touffes de différentes couleurs peuvent être disposées dans une même circonférence pour créer des motifs floraux.

Coffret à bijoux en écorce de bouleau décoré de piquants de porc-épic. Ces coffrets sont très recherchés par les collectionneurs.

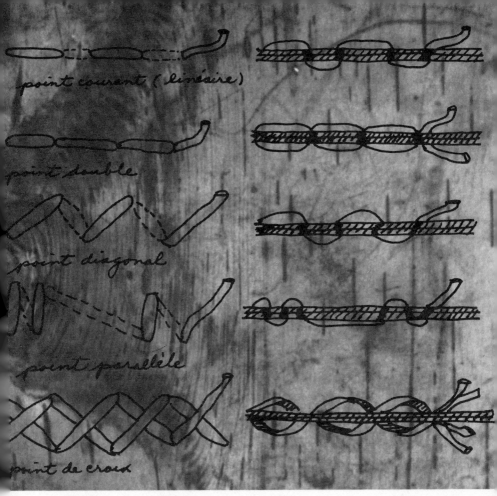

point courant (linéaire)

point double

point diagonal

point parallèle

point de croix

Finition

Le bord des paniers en écorce de bouleau est parfois ourlé d'un faisceau de tiges de glycérie. Il s'agit là d'une plante herbacée, poussant au bord de la mer et des étangs, communément appelée "foin d'odeur" ou "foin de senteur". Ce faisceau est fixé au panier par un fil ou de la racine d'épinette. Son rôle est triple: décorer, consolider et parfumer.

Coutures

Les coutures des récipients ou contenants en écorce de bouleau ont deux fonctions: elles renforcent et décorent. Ces coutures sont faites de racines d'épinettes soigneusement sorties de terre, lavées, fendues en deux puis séchées et roulées.

Les différents types de points de couture ajoutent à la décoration de la pièce.

d) Motifs décoratifs

Les contenants en écorce de bouleau sont les pièces artisanales amérindiennes dont la technique de fabrication a été le moins influencée par l'invasion et les méthodes des Européens. Des changements notables se sont cependant produits au niveau des motifs décoratifs. On trouve aujourd'hui de nombreux paniers décorés de fleurs de lys, de feuilles d'érable, de tulipes, de roses, etc.

Les fleurs

On trouve généralement des fleurs de différentes espèces ou des feuilles d'arbres sur une seule tige décorant la même pièce. Selon l'imagination de l'artisane, cette tige peut même prendre sa source dans une autre fleur.

Motifs les plus courants
— Fleurs à quatre pétales
— Tulipe
— Marguerite
— Feuilles de toutes sortes
— Tiges fleuries
— Fleurs de lys

Couvercle d'un panier en écorce de bouleau décoré de fleurs d'inspiration européenne.

1

2

1 - Couvercle d'un panier en écorce de bouleau décoré de feuilles et d'une fleur à quatre pétales.

2 - Panier à provisions en écorce de bouleau. Les décorations sont obtenues en grattant l'écorce à l'aide d'un couteau.

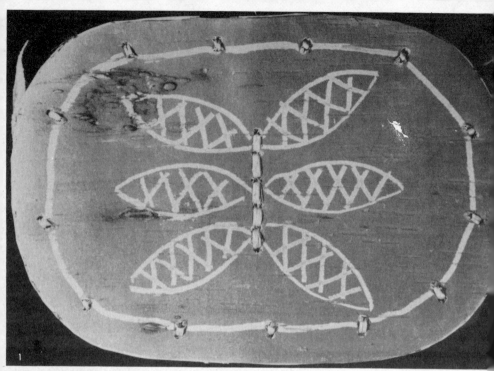

1 - Couvercle de panier. La racine devient ici un élément décoratif, en plus de servir de lien.

2 - Panier traditionnel dans lequel l'Indien conservait la viande et le poisson. Les motifs sont grattés dans l'écorce.

...ier en écorce de bouleau abondamment décoré de fleurs, de motifs géométriques et de bandes
...es.

...fleurs qui décorent les paniers seraient d'inspiration européenne des débuts de la colonie. On voit
..., dans la décoration des paniers, un alliage de fleurs qui naissent dans un tronc d'arbre.

Les mammifères

Ce sont avant tout les animaux sauvages avec lesquels les artisans amérindiens sont familiers que l'on trouve gravés sur l'écorce de bouleau.

Motifs les plus courants

— Orignal (mâle ou femelle)
— Ours
— Ecureuil
— Castor
— Lièvre

L'orignal est un motif décoratif que l'artisan indien affectionne particulièrement à cause du rôle important de cet animal dans sa vie.

Les oiseaux

Il arrive parfois que le couvercle ou même la bordure du panier soient décorés d'oiseaux sauvages.

Motifs les plus courants

— Perdrix
— Canard
— Outarde
— Oiseaux stylisés

Oiseau qui prend son vol, gravé sur écorce de bouleau.

Les motifs géométriques

Les motifs géométriques sont faits sur l'écorce selon la technique de la gravure. Les lignes apparaissent alors en jaune clair sur fond brun foncé. La broderie aux piquants de porc-épic se prête bien à la décoration géométrique à cause de la rigidité des piquants. Les motifs que l'on trouve sur les paniers sont généralement insérés dans des festons au bas ou au haut de l'article. Ces festons sont composés de motifs en croix.

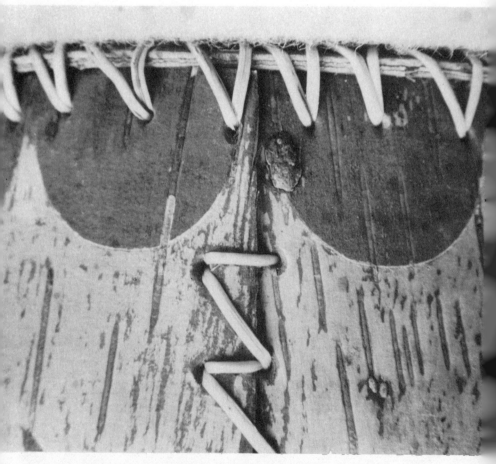

Liens de racine d'épinette. Les doubles courbes gravées au bas du panier représentent souvent la terre.

PRODUCTION

a) Panier

Le morceau d'écorce est d'abord choisi et trempé dans l'eau pendant quelques heures. Il faut éviter de le tremper trop longtemps, car il aurait alors tendance à se rouler sur lui-même, selon sa forme initiale. Si les écorces sont séchées, il est préférable de les tremper dans un bain d'eau maintenue chaude, pour aviver la résine et assouplir l'écorce, ce qui facilitera le pliage.

Le patron du panier peut être tracé directement sur l'écorce ou découpé au préalable sur un carton puis apposé sur l'écorce. Il est ensuite découpé dans l'écorce à l'aide de ciseaux ou d'un couteau. Les perforations à l'alène pour permettre la couture des joints sont espacées de ⅜ à ½ pouce (1 à 1,25 cm).

Une fois le patron découpé, on relève les deux extrémités du fond du panier à angle droit, puis on rapproche les côtés jusqu'à ce qu'ils se rejoignent parfaitement. Les extrémités sont alors cousues en place avec de la racine d'épinette en commençant par l'intérieur du panier. Un renfort en bois, habituellement une branche flexible ou du "foin d'odeur" (tige de glycérie), est cousu au rebord du panier. On peut également ajouter un couvercle en découpant une pièce d'écorce excédant la circonférence de l'ouverture de ¼ à ⅜ de pouce (6 mm à 1 cm). Une bande d'environ ½ pouce (1,25 cm) est taillée de la même longueur que la circonférence de l'ouverture. Cette bande est cousue au couvercle de telle sorte qu'elle entrera "à serre" dans l'ouverture du panier.

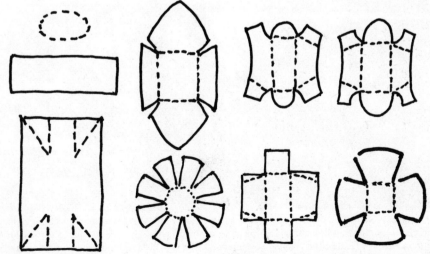

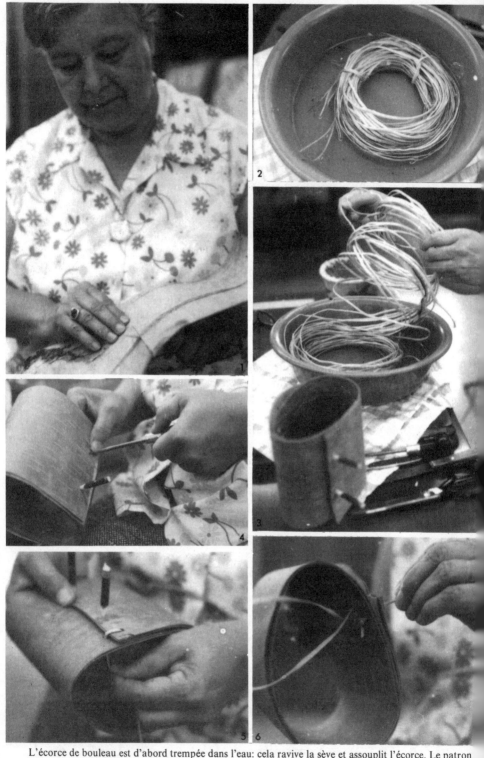

L'écorce de bouleau est d'abord trempée dans l'eau: cela ravive la sève et assouplit l'écorce. Le patron tracé sur l'écorce, puis découpé au couteau (1).L'écorce est pliée suivant le patron. La partie intérieure l'écorce devient l'extérieur du panier. La couture est faite avec de la racine d'épinette que l'on fait trem dans l'eau tiède pour plus de flexibilité (2) (3).Des trous sont perforés dans l'écorce à l'aide d'un poinçon l'artisane y enfile la racine (4) (5) (6).L'artisane tient la racine dans sa bouche pour la garder humide

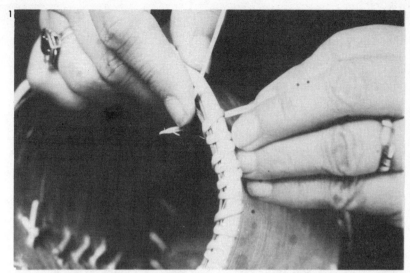

1

2

3

Une garniture en bois est fixée au rebord du panier pour le consolider. Il s'agit habituellement d'une ite branche d'aulne.

Détail de la couture de la garniture du rebord en racine d'épinette.

Le fond du panier est fixé avec la racine. Il sera ensuite découpé suivant la circonférence du fond

b) Canot traditionnel

Habituellement, dans la mesure du possible, le canot est fabriqué dans une seule pièce d'écorce de bouleau. Si plusieurs pièces sont utilisées, elles devront être cousues entre elles par des lanières de racine d'épinette. On enduira ensuite les joints de gomme d'épinette épaissie après avoir bouilli sur un feu, afin de les imperméabiliser.

Les bancs du canot sont faits à la main en bois de bouleau, léger et résistant.

Les varangues sont en cèdre. Le plancher du canot est bâti en planches de cèdre. Ce bois est reconnu pour sa légèreté et sa résistance à la pourriture.

A l'origine, chacune des tribus du Québec avait un type de canot selon qu'elle naviguait sur le Saint-Laurent ou sur des rivières. Ces canots étaient plus ou moins longs et larges, à pince plus ou moins prononcée, etc. Leur longueur variait entre 12 et 20 pieds (3,5 et 6 m).

Avec l'arrivée des Européens et le commerce des fourrures, les canots ont subi de nombreuses transformations. Trois-Rivières est devenu, au cours du XVIIIe siècle, un important centre de construction de canots.

Les plus beaux canots sont réalisés par:

William Commanda à Maniwaki
Cezar Newashish à Manouane

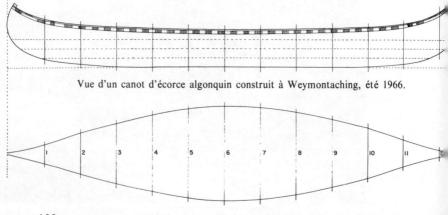

Vue d'un canot d'écorce algonquin construit à Weymontaching, été 1966.

Fabrication d'un canot d'écorce de bouleau: bois-outils-formes.

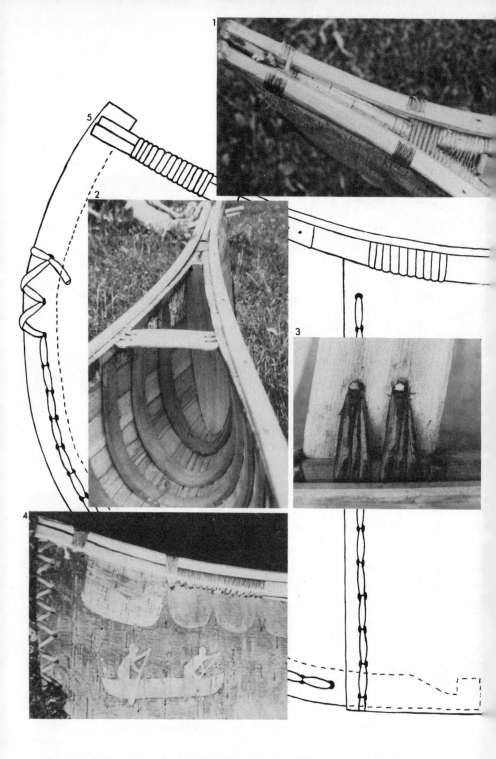

1 - Détail de la pince d'un canot d'écorce de bouleau assemblé aux racines d'épinettes.

2 - Détail de l'intérieur de la pince du canot laminé de planchettes de cèdre.

3 - Détail de l'assemblage du banc ou de la traverse du canot: planchette de bois et babiche.

4 - Détail des motifs décoratifs incisés dans l'écorce de bouleau.

5 - Détail de l'assemblage de la pince du canot et de la couture.

La première étape dans la construction d'un canot consiste à cueillir l'écorce au printemps, alors que la sève abondante facilite le travail d'écorçage. Puis l'écorce est étendue sur un lit de sable. Des pierres servent à l'immobiliser, car elle tend à reprendre sa forme initiale (1). Le moule du canot est fait à partir de pieux fichés en terre (2). L'écorce est fixée à l'intérieur du moule. Le fond du canot est laminé de planchettes de cèdre retenues par une armature en forme de U (3 et 4). (Documents extraits de *Etudes anthropologiques* no 20, par Camil Guy)

Canot d'écorce de bouleau de type algonquin. Les pièces d'écorce sont cousues à la racine d'épinette, puis gommées'' avec de la résine bouillie du même arbre.

CRITÈRES D'AUTHENTICITÉ ET DE QUALITÉ

a) Productions actuelles

- Un panier en bon état a des coutures fermes et solides. L'écorce y est uniforme et sans brisure.
- Des décorations sur un panier vous prouvent que l'écorce a été cueillie en bonne saison, car l'écorce cueillie hors saison est moins résistante et ne se prête pas à la décoration.
- Un couvercle de panier doit bien s'ajuster, car un bon artisan n'accepte pas qu'il soit, même légèrement, trop petit ou trop grand.
- Toute lanière sur un produit en écorce de bouleau doit être de cuir d'orignal, de chevreuil ou de caribou. Habituellement, ce cuir est boucané à la façon traditionnelle des Indiens. Il a alors une odeur de fumée. N'acceptez jamais une lanière de plastique ou d'un quelconque produit synthétique.
- Toute couture doit être faite de racines d'arbre. Là aussi, évitez les faux cuirs et le plastique.

b) Pièces de collection

Presque toutes les pièces en écorce de bouleau sont des pièces dignes d'être collectionnées. Elles sont relativement rares et témoignent de la culture de certaines grandes tribus indiennes du Québec: les Algonquins, les Attikamek, les Micmacs et les Montagnais, tribus qui vivaient dans des régions où poussait le bouleau.

Aujourd'hui, les Attikamek sont les plus grands producteurs de pièces en écorce de bouleau. Cette tribu est établie à Manouane dans la Mauricie.

Les pièces de collection les plus rares sont les canots grandeur nature (14 pieds (environ 4 m)), certains paniers bien décorés et les porte-bébés.

Aujourd'hui, on trouve très peu de paniers décorés de broderie aux crins d'orignal ou aux piquants de porc-épic. Les seuls spécimens qui existent sont conservés précieusement dans des musées ou dans des collections privées.

1 - Couvercle d'un panier d'écorce de bouleau décoré de doubles courbes, fleurs et motifs géométriques traditionnels.

2 - Panier à linge en écorce de bouleau. Couvercle décoré de motifs géométriques traditionnels.

Ces paniers sont des pièces exceptionnelles à cause de leur originalité, puisque l'artisan ne suit pas de patrons spécifiques pour les réaliser. De plus, certaines tribus ont créé des genres particuliers de produits: pièces rondes, rectangulaires, ovales, trapézoïdales, etc., qui présentent une infinité de motifs décoratifs et que rechercheront les collectionneurs.

ENTRETIEN ET RÉNOVATION

Les pièces d'écorce de bouleau peuvent se conserver presque indéfiniment, avec quelques soins appropriés.

• Ne les placez pas près des sources de chaleur. L'écorce aurait alors tendance à sécher, à gondoler, puis à se fendiller.

• Manipulez-les avec soin, car l'écorce peut fendre sous l'effet d'une trop grande pression.

• Humectez l'écorce de temps en temps pour qu'elle conserve sa souplesse. Utilisez alors une éponge ou un linge propre, et de l'eau tiède.

• Evitez d'exposer ces pièces à un grand froid prolongé. L'écorce pourrait alors fendre et perdre de sa résistance.

Il est difficile de restaurer l'écorce de bouleau. On peut remplacer les courroies des paniers par d'autres courroies de cuir. On peut aussi remplacer des coutures brisées par d'autres racines. Cependant, ces bris sont rares et le panier est une pièce durable. A la longue, la seule modification du panier sera dans sa couleur. L'écorce a tendance à brunir davantage au cours des années et la pièce prend ainsi plus de valeur.

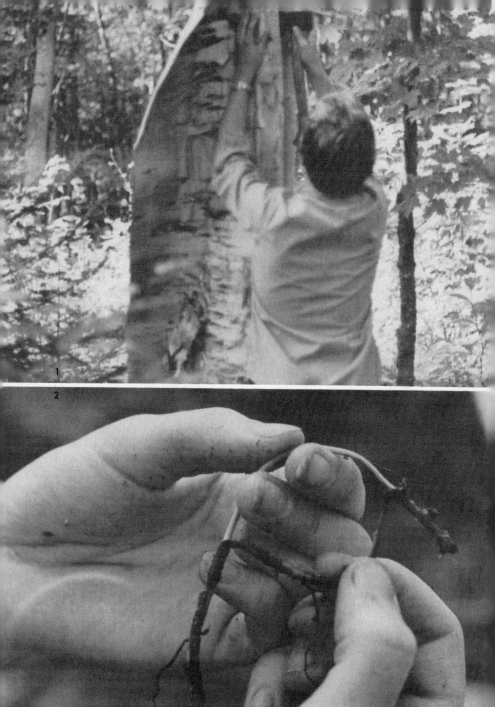

1 - L'écorce est incisée à la longueur voulue puis détachée du tronc de l'arbre. Cette opération, si elle est bien faite, n'occasionnera pas la mort de l'arbre. (Photo Alliance des Métis, Village Huron)

2 - La racine est déterrée, nettoyée, fendue, puis bouillie. On doit la tremper de nouveau pour l'assouplir avant de l'utiliser. (Photo Alliance des Métis, Village Huron)

La vannerie de frêne

Elles font de même des paniers de jonc *et d'autres avec des écorces de bouleau pour mettre des* fézoles, *du* blé et des pois, *qu'ils appellent ACOINTA, de la* chair, du poisson *et autres petites provisions. Elles font aussi comme une espèce de* gibecière *de cuir ou sac à pétun sur quoi elles font des ouvrages dignes d'admiration avec du poil de porc-épic coloré de rouge, noir, blanc et bleu. Ce sont les couleurs qu'elles font, si vives que les nôtres ne semblent point en approcher. Elles s'exercent aussi à faire des* écuelles d'écorce pour boire, manger et mettre leurs *viandes et menestres.*

Le grand voyage au pays des Hurons - 1623 - 1625
Gabriel Sagard - p. 84
Collection Les Amis de l'Histoire

Panier à fruits en lamelles de frêne. Des lamelles teintes sont incorporées au panier pour créer des effets décoratifs.

UN PEU D'HISTOIRE

a) De la tradition au commerce

Les artisans amérindiens ont toujours tressé des paniers de toutes sortes, aux couleurs et aux formes les plus variées. Ces paniers étaient faits d'écorce de bouleau, de glycérie, de joncs, de foin, d'écorce d'orme, de racines de cèdre, d'éclisses de frêne, etc.

Ces paniers étaient utilisés dans la vie quotidienne et chacun avait une fonction bien précise: cueillette des fruits, transport des provisions, conservation des aliments, récolte des légumes, etc.

Certains paniers décorés de motifs à caractère religieux servaient uniquement au cours des fêtes et des cérémonies. Le sorcier conservait ses médicaments et ses poudres magiques dans des contenants abondamment décorés de symboles magiques. Lors des cérémonies saisonnières, les aliments étaient déposés dans des contenants traditionnels consacrés aux rites de la moisson et à ses dieux. La mariée, lors de la cérémonie du mariage chez certaines tribus, recevait un panier symbolique.

Au cours des années, et surtout depuis l'arrivée des Européens en Amérique, les paniers ont perdu cette valeur religieuse et aujourd'hui, ils sont fabriqués spécialement pour la mise en marché. La tradition a laissé la place au commerce qui a transformé non seulement la décoration des paniers, mais aussi leurs techniques de fabrication.

L'artisan actuel se contente de teindre ses éclisses de différentes couleurs pour rendre son oeuvre plus attrayante, plus agréable à l'oeil. Les teintures naturelles ont été remplacées par des colorants industriels. Certaines techniques d'assemblage ont même tout simplement été remplacées par l'utilisation de clous.

b) Techniques amérindiennes

Sur le continent américain, la vannerie serait une création originale. En fait, des spécimens trouvés dans la grotte de Donger (Utah) aux U.S.A. permettent d'affirmer que des pièces de vannerie à entrelacs, d'une technique très avancée, étaient déjà fabriquées dans cette région, 7 000 ans avant Jésus-Christ.

Cependant, les chercheurs croient que c'est en Irak, en Iran, en Palestine et en Egypte, au début de la période néolithique, que la vannerie est née. C'est d'ailleurs en Egypte, disent-ils, que l'on retrouve les plus anciens spécimens de vannerie.

Il y a principalement quatre techniques employées par les artisans amérindiens de différentes tribus pour confectionner des paniers: l'enroulement, l'entrelacement, le tissage et le tressage.

Il est intéressant de noter que certaines de ces techniques s'apparentent à celles du tissage des textiles. On y retrouve un fil de chaîne et un fil de trame. On dit parfois que la vannerie a précédé à ce niveau les techniques du nattage et du filage.

Enroulement

Cette technique était celle de plusieurs peuples. Elle est utilisée depuis fort longtemps, probablement à cause de sa simplicité même.

De très anciens spécimens de vannerie par enroulement ont été trouvés en Egypte par des archéologues. Il s'agit de cylindres de joncs plus ou moins gros enroulés en spirale et reliés entre eux par des fils. La base de ces paniers forme la chaîne, tandis que la trame, habituellement d'un seul boudin, est enroulée autour de la base. Chaque boudin ou cylindre est relié au précédent par un fil qui passe dans la spirale, puis dans le rang précédent. Les boudins sont formés de différents types d'herbes torsadées.

Cette technique de l'enroulement est commune aux Inuits et aux Indiens. Ces derniers utilisaient souvent une base en écorce de bouleau et une trame de brins de "foin d'odeur" (glycérie).

Entrelacement

Cette technique consiste à tresser des paniers sur une espèce d'ossature. Les éléments de la chaîne verticale sont rigides et assemblés par des trames horizontales qui se croisent entre les chaînes.

Tissage

Il s'agit là de faire passer la trame devant et derrière des éléments de chaîne rigides. Les artisans amérindiens utilisaient surtout les racines de cèdre pour ce type de vannerie, peu connu dans l'Est.

Tressage

Voici la technique la plus répandue dans l'est du Québec et dans les provinces maritimes. Des éclisses de frêne noir sont obtenues en martelant le tronc de l'arbre. Ces lamelles sont polies, séchées, teintes et tressées.

Le tressage consiste essentiellement à passer les éclisses une par-dessus, une par-dessous, de telle sorte qu'il est difficile, dans ce type de vannerie, de distinguer la trame de la chaîne.

On peut varier les motifs en augmentant le nombre de lamelles: deux par-dessus, deux par-dessous; une par-dessus, trois par-dessous, etc. De cette façon, on peut arriver à un tressage en forme de damier, en diagonale, en croisé, avec une quantité considérable de motifs géométriques: angles, losanges, diagonales, etc.

Le foin utilisé dans la décoration des paniers est cueilli dans les marécages bordant les lacs. (Photo Alliance des Métis, Village Huron)

1 - Les foins sont rassemblés en faisceaux et solidement liés. (Photo Alliance des Métis, Village Huron)

2 - Un noyau est formé en repliant le faisceau sur lui-même. (Photo Alliance des Métis, Village Huron)

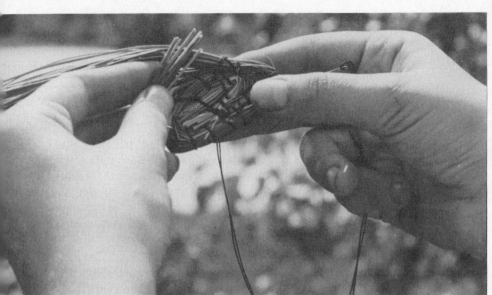

1

2

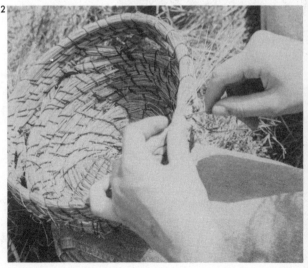

1 - Les faisceaux s'enroulent autour du noyau et y sont solidement cousus. (Photo Alliance des Métis: Village Huron)

2 - Les faisceaux sont montés en colimaçon pour le fond et en spirales pour les parois. (Photo Alliance des Métis, Village Huron)

c) Paniers de Maria

Les paniers micmacs de la réserve indienne de Maria sur la Baie des Chaleurs sont faits principalement de lamelles de frêne entre-croisées sur une ossature en bois. Il semblerait, selon plusieurs auteurs, que cette technique de vannerie soit d'origine européenne. Chose certaine, la production de ces paniers est répandue dans plusieurs pays d'Europe et les techniques de fabrication y sont similaires d'un pays à l'autre.

Chez les artisans amérindiens de l'est du Québec, la vannerie au tressage de lamelles de frêne a connu un essor considérable depuis que les artisans en font le commerce dans les centres touristiques. Les paniers sont fabriqués au cours de l'hiver et vendus dans des kiosques, l'été.

Panier micmac de Maria.
L'anse est en glycéries ou "foins d'odeur".

1 - Corbeille ronde à anse rectangulaire. Vannerie micmac de Maria.

2 - Petit panier à ouvrage en frêne dont on a alterné les couleurs. Le rebord est formé d'un fin faisceau de foin d'odeur.

3 - Délicate corbeille à bonbons de frêne naturel.

4 - Corbeille à papier en lamelles de frêne. Une invention récente que les artisans vaniers de Maria ont adapté à leur technique de tressage.

TECHNIQUES ACTUELLES

a) Préparation de la matière première

Il y a plusieurs étapes dans la préparation de la matière première utilisée pour le tressage d'un panier. Ces étapes sont longues et ardues, demandant à l'artisan beaucoup d'effort physiques, d'habileté et de goût. Certaines étapes comme le choix de l'arbre, l'abattage, le martelage et le polissage sont réservées aux hommes. Les femmes teignent les éclisses et tressent les paniers. Les hommes aussi, depuis un certain temps, tressent les paniers, surtout les gros paniers à linge, à pommes de terre ou à fruits.

Choix de l'arbre

Le frêne noir pousse dans les endroits marécageux. L'artisan choisit un arbre de 10 à 12 pouces (25 à 30 cm) de diamètre, droit et sans noeud. Le bois est à son meilleur pour la vannerie au printemps, car il est imbibé de sève. Le frêne est abattu et seul le tronc est conservé pour être décortiqué en lamelles.

Le frêne noir est de plus en plus rare au Québec et plusieurs tribus ont cessé de tresser des paniers, faute de matière première. Les artisans d'autres réserves doivent parcourir de longues distances pour se procurer les troncs dont ils ont besoin.

Martelage

Un tronc de 4 à 7 pieds (1,20 à 2,10 m) de long est fixé solidement par ses deux extrémités et est écorcé. L'artisan martèle ensuite le tronc à l'aide d'un maillet ou du marteau d'une hache, sur toute sa longueur et sur 2 à 3 pouces (5 à 8 cm) de largeur, sans en oublier un seul pouce. Cette pénible opération a pour but de décoller des éclisses, lanières ou lamelles de bois en les écrasant.

Chaque lamelle de frêne se compose d'une partie de 2 à 3 pouces (5 à 8 cm) de l'anneau concentrique qui représente une année de croissance de l'arbre. Une fois le martelage approprié terminé, plusieurs éclisses peuvent être soulevées dans une seule baguette épaisse de 2 à 3 pouces (5 à 8 cm). En insérant la lame d'un couteau entre chaque anneau de croissance de la baguette, l'artisan détache et roule des éclisses individuelles.

La même opération se répète sur toute la surface du tronc, en roulant celui-ci légèrement sur lui-même pour que la surface à marteler soit toujours face à l'artisan.

Chaque lamelle ainsi détachée varie de 1/32 à 1/4 de pouce (de 1 à 6 mm) d'épaisseur, selon les années de croissance. Il est préférable d'utiliser les éclisses lorsqu'elles sont encore vertes. Elles sont alors plus souples et plus malléables. Il convient également d'être attentif à l'agencement des couleurs. En effet, il y a des variantes dans la couleur même du bois, selon qu'il provienne de la surface ou du coeur du tronc.

Sur les 10 premiers pouces (25 cm) du tronc, le bois de surface est d'un blanc ivoirin. On l'utilise surtout pour la confection de paniers plus délicats dont l'extérieur nécessite une finition plus soignée: panier de pique-nique, à fruits, à fleurs, etc. A cause de sa couleur neutre, cette partie du bois absorbe plus facilement la teinture et donne alors d'excellents résultats.

La partie du coeur de l'arbre est d'un brun pâle. Ces lamelles sont moins appréciées des artisans, car elles sont difficiles à teindre et à travailler. On les réserve habituellement pour les petits paniers.

Un mélange de lamelles ivoirines et brunes permet d'utiliser les couleurs naturelles du bois pour effectuer sur le panier des jeux de contrastes géométriques.

Polissage

Les lamelles peuvent être utilisées brutes ou polies, selon la qualité et le type de panier que l'on veut tresser. L'éclisse brute est rugueuse. On l'utilise pour confectionner des paniers de travail du genre "panier à patates" utilisés dans les champs pour la cueillette des pommes de terre.

Pour fabriquer des paniers plus soignés, il faut polir les éclisses. Ce polissage se fait en tenant une extrémité de la lamelle dans la main gauche, la partie principale de la lamelle passant "à serre" entre le dessus de la cuisse droite de l'artisan et la lame d'un couteau. On tire sur la lamelle qui glisse entre la cuisse et le couteau, lequel fait fonction de plane. Les aspérités sont ainsi aplanies et la surface de l'éclisse devient lisse. On procède ainsi sur les deux faces de l'éclisse.

Fendage

Il existe deux techniques fondamentales de fendage: l'une, dite à la verticale et l'autre, à l'horizontale. Pour les appliquer, l'artisan utilise des outils qui se sont perfectionnés depuis que les Européens ont introduit en Amérique les lames de métal.

Il s'agit de fendre l'éclisse en plusieurs autres éclisses de largeurs uniformes, ou de fendre l'éclisse en deux, dans le sens de l'épaisseur.

Le fendage se faisait antérieurement avec l'aide d'un simple couteau. Ce travail demandait beaucoup de doigté à l'artisan pour parvenir à tailler uniformément les éclisses en largeur et en épaisseur.

Le fendage horizontal consiste à fendre l'éclisse en deux dans le sens de l'épaisseur. L'artisan utilise pour ce faire une "serre" en bois ayant deux fentes, une pour l'entrée, l'autre pour la sortie. La sortie, ayant l'épaisseur de l'éclisse originale, est traversée en son centre d'une lame acérée. L'éclisse est poussée dans la serre par l'entrée (la fente du bas) et sort à l'autre extrémité fendue en deux.

Ce travail peut se faire au couteau. L'extrémité de l'éclisse est alors fendue avec la lame et les deux éclisses sont séparées en les écartant avec les pouces.

Le fendage vertical consiste à diviser l'éclisse qui a de 2 à 3 pouces (5 à 8 cm) de largeur en plusieurs éclisses de largeurs uniformes. Un outil bien spécial est utilisé pour cette opération. L'artisan a confectionné un manche en bois dans lequel il y a une entrée et une sortie. La sortie est garnie de dents acérées, espacées l'une de l'autre de la largeur voulue: ⅛ de pouce (3 mm) pour les plus petites éclisses, à plus d'un pouce (2,5 cm) pour les plus larges.

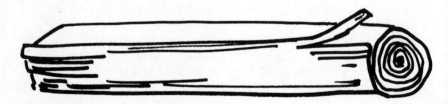

outil à fendre

coutau croche
traditionnel

1 - Le fendage.

2 - En premier lieu, il faut faire l'ossature du panier en baguettes de frêne.

1 - Vannerie amérindienne au début du siècle. Aujourd'hui, on fait les paniers selon des techniques qui existent depuis des siècles.

2 - Un artisan micmac de Maria met la dernière main à un panier à pique-nique de bois de frêne de couleur naturelle.

Teinture

Avant l'arrivée des Européens, les artisans amérindiens utilisaient une gamme variée de teintures naturelles. Aujourd'hui, les secrets des teintures à base végétale ou minérale sont malheureusement perdus et ces teintures sont remplacées par des colorants industriels. Il semble cependant que ces derniers ne soient pas aussi vifs que les colorants naturels autrefois employés.

Les éclisses doivent mijoter dans la teinture jusqu'à ce qu'elles aient une coloration plus prononcée que celle que l'on désire, car le bois apparaît toujours moins coloré une fois séché. Il arrive également que certaines teintures perdent de leur intensité au rinçage à l'eau froide.

Séchage

Les éclisses sont ensuite roulées sur elles-mêmes et entreposées dans un endroit abrité pour le séchage.

Trempage

Enfin, avant d'être utilisées pour le tressage, les éclisses sont trempées dans un bassin d'eau tiède pour retrouver leur souplesse originale.

b) Techniques de fabrication

Tressage en damier

C'est cette technique qu'on emploie le plus fréquemment pour tresser les lamelles de frêne.

Outils

L'artisan se sert du couteau "croche", à lame recourbée.

Ces couteaux furent d'abord fabriqués avec de vieilles lames de scie, limées, puis courbées au feu. On a ensuite utilisé de vieilles limes chauffées, polies puis recourbées.

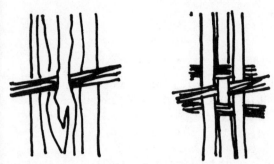

le tressage en damier avec lamelle de frêne

comment terminer la bordure d'un panier avec ou sans glycéries

Aujourd'hui les artisans utilisent des lames de ressorts de motoneige. Ces lames sont coupées, chauffées, pliées puis aiguisées.

Les artisans du tressage du frêne ont une technique particulière: leur mouvement se fait vers l'intérieur et non vers l'extérieur.

c) Décoration des paniers

Plusieurs procédés de décoration sont utilisés pour rendre les paniers plus agréables à l'oeil: le choix du tressage, l'agencement de différentes teintes de bois, l'agencement des couleurs, le pliage des éclisses, la finition au "foin d'odeur" (glycérie).

Choix du tressage

La technique du tressage permet beaucoup de diversité et de fantaisie dans l'agencement de formes géométriques et de couleurs différentes.

Pliage des éclisses

Une bande horizontale passant par dessus les éclisses verticales est repliée en forme de boucles à intervalles réguliers pour produire plusieurs pointes décoratives en relief. Cette technique dite du porc-épic semble faire son apparition vers les années 1860.

Il arrive parfois que des paniers entiers, à l'exception de la base, soient couverts de bandes de boucles aux couleurs diverses.

Panier décoratif orné de foins d'odeur et de motifs aux piquants de porc-épic, sorti des mains habiles d'une artisane micmac de Maria.

155

Expression de la structure

L'"oeil de dieu" est une technique décorative qu'on peut appliquer à l'assemblage des anses et à la bordure du panier. Il s'agit d'un tressage de fines éclisses en forme de pointes de diamant. Ces éclisses renforcent la pièce tout en l'agrémentant de motifs géométriques décoratifs.

Finition à la glycérie

Le "foin d'odeur" est abondamment utilisé dans la fabrication des paniers, permettant un jeu de formes et de couleurs. L'artisan intercale dans son panier des éclisses de frêne et des tresses de glycérie.

Certains petits paniers à bijoux ou "paniers d'odeur" sont entièrement tressés en tiges de glycérie. Ils offrent cette agréable particularité de conserver l'odeur du foin pendant de nombreuses années.

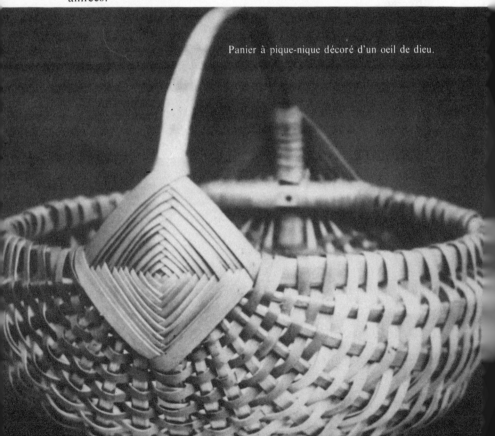

Panier à pique-nique décoré d'un oeil de dieu.

CRITÈRES D'AUTHENTICITÉ ET DE QUALITÉ

a) Productions actuelles

Un bon panier doit répondre à certaines exigences des connaisseurs: être solide et stable; son assemblage doit être simple, sa matière première, authentique et son tressage, régulier.

Solidité - Un bon panier est avant tout solide. Les éclisses doivent être tressées serrées de telle sorte qu'elles ne se déplacent pas au toucher. Le panier d'éclisses de frêne ne doit pas changer de forme si on le presse légèrement entre les mains.

Il arrive que des éclisses trop minces soient utilisées (par économie) pour tresser de gros paniers. Le panier plie alors facilement, on dit qu'il "n'a pas de corps", et c'est un défaut!

Il arrive également que le panier soit tressé avec des éclisses qu'on dit "vertes" parce qu'elles n'ont pas suffisamment séché. Après un certain temps, ces éclisses sèchent et rétrécissent, créant des interstices dans le panier qui perd de sa solidité. On dit alors que "le panier joue". C'est un autre défaut!

Stabilité - Un panier, posé sur une table, doit se tenir droit. S'il penche d'un côté ou d'un autre, c'est qu'il est mal fait.

Assemblage - Les petits clous sans tête sont largement employés de nos jours. Ils doivent cependant être camouflés sous les éclisses. Les gros clous ne doivent jamais être apparents sur la bordure des paniers. L'absence de clous marque l'authenticité du produit.

Matière première - Seuls le frêne et la glycérie sont acceptables dans la fabrication artisanale d'un panier. Les produits synthétiques qui imitent le bois ou le "foin d'odeur" enlèvent toute valeur au produit. Méfiez-vous particulièrement des imitations de la glycérie. Ce subterfuge se reconnaît au toucher et à l'odeur, car le produit synthétique est inodore et lisse au toucher.

Tressage - Le tressage des éclisses doit être serré et régulier. La symétrie des motifs est indispensable au bel aspect du panier.

Couleur - Les paniers de couleur naturelle qui restent trop longtemps dans les vitrines des magasins changent de couleur sous l'effet des rayons du soleil. Les teintures réagissent également à ces rayons. Le panier devient ainsi plus foncé sur un côté et y perd au plan de l'apparence.

Joints - La rencontre de deux éclisses ne doit pas être perceptible au point de "défigurer" le panier. Assurez-vous de la solidité des joints qui sont formés du chevauchement de deux éclisses.

b) Pièces de collection

Seuls les vieux paniers méritent d'être collectionnés et peuvent avoir une certaine valeur. Mais on en trouve très peu.

Cependant, les paniers fabriqués par les Indiens abénakis d'Odanak méritent également d'être collectionnés, car leur production est limitée et le travail du tressage en est délicat et soigné. Leur forme et leurs motifs décoratifs sont plus traditionnels que ceux des paniers fabriqués par les Micmacs.

Les Abénakis utilisent des formes en bois sur lesquelles ils tressent leurs paniers. Ce sont les qualités de ces paniers qui permettent de les identifier:

— la glycérie y est abondante;

— le travail est exécuté avec finesse: les éclisses sont bien polies et le tressage est serré et régulier;

— la forme, la décoration et l'agencement des couleurs sont bien équilibrés;

— la trame n'est soutenue par aucune ossature ou cannelure, les paniers étant tressés sur des formes;

— n'ayant pas d'ossature, ces paniers sont généralement petits.

On ne retrouve pas ces paniers dans les magasins habituels. Il faut les commander à l'artisan ou se rendre sur place. Le musée d'Odanak est un bon endroit pour se procurer de ces paniers ayant une véritable valeur pour le collectionneur.

c) Masques d'Odanak

A Odanak, Mme Marie-Jeanne Gill tresse des masques d'une

très grande valeur artistique qui sont principalement destinés à des collectionneurs ou à des musées.

Madame Gill tresse sur des formes qu'elle a confectionnées elle-même deux types de masques: l'un, en cosses de maïs et l'autre, principalement en glycérie.

Ces masques ont une valeur symbolique et s'apparentent aux Faux Visages iroquois. Ils étaient traditionnellement liés aux festivités saisonnières de ce peuple. Madame Gill nous dit qu'ils étaient suspendus au-dessus de la porte à la fin des moissons pour indiquer que la récolte avait été bonne et que la nourriture était abondante.

1 - Masque abénakis d'Odanak. Suspendu au-dessus de la porte, il vous invite à entrer dans la maison de l'Indien, car la moisson a été bonne et la nourriture est abondante. Le visage est en foin d'odeur tressé et les boules creuses remplies de tabac sont en cosses de maïs.

2 - Poupée en cosses de maïs séchées et découpées en lamelles. Les Iroquois considéraient le maïs comme une Déesse; il était à la base de leur alimentation.

3 - Mocassins en cosses de maïs fabriqués principalement par les Iroquois qui cultivaient abondamment ce légume avant l'arrivée des Européens.

A — Les Naskapis de la Côte-Nord

Les Naskapis de Schefferville ont une façon originale de confectionner leurs vêtements et de les décorer.

Ils utilisent principalement la peau de caribou fumée et y tracent à la colle de poisson des motifs stylisés d'arbres et de plantes symbolisant la forêt.

De ces vêtements à motifs géométriques, colorés de jaune (colle de poisson vieillie), de rouge sacré et de vert bleuâtre, se dégage le caractère spirituel d'une cosmologie propre aux Naskapis. (Collection du ministère des Affaires culturelles du Québec; photo Claude Bureau)

B — Broderie aux crins d'orignal

La décoration aux crins d'orignal est une autre technique que les Indiens, particulièrement les Hurons, avaient perfectionnée à un très haut degré.

1 - Brassard huron en cuir décoré de piquants de porc-épic et de crins d'orignal teints. (Photo ministère des Affaires culturelles, Claude Bureau)

2 - Gants en cuir d'orignal fumé décorés de franges aux poignets et de motifs brodés aux crins d'orignal.

3 - Broderies de crins d'orignal sur cuir d'orignal fumé qui illustrent différentes techniques employées par les artisanes amérindiennes.

C — Broderie aux piquants de porc-épic

Paniers micmacs en écorce de bouleau, cousus de racines d'épinettes et décorés de piquants de porc-épic teints aux substances végétales.

Ces paniers sont très rares de nos jours, puisque dès les débuts de la colonie, l'artisanat perlier a remplacé les techniques de décoration aux piquants de porc-épic.

Les piquants étant rigides, ils présentent toujours des motifs géométriques. Ces motifs avaient autrefois des valeurs symboliques dont on ne connaît plus aujourd'hui la signification.

(Ministère des Affaires culturelles et collection privée)

D — Artisanat perlier

L'artisanat perlier a toujours tenu une place privilégiée dans les techniques décoratives des Amérindiens du Québec.

Au début, les perles étaient d'os, de coquillage, de bois ou de pierre. La traite des fourrures a cependant généralisé, dès le 17e siècle, l'utilisation des perles de verre importées d'Europe.

Grâce à ces perles, l'artisane peut démontrer son talent et exprimer son sens profond de l'agencement des couleurs et de l'équilibre des formes, tout en restant fidèle à la tradition.

A

L'artisanat perlier

...N'oubliant néanmoins jamais leurs colliers, oreillettes et bracelets et de se peinturer parfois. En effet, au cas pareil les hommes se parent de colliers, plumes, peintures et autres fatras. Que s'ils ont des matachias et porcelaines, ils ne les oublient point, non plus que les rassades, patenôtres et autres bagatelles que les Français leur vendent. Leurs porcelaines sont diversement enfilées, les unes en colliers, larges de trois ou quatre doigts, faits comme une sangle de cheval; et ces colliers, d'environ trois pieds et demi de tour, elles les mettent en quantité à leur cou, selon leurs moyens et richesses. Des porcelaines, enfilées comme nos patenôtres, sont attachées à leurs oreilles, et des chaînes de grains, gros comme noix, sont attachées sur les deux hanches et viennent par devant, arrangées de haut en bas par-dessus les cuisses. J'ai vu des femmes qui portaient encore des bracelets aux bras et de grandes plaques par-devant leur estomac ou bien par derrière, accommodées en rond; quelques-unes entre elles ont aussi des ceintures faites de poils de porc-épic, teintes en rouge cramoisi et fort proprement tissues. Elles ont aussi des plumes et des peintures.

Gabriel Sagard - p. 195
Le grand voyage au pays des Hurons - 1623 - 1625
Les Amis de l'Histoire - Montréal 1969

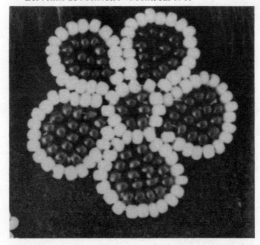

Empeigne de mocassin montagnais brodé de perles. Le plissage serré de l'orteil est une caractéristique du mocassin montagnais.

UN PEU D'HISTOIRE

Avant l'arrivée des Européens, les artisans amérindiens pratiquaient un type d'artisanat perlier*bien à eux, complètement différent de celui que l'on connaît aujourd'hui, non pas tant par sa technique, que par la matière première utilisée par les artisans.

Les "perles" étaient fabriquées à partir de pierres, d'os, de graines, de vertèbres ou de coquillages. Ces matériaux faciles à trouver étaient minutieusement dégrossis, troués, puis arrondis en forme de perles plus ou moins régulières. Ces perles étaient ensuite enfilées, par une aiguille en os, sur nerf. On s'en servait pour réaliser des colliers, des ceintures, des *wampum* et pour broder des festons qui étaient fixés en bordure des vêtements.

Le *wampum* était une ceinture entièrement perlée. Les motifs de ces ceintures représentaient souvent les grands événements qui avaient marqué une tribu. Lors des cérémonies de paix ou de la signature des traités, les Indiens s'échangeaient ces *wampum*.

Ces perles étaient non seulement des éléments décoratifs, mais servaient également de monnaie d'échange entre gens de différentes tribus.

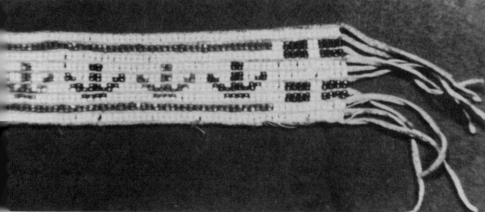

Wampum entièrement perlé illustrant les faits marquants de l'histoire d'une tribu.

* Au Québec, on emploie le mot "perlage" pour décrire ce type d'artisanat. Les dictionnaires n'acceptent pas ce mot, nous emploierons plutôt les termes: "artisanat perlier".

163

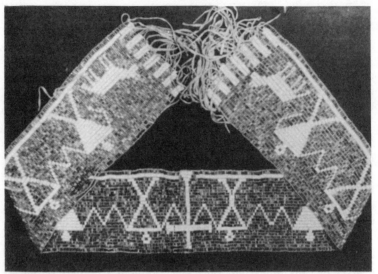

Wampum perlé qui servait de document lors des traités de paix principalement chez les peuples iroquois.

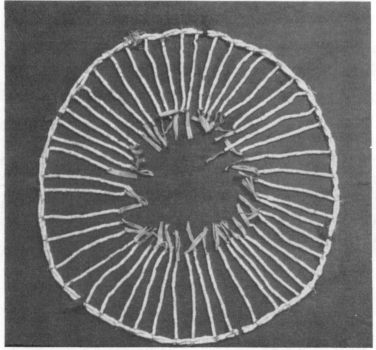

Wampum symbolique en forme de collier de la Ligue des Cinq Nations iroquoises.

Des heures et des heures d'un travail patient et méticuleux ont permis à l'artisane de broder en entier ce sac et le décorer de motifs traditionnels.

Un objet de troc

Cet attrait pour les perles de verre se comprend facilement. Les perles que travaillaient jusqu'alors les Indiens, en plus d'être ardues à fabriquer, n'avaient ni la forme, la texture, la régularité ni les couleurs des perles de verre qu'apportaient les Européens.

Les négociants de fourrures comprirent vite l'attrait que la verroterie exerçait sur les Indiens et ils en firent un objet de troc. C'est ainsi que les perles suivirent de près l'expansion de la traite des fourrures, pénétrant en même temps que le coureur de bois dans les contrées les plus reculées et parvenant aux tribus les plus inaccessibles.

Il semble même que ce soit cette prolifération des perles de verre en Amérique qui ait pratiquement relégué aux oubliettes le piquant de porc-épic. Les artisanes ont pris l'habitude de remplacer les piquants de porc-épic qu'il fallait trier, nettoyer, assouplir et teindre à la teinture végétale, par les perles de verre, plus faciles à obtenir, à travailler et à broder, pour composer les mêmes motifs décoratifs.

Mocassins iroquois à empeigne brodée de perles. Le plissage du cuir de chevreuil à l'orteil est court et s "L'habileté d'une artisane se reconnaît à la qualité de son plissage". (Musée National de l'Homme, no 73-5780)

1 - Détail de la courroie du sac brodé de perles de verre. (Musée National de l'Homme)

2 - Sac brodé de perles de verre formant des motifs floraux. La perle de verre a remplacé les coquillages et les piquants de porc-épic dans la broderie amérindienne. (Musée National de l'Homme)

3 - Vue d'ensemble du sac cri à motifs floraux. (Musée National de l'Homme)

LE MATÉRIAU

Les perles de verre ont été introduites en Amérique du Nord par les Européens. Cartier, dans ses récits de voyage, mentionne: "Nous leur donnâmes (aux Indiens) des couteaux, des chapelets de verre, des peignes et d'autres choses de peu de valeur. Ils en faisaient plusieurs signes de joie".

Types de perles de verre

Plusieurs variétés de perles de verre ont été introduites au pays au cours des années. C'est d'abord au niveau de la taille et de la forme qu'elles se différencient.

Les artisanes étaient surtout attirées par les petites perles imitant les graines *(Seed beads)*. Ces perles sont aujourd'hui classées par numéros de 10 à 13, le numéro le plus élevé correspondant aux perles les plus petites. Les perles numérotées 13 mesurent 1/16 de pouce (1,6 mm) de diamètre et les perles numérotées 10, 3/32 de pouce (2,4 mm).

Une autre catégorie de perles très petites porte le no 16 et s'appelle effectivement "petites perles". Ces perles mesurent 1/16 de pouce (1,6 mm) de diamètre et sont employées dans l'exécution de travaux très délicats.

Au 19e siècle, un autre type de perles a été introduit. Plus grosses que les précédentes (¼ de pouce - 6,3 mm), ces perles sont employées pour fabriquer colliers, bracelets, pendentifs, etc.

Les perles de verre à coupe angulaire sont également plus récentes (fin du 19e siècle).

Les perles d'origine étaient toutes mates. Les perles brillantes ou à plusieurs facettes sont récentes.

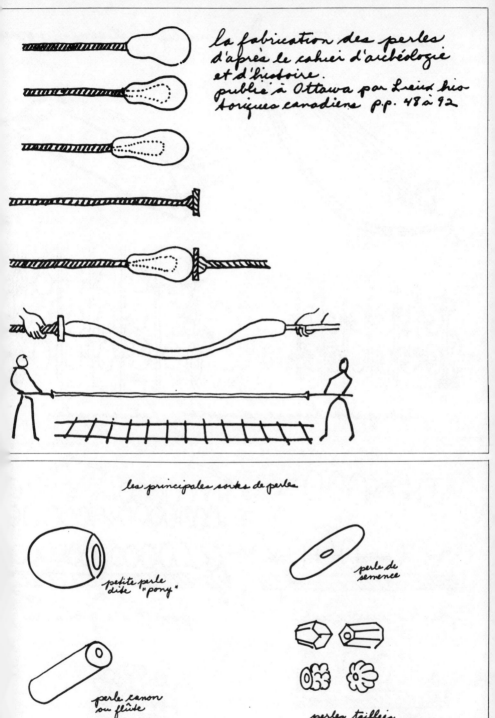

la fabrication des perles
d'après le cahier d'archéologie
et d'histoire.
publié à Ottawa par Lieux historiques canadiens p.p. 48 à 92

les principales sortes de perles

petite perle
dite "pony"

perle de
semence

perle canon
ou flûte

perles taillées

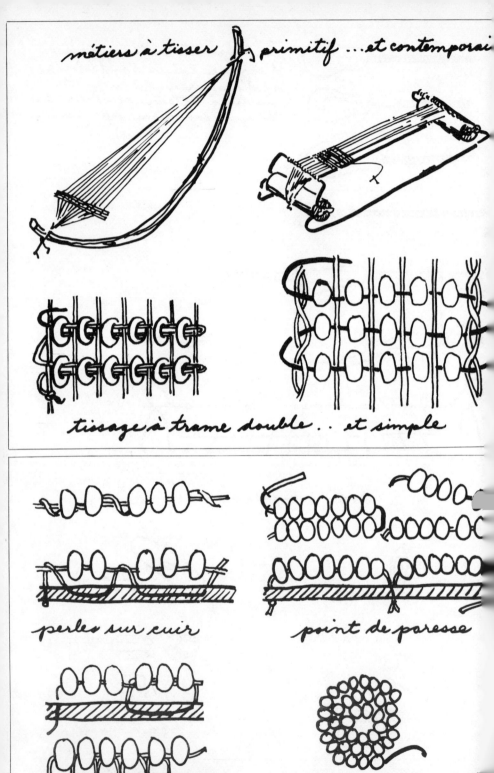

métiers à tisser primitif ...et contemporai

tissage à trame double .. et simple

perles sur cuir

point de paresse

point par point

rosette point par poi

TECHNIQUES

a) Les métiers à "perler" *

Les métiers utilisés en artisanat perlier étaient composés de fils (nerfs) passant au travers d'un morceau d'écorce de bouleau et attachés les uns aux autres à une extrémité retenue à un poteau. L'autre extrémité des fils était reliée à un bâton que l'artisane se passait sous les genoux pour maintenir la tension. Parfois, elle attachait plutôt les nerfs à sa propre ceinture.

Il existe deux techniques de base dans le tissage des perles: la trame simple et la trame double.

Technique à trame simple

Le métier est d'abord monté au nombre de fils voulus pour le tissage. Deux fils de chaîne supplémentaires, un de chaque côté, sont nécessaires pour fixer le fil de trame.

A l'aide de l'aiguille qui sert de navette, les perles de couleur sont enfilées. On compte autant de perles qu'il y a d'espaces compris entre les fils de chaîne. L'aiguille (navette) passe en-dessous puis au-dessus du fil de chaîne et continue ce mouvement jusqu'au fil de bordure qu'elle traverse. La navette refait le plein de perles et revient dans l'autre sens.

Technique à trame double

L'aiguille sert encore de navette. Elle est enfilée avec suffisamment de perles pour compléter un rang. Le fil est fixé à la bordure et l'aiguille passe en-dessous de la chaîne. Le fil est tiré et les perles sont intercalées dans les espaces compris entre les fils de chaîne. Les perles sont ensuite réenfilées par l'aiguille qui revient au point de départ, mais en passant cette fois-ci au-dessus de la chaîne. Le fil de trame passe donc une première fois sous la chaîne, les perles sont

---

* NDLR - On nous pardonnera l'archaïsme, le vocabulaire descriptif de l'artisanat perlier étant particulièrement pauvre! Nous utilisons le verbe "perler" sous le premier sens qu'en donne le dictionnaire Robert: "orner de perles".

alors poussées vers le haut avec un doigt, et le fil de trame revient au point de départ en enfilant les mêmes perles une deuxième fois.

Dans ce cas, les perles font partie de la structure même du tissage.

Le tissage au métier permet de varier la finition des pièces: en carré, en pointe, etc.

Les motifs, déterminés par l'utilisation des perles de même couleur, sont toujours géométriques: carré, losange, triangle, diamant, etc.

Les bandes perlées au métier sont ensuite fixées sur le cuir ou sur des pièces de tissu.

b) Emperler le cuir

Cette technique est probablement antérieure à celle du tissage au métier. Il s'agit là de fixer directement les perles sur le cuir ou le tissu. Il y a cependant plusieurs façons de le faire et de nouvelles techniques ont été inventées à cause du caractère particulier des cuirs commerciaux.

La peau tannée de façon domestique est épaisse (cuir boucané) et se laisse facilement pénétrer par l'aiguille. L'artisane utilise alors un point qui ne traverse pas entièrement la peau.

Les cuirs commerciaux sont minces, mais beaucoup plus résistants. L'aiguille doit alors traverser le cuir de part en part et revenir à la surface. Ces cuirs doivent être doublés pour masquer les fils de couture et assurer une meilleure protection à la pièce.

Les points

Le point intercalé et le point de paresse sont les points de couture les plus employés pour piquer des perles sur le cuir.

1) *Le point intercalé* - Dans le cas de motifs à lignes courbes, on utilise le point intercalé. Un seul fil est utilisé et l'aiguille enfile deux fois la même perle. L'artisane peut ainsi travailler avec trois à cinq perles en même temps.

2) *Le point de paresse* - Il s'agit d'une technique permettant de perler rapidement, puisque l'artisane peut fixer de six à douze

perles d'un seul coup. Il s'agit de fixer le fil au cuir, d'enfiler le nombre de perles désiré, puis de fixer à nouveau le fil au cuir au bout du rang, en serrant bien les perles. Un autre rang est aligné à côté de la première rangée et ainsi de suite.

Les rosettes

Les rosettes sont des disques de cuir ou de tissu rigide entièrement perlés. Elles servent de pendentifs ou d'ornements sur les vêtements.

La technique de couture utilisée est celle du point intercalé. Une première perle est fixée au centre de la rondelle et d'autres perles sont ensuite piquées autour de celle-ci, toujours au point intercalé. Les rangs suivants sont circulaires, demandant un nombre croissant de perles au fur et à mesure que le diamètre de la pièce s'élargit.

c) Les colliers

Les colliers de perles se font habituellement à deux aiguilles et l'artisane peut utiliser des perles plus grosses. Ces colliers font partie intégrante de la joaillerie amérindienne. Ils varient de couleurs, de grandeurs et de formes.

Technique de base

Deux perles sont enfilées puis fixées au centre du fil. Les deux aiguilles enfilent ensuite une troisième perle, puis deux perles différentes, puis à nouveau une même perle. Le procédé se répète jusqu'à la longueur voulue. Ce motif peut s'élargir en utilisant un autre fil pour enfiler les perles doubles, et ainsi de suite.

d) Emperler les vêtements

Ce type de décoration des vêtements était surtout utilisé pour orner de bordures les pièces des costumes traditionnels. Pratiquement tous les points connus (de paresse, intercalés, etc.) pouvaient être utilisés pour ce type de piquage de perles.

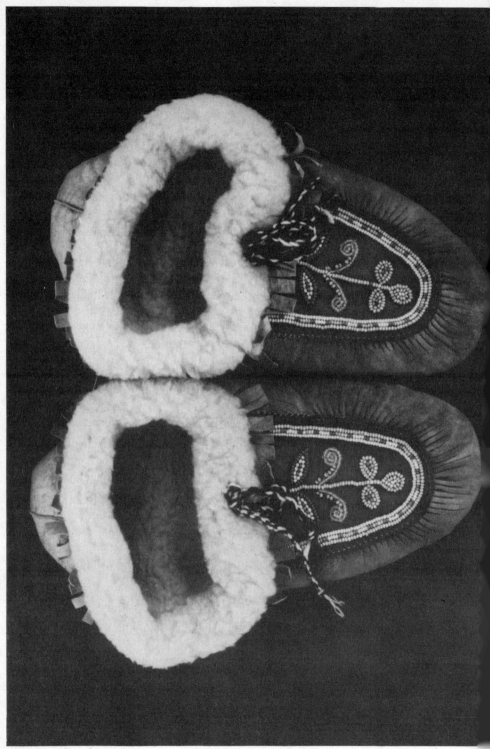

Mocassin algonquin de Maniwaki. Perlage illustrant des fleurs. Doublure en mouton. A l'origine, le mocassin n'était pas doublé.

Détail de l'empeigne perlée d'un mocassin au plissage algonquin de Maniwaki, vallée de la Gatineau.

Mocassin algonquin au plissage de l'orteil plus lâche et plus long. Perlage de motifs floraux que l'on retrouve généralement sur l'empeigne des mocassins.

Les perles sont enfilées une à une et les couleurs sont agencées à mesure que le travail progresse.

CRITÈRES D'AUTHENTICITÉ ET DE QUALITÉ

- La solidité de la chaîne de perles dépend de la qualité du fil. Celui-ci doit être résistant.
- Les perles indiennes sont en verroterie. Les perles en plastique ou en d'autres produits synthétiques sont fausses.

Assurez-vous de l'origine de la pièce d'artisanat que vous convoitez. Il y a de nombreuses imitations de l'art perlier amérindien, surtout en provenance du Japon et de la Chine. Ces imitations sont des chaînes de perles lâches sur fil blanc. On peut acheter ces chaînes au mètre, les couper et en faire des colliers ou des décorations. L'artisanat perlier amérindien produit des pièces à l'enchaînement uniforme et serré.

Les pièces de collection

L'artisanat perlier est encore très vivant chez les tribus indiennes. On peut donc se procurer facilement des colliers ou des pièces perlées.

Il y a des artisans qui ont porté cette technique à un très haut niveau artistique, produisant des pièces magnifiques. Leur enchaînement de perles est serré et uniforme, leurs motifs décoratifs res-

Les perles s'adaptent à tout. Etuis à lunettes perlés de différents motifs. Les coeurs sont d'inspiration récente.

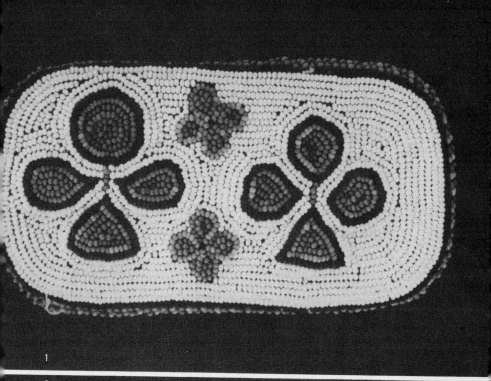

1 - Etui à lunettes entièrement couvert de perles aux couleurs contrastantes. Motifs géométriques traditionnels du cercle et du triangle: soleil et pointe de flèches.

2 - Etui à lunettes aux motifs floraux en perles, d'inspiration récente.

pectent des traditions plusieurs fois séculaires, leur choix et l'agencement des couleurs témoignent d'un goût certain.

Ces artistes produisent encore des pièces d'une très grande délicatesse. Ainsi, certains colliers sont-ils formés d'un seul fil et de minuscules perles intercalées entre des piquants de porc-épic blancs ou teints de diverses couleurs. Les piquants sont enfilés comme les perles.

D'autres de ces colliers regroupent les perles sous forme de fleurs intercalées entre des piquants de porc-épic.

Toutes ces pièces sont exceptionnelles et méritent une attention particulière de la part du collectionneur.

ENTRETIEN ET RÉNOVATION

Les colliers en perles sont, au départ, des pièces fragiles. Il faut les manipuler avec précaution, comme on manipule un bijou.

La rénovation d'un collier est un art difficile, car les perles s'enchaînent les unes aux autres. Il suffit qu'une perle se détache pour altérer le collier. Dans tout cas de bris de collier, empressez-vous de bloquer la chaîne avec du fil pour ne pas perdre les autres perles.

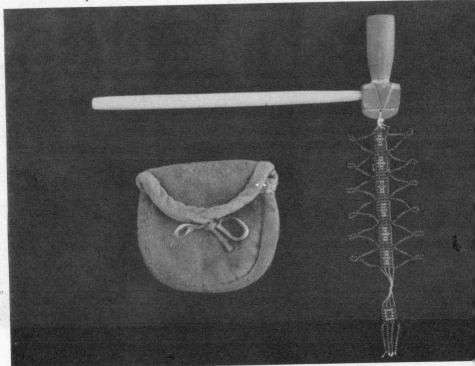

Courroie décorative perlée d'une pipe naskapi en stéatite. Elle sert à relier le fourneau et le tuyau de la pipe. Blague à tabac en cuir.

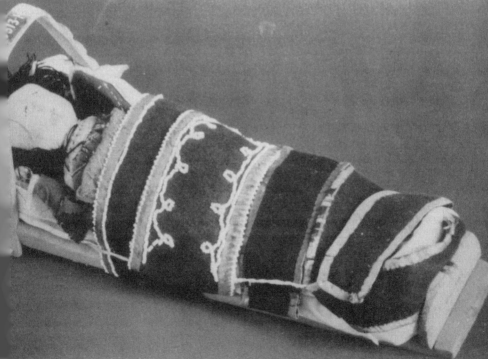

1 - Pièce abondamment perlée de fleurs et de fruits entourant un orignal. Inspiration européenne.

2 - Le mocassin traditionnel amérindien était fait d'une seule pièce de peau tannée et fumée. Il était décoré de perles, de piquants de porc-épic ou de crins d'orignal teints. (Benndorf et Speyer (1918) p. 65.)

3 - La couverture du berceau est décorée de doubles courbes en perles, motifs traditionnels iroquois et algonquins.

Les fourrures des animaux sauvages du Québec

C'eft dans cette Ville où fe fait préfentement le grand Commerce du Canada, plufieurs Nations de Sauvages, que nous nommons nos Alliés, y abordant de toutes parts & même de cinq à fix cens lieues. Ils commencent ordinairement à venir en grandes bandes vers la fin du Mois de Mai, aportant avec eux une quantité prodigieuse de peaux d'Ours, de Loups Cerviers, de Chats fauvages, de Pécans, de Carcajoux, de Loutres, de Loups de Bois, de Renards argentés; de peaux de Chevreuils, de Cerfs, d'Orignaux vertes & paffées; mais les principales Pelleteries font celles de Caftors de toutes espèces. On leur échange pour des armes, de la poudre, des balles, des Capots à la Canadienne, des Habits à la Françoife chamarrés de Dentelles ou d'or faux, qui leur donnent une figure tout à fait grotefque, par raport à leurs Mitaffes qui font des piéces de drap ou de Mazamet dont ils font leur chauffure ordinaire, faute desquels ils vont toujours nuds jambes, ne portant d'ailleurs jamais de culotte...

Avantures du Sieur Le Beau - ou voyage curieux et nouveau parmi les sauvages de l'Amérique septentrionale, 1738.

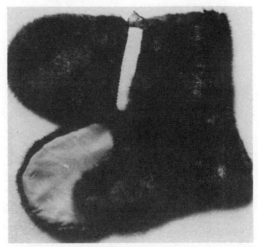

On ne fait pas que des manteaux en fourrure de castor. Ces magnifiques mitaines en castor proviennent de Shefferville, pays de neige et de glace.

PRÉSENTATION ET CLASSIFICATION

"A toute chose, malheur est bon!" L'hiver est froid au Québec... nos chansonniers l'ont fait savoir au monde entier! Mais, grâce à lui, les animaux sauvages de nos forêts se couvrent, aux mois les plus froids de l'année, de poils denses, touffus et magnifiques qui sont une des richesses premières du Québec!

Les premiers colons français et leurs descendants coureurs de bois ne s'y trompèrent pas, qui se mirent à trapper en Nouvelle-France le loup, le vison, la martre, le castor, l'ours et autres bêtes... à ce point que la fourrure devint à la mode dans l'entourage des rois de France.

A la fois plus sages et plus pragmatiques, les autochtones de ce pays se contentaient de subvenir à leurs besoins. Au cours des siècles, ils avaient appris à tirer parti avec art de cette richesse et étaient devenus, bien avant que les "colons" pensent à déménager de leur vieux continent, d'excellents artisans du cuir et de la fourrure dont les "façons" traditionnelles peuvent être pour nous, à l'ère des plastiques et des textiles synthétiques et industriels, une source de réflexion et surtout d'enseignement.

a) Une matière première québécoise

La fourrure des animaux du Québec joue un rôle important dans l'industrie québécoise de la décoration et dans celle du vêtement.

L'utilisation de la fourrure d'animaux sauvages dans la décoration est un phénomène récent. De nombreuses expériences restent à faire dans ce domaine. Traditionnellement, on se sert de ces fourrures comme tapis, ornementations murales et descentes de lit. Mais les nouveaux créateurs d'aménagements intérieurs iront sans doute beaucoup plus loin dans quelques années.

Une fourrure de bête sauvage a une grande valeur en soi par ses couleurs naturelles, la largeur de ses poils et son originalité. On peut donc tout simplement la mettre dans son salon sans autre fonction que celle d'enrichir le décor. Et remarquez bien qu'il n'y a pas que les grandes fourrures qui aient de l'attrait. Une petite peau de castor ornera sans prétention mais avec goût un bras de fauteuil. Une peau d'hermine ou d'écureuil fera un magnifique signet.

L'utilisation de la fourrure dans le domaine du vêtement est très connue. Les artisans indiens ont toujours utilisé la fourrure des animaux qu'ils chassaient pour se vêtir et se protéger du froid au cours de l'hiver. Ces vêtements ont évolué au cours des âges. Les Indiens du Québec, plus spécialement les Hurons, sont aujourd'hui devenus des artisans réputés pour leur production vestimentaire en fourrure de très grande qualité. Aux traditionnels manteaux, ils ont ajouté bottes, chapeaux, mitaines, gants, ceintures, etc. Les coupes se sont améliorées et caractérisées. Ils produisent également des pièces décoratives de grande qualité.

Quels sont ces animaux sauvages du Québec qui firent naître cette industrie originale? Il y en a plus d'une cinquantaine. Cependant, tous ne sont pas chassés.

Le prix de leur fourrure varie d'une année à l'autre, selon la réussite des trappeurs et, évidemment, selon la loi de l'offre et de la demande. On peut se procurer chaque année, à la Compagnie de la Baie d'Hudson, la liste de vente à l'encan et le prix moyen des ventes selon le type d'animal et sa classification.

b) Bêtes à fourrure du Québec

L'ours noir

Il est un des plus connus parmi les animaux à fourrure du Québec. Son poil est long et sa fourrure, épaisse. Comme la demande, le prix de cette fourrure a grandement augmenté au cours des dernières années. Cette peau, au cuir épais et résistant, est utilisée pour la décoration et dans la fabrication de certaines pièces de vêtement.

En décoration, on en fait des tapis ou des descentes de lit. Notez qu'une peau qui a conservé la tête de l'animal et ses griffes a beaucoup plus de valeur qu'une peau sans tête ni griffes.

En artisanat, on en fait des bottes et des mitaines durables et résistantes.

L'ours polaire

Ces peaux sont de plus en plus rares car l'espèce est protégée et la loi restreint énormément la chasse aux ours polaires. On ne peut guère se procurer que d'anciennes peaux auprès de personnes qui veulent s'en départir. Vous pouvez être presque assuré que les peaux d'ours blancs qui sont sur le marché ne sont pas récentes. Avec le temps, la fourrure blanche de l'ours jaunit. Faites-la lustrer chez le fourreur, elle reprendra sa blancheur.

Cette peau est habituellement très grande et magnifique quand on l'étend. On ne l'utilise qu'en décoration.

Le castor

Voilà l'animal à fourrure le plus populaire au Québec. Il a été pendant de nombreuses années la base de notre système économique. Il y joue d'ailleurs encore un rôle très important.

Sa fourrure est recherchée, car elle est riche et résistante. Le castor étant un animal amphibie, il a besoin d'un cuir et d'une fourrure le protégeant du froid, l'hiver, et des eaux glacées dans lesquelles il vit. D'ailleurs, toutes les fourrures des animaux amphibies ont ces caractéristiques et sont recherchées des connaisseurs.

En décoration, on l'utilise tendue sur un fût à la méthode indienne. Ces pièces sont de plus en plus en demande.

En artisanat, c'est surtout dans le domaine vestimentaire que la fourrure de castor trouve sa place. On en fait des manteaux, des chapeaux, des mitaines et des bottes. Ces réalisations artisanales en castor sont particulièrement confortables et résistantes et vous serviront pendant de nombreuses années.

Pour fabriquer un manteau en castor naturel, l'artisan devra assortir ses couleurs en les triant parmi des dizaines de peaux. Pour éviter ce tri, on teint parfois la fourrure. Cependant, cette opération diminue l'authenticité de la pièce. Pour savoir si un poil a été teint, prenez une partie de la peau entre les doigts et soufflez dans la fourrure. Vous verrez alors la surface du cuir, la base des poils. Ce cuir doit être blanc. Sil est noir ou de couleur, c'est que la fourrure a été teinte. Cette façon de vérifier qu'une fourrure n'a pas été teinte vaut pour toutes les peaux et peut souvent vous éviter des déceptions.

La fourrure de castor conserve la chaleur. C'est là son principal avantage ajouté au fait qu'elle est naturellement imperméable et ne s'altère pas à la pluie.

Le renard

Il y a plusieurs sortes de renards. Le blanc de l'Arctique, le roux, le bleu, l'argenté, le croisé... Les plus communs sont les roux et les blancs. Les autres sont rares et, par conséquent, très chers.

Ces fourrures sont très belles et attirantes, car elles ont de longs poils aux teintes magnifiques. Pour en déterminer la qualité, il faut souffler dans les poils: ils doivent être d'une couleur uniforme jusqu'à la base. Si le fond du poil est gris, la fourrure peut être hors saison.

Le cuir du renard est très mince et se déchire facilement si vous n'y prenez garde. Il est donc important dans le cas des vêtements, de donner au cuir une doublure résistante.

Si vous achetez du renard blanc, secouez donc la fourrure pour vous assurer qu'il n'y a pas trucage. Certains acheteurs racontent avoir payé le prix fort pour des renards blancs, rendus encore plus blancs par l'addition généreuse de farine dans la fourrure. C'est un truc, certes, un peu grossier et qui ne s'applique qu'aux fourrures brutes mais, attention, il a fait ses preuves!

En décoration, le renard offre de multiples possibilités. Posé sur un meuble, bahut, coffre, desserte, canapé ou fauteuil, il agrémentera un intérieur. On en fait aussi des ornementations murales, des descentes de lit, etc.

En artisanat, on en fait surtout des manteaux, des chapeaux et des bottes. Le cuir en étant fragile, il est important de prendre soin de ces fourrures. Il ne faut ni les forcer ni les étirer.

Les renards endommagés ou de moindre qualité sont taillés en bandes et utilisés pour la finition de certains vêtements: capuchons d'anorak, parements de manteaux, etc.

Le lynx

Cet animal est de la famille des chats et sa fourrure riche et soyeuse se prête aussi bien à la décoration qu'à la confection de superbes vêtements. Son cuir est robuste et son long poil, résistant.

Les Abénakis d'Odanak produisent des toques en fourrure que les jeunes Indiennes portent fièrement.

Sa fourrure est argentée, brunâtre sur le dos, tirant vers le blanc sous le ventre et aux flancs.

En décoration, on en fait des tapis, des ornementations murales, des descentes de lit, des jetés de fauteuil, etc.

En artisanat, le lynx est recherché pour la confection de manteaux et de bottes, très prisés pour leur belle apparence et les qualités de leur fourrure.

La martre

C'est là un animal fort recherché, pas plus gros qu'un chat domestique. Sa fourrure a énormément de valeur, car elle est riche et soyeuse, et l'animal est rare. Généralement d'un brun prononcé, tirant sur le noir vers la queue, elle a la particularité d'être tachée d'orange à la gorge.

Cette fourrure n'est utilisée que dans le domaine du vêtement: on en fait de superbes manteaux. Depuis un certain temps, on peut également trouver des bottes en fourrure de martre.

Le rat musqué

Il s'agit ici d'un animal très bien connu vivant dans l'eau, souvent à proximité des humains. Il s'apparente de très près par sa fourrure, de très bonne qualité, et son mode de vie, au castor.

Le rat musqué n'est pas utilisé pour la décoration, mais largement mis à contribution par l'industrie du vêtement. On le teint, comme le castor, pour uniformiser sa couleur.

Les manteaux de rat musqué sont faciles à reconnaître, car les nombreuses petites peaux sont assemblées dans un genre de "patchwork" (mosaïque) qu'on peut distinguer à l'intérieur.

Ces manteaux sont d'un prix plus abordable que celui des manteaux de castor et ils ont comme qualité de fourrure à peu près les mêmes avantages. On fait également de cette fourrure de très bonnes bottes et de beaux chapeaux.

1

Belette comune

2 autre sorte de belette.

hermine

3

furet 4 de terre

Martre cybelline

5

Le raton laveur (chat sauvage)

Cet animal est lui aussi bien connu et facile à reconnaître. Son pelage est long, gris-brun, parsemé de poils jaunâtres et noirs. Son duvet est noir et dense. Sa queue est courte et touffue avec deux anneaux noirs caractéristiques.

On ne s'en sert absolument pas en décoration. Le raton laveur joue cependant un très grand rôle dans l'industrie du chapeau. C'est avec lui que l'on fait les célèbres chapeaux "Davy Crocket", peau hérissée sur le chef et queue de l'animal tombant sur la nuque. Voilà pourquoi une peau de raton laveur sans queue perd beaucoup de sa valeur; on ne l'utilise alors qu'en bandes pour faire des bordures de mitaines ou d'anoraks, ou encore pour confectionner des bottes.

Le loup

Il y a deux principaux types de loup classés comme tels en pelleterie au Québec: celui des prairies (coyote) et celui des forêts (loup gris).

Le coyote - Celui-ci est petit et mince, d'un gris jaune avec le poil noir sur le dos.

Le loup gris - Celui-là est plus gros et plus fort que le premier et sa couleur peut varier d'une région à l'autre. Au nord, il est presque blanc. Plus au sud du Québec, il va du gris-bleu au jaunâtre sur le dos, et au blanc sur les flancs et au ventre.

La fourrure du loup aux beaux poils larges est de plus en plus recherchée.

En décoration, cette peau grande et large se présente bien sous de nombreux aspects: tapis, ornementations murales, jetés de fauteuil, etc.

En artisanat, on s'en sert essentiellement pour fabriquer des manteaux et des bottes d'une grande qualité, car le poil est résistant et le cuir est fort. Cette fourrure est luxueuse et de très belle apparence, comme le renard.

Le phoque

Ou "loup marin" comme on dit au Québec, c'est un animal aquatique au cuir très résistant et au poil court, dru et raide. Il y a

Renard comun Jaune
et d'autre couleur grise et
d'autre noir sous la
mesme figure

p 32

p comun dans la
uelle france

Loup ſouie
dont lapeau
ſi x louis dore

de ſond

de très nombreux types de loups marins et les prix de ces fourrures, toujours élevés, varient d'un type à l'autre.

Les artisans indiens utilisent la peau de cet animal depuis toujours, car ils en connaissent les grandes qualités à la fois décoratives et vestimentaires. En artisanat, on en fait des bottes, des mitaines, des vestes, des pantoufles, des bracelets, des pendentifs... etc.

c) L'art de juger des fourrures

En plus d'une certaine aptitude, d'un jugement sûr et d'un oeil averti, il faut compter plusieurs années d'expérience et la manipulation d'une grande quantité de fourrures avant de prétendre au titre de classificateur professionnel.

La fourrure des animaux des climats tempérés est caractérisée par un cuir épais, un poil court et une fourrure mince.

Celle des animaux des zones froides a des caractéristiques inverses: cuir mince, fourrure longue et épaisse.

A l'arrivée du printemps et des températures plus chaudes de l'été, vient pour ces animaux la période de la mue. Le cuir de la peau devient alors plus épais et plus gras, le poil se fait plus rare. Les fourrures prélevées sur des animaux capturés à cette époque n'ont aucune valeur et, du reste, le "trappage" à ces saisons est défendu par la loi.

Avec la venue de l'automne, le cuir de la peau perd graduellement de sa graisse. Le duvet qui alors devient plus épais sert à maintenir le long poil de garde hérissé qui le protège.

Avec les gros froids, le cuir de la peau devient très mince. Le noir ou la tendance vers le noir diminue graduellement pour disparaître complètement, sauf chez l'animal malade. C'est alors qu'une fourrure atteint sa pleine croissance, qu'elle est de la meilleure qualité, et que les trappeurs chaussent leurs raquettes et partent à la chasse.

d) Cycle des fourrures *

Le tableau ci-dessus donne approximativement le développement et le déclin de la fourrure des animaux durant l'année.

Le castor, le rat musqué et le phoque étant des animaux aquatiques, ce tableau ne s'applique pas à ces espèces.

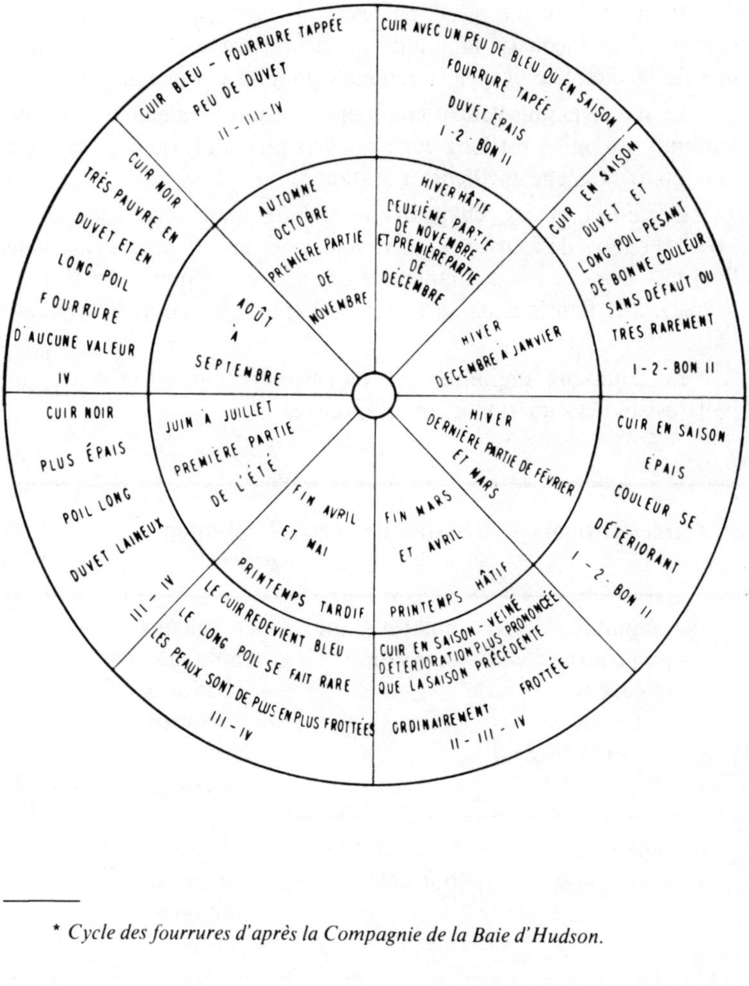

* Cycle des fourrures d'après la Compagnie de la Baie d'Hudson.

e) Evaluation des fourrures disponibles au Québec

Le tableau suivant traite des fourrures d'animaux sauvages les plus connues au Québec. L'évaluation que nous en faisons est approximative. Elle est basée sur une étude du marché au cours des cinq dernières années.

Il arrive souvent que le prix de vente d'une fourrure n'ait aucune relation directe avec la qualité de cette fourrure, puisqu'en général, les prix sont déterminés par la demande, la mode et les goûts du jour.

Pour évaluer une pièce, par exemple un manteau, il faut tenir compte de sa façon, de la qualité de sa fourrure et de son cuir ainsi que de la quantité de peaux requises pour sa confection.

La partie la plus belle d'une fourrure est généralement le dos de l'animal. Le poil y est long et de couleur plus uniforme. Le cuir est plus épais et d'une meilleure résistance.

Certaines pièces, chapeaux ou même manteaux, sont faites avec les chutes de fourrures qui viennent des jarrets ou des flancs de l'animal. Dans ce cas, le manteau a une allure de "patchwork" (mosaïque). Les flancs et les jarrets ont un poil plus court de couleur pâle.

Les animaux amphibies pris en saison ont un duvet dense, un poil résistant et un cuir à toute épreuve.

Fourrure	Caractéristiques	Résistance	Utilisation générale	Prix et Disponibili⸙
Castor	— amphibie — poil court et soyeux tirant sur le noir	— poil résistant — cuir solide	— manteaux — mitaines — chapeaux — bordures — décoration intérieure	— Disponi⸙
Chat-sauvage	— poil long — noir et gris	— poil résistant — bon cuir	— manteaux — chapeaux — mitaines — bottes	— disponi⸙
Lapin	— poil court — blanc	— poil pauvre — cuir mince	— manteaux — chapeaux — bottes — bordures	— prix pe⸙ — disponi⸙

rrure	Caractéristiques	Résistance	Utilisation générale	Prix et Disponibilité
	— poil long — du blanc au gris-noir	— poil résistant — bon cuir	— manteaux — chapeaux — bordures — décoration intérieure	— variable
	— poil long — gris	— poil résistant — cuir robuste	— manteaux — décoration intérieure	— peu disponible
notte	— poil court	— poil faible — cuir faible	— manteaux	— disponible mais peu utilisé
re	— poil court — brun ou noir	— bon poil — bon cuir	— manteaux	— disponible
	— poil long — poil noir — cuir épais	— bon poil — bon cuir	— mitaines — bottes — bordures — décoration intérieure	— prix à la hausse — peu disponible
	— poil long — noir	— très bon poil — très bon cuir	— manteaux — bordures	— limité
e	— poil court — de couleurs variées: gris, blanc, jaune, noir — amphibie	— bon poil — bon cuir	— manteaux — mitaines — bottes — mocassins — gants	— variable
	— poil court — du brun — au noir	— poil moyen — cuir moyen	— manteaux — bordures	— disponible
	— poil long — roux, argenté, croisé, etc.	— poil faible — cuir faible	— manteaux — chapeaux — mitaines — bottes — décoration intérieure	— variable
	— poil court — noir	— très bon poil — très bon cuir	— manteaux	— disponible

f) Qualité des fourrures *

D'une façon générale, la qualité des peaux brutes dépend de leurs dimensions, de leur couleur et de leur aspect.

1) Première qualité

Peaux de la meilleure qualité: sans aucun défaut, totalement garnies et fournies; fourrure de premier ordre et cuir parfait.

Numéro deux - Peaux de première qualité, mais avec de très légers défauts; fourrure moins fournie par endroits. Ces peaux sont en général réunies aux lots de première qualité et vendues comme telles.

2) Deuxième qualité

Peaux de second ordre, au cuir bleuté avec un duvet et une fourrure plus courte, légèrement desséchée ou à texture plus grossière; couleur moins franche ou délavée; peaux entières.

3) Troisième qualité

Peaux avec défauts apparents: cuir bleuté, fourrure rare et peu épaisse (animal abattu au début de l'automne); poil clairsemé et vieilli, ayant tendance à tomber; fourrure chauffée.

4) Quatrième qualité

Peaux de dernière qualité, pratiquement sans valeur.

Peaux endommagées - Peaux endommagées, notamment à la suite de coups de fusil. Elles peuvent être évaluées en fonction de leur beauté et de l'étendue des dommages.

L'ART DU FOURREUR ET...
DE L'ACHETEUR DE FOURRURE

L'attrait pour les fourrures est de plus en plus vif, que ce soit dans le domaine du vêtement ou dans celui de la décoration. L'art de juger de la valeur d'une fourrure est cependant fort complexe et rares sont ceux qui, avant d'acheter une peau, sont en mesure de l'évaluer

---

* *Le "trappage" et le commerce des animaux à fourrure du Québec* - Ministère du Tourisme, Editeur de Québec.

pour en connaître la valeur réelle. On achète une fourrure un peu comme on achète une antiquité, et dans ce domaine comme dans l'autre, on peut se faire refiler des faux ou, disons, des pièces de moindre intérêt.

a) Types de fourrures

Il y a d'abord deux catégories de fourrures: celles dites *domestiques*, et celles dites *sauvages* venant des animaux de la forêt. Dans le cas de l'artisanat indien, nous nous intéresserons principalement aux fourrures sauvages. Ces fourrures sont le plus souvent à poils longs. On peut se les procurer tannées, chez le fourreur et lors de ventes aux enchères, ou brutes, chez les grossistes et les trappeurs.

b) Comment reconnaître une bonne fourrure?

Qualité du poil

Le premier critère de qualité, le critère essentiel, est que la peau soit de saison, c'est-à-dire que l'animal ait été trappé en hiver au cours des mois les plus froids de l'année (décembre, janvier ou février).

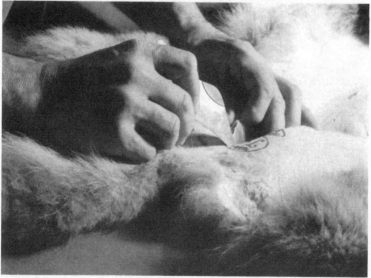

La fourrure ne se coupe pas comme le tissu. Le patron est tracé du côté cuir et taillé avec une lame.

L'animal, pour se protéger du froid, se couvre alors d'une fourrure épaisse aux poils longs, soyeux et résistants. Ces poils sont toujours en bon état, car l'animal se déplace sur la glace ou dans la neige et ne se blesse donc pas aux branches, aux roches ou à tout ce qui peut joncher le sol en été. De plus, les peaux sont à l'abri du sable, des boues et de toute autre saleté.

On reconnaît ces peaux à leurs couleurs vives, leur épaisseur et leur résistance. Avant d'acheter une peau, prenez-la donc à pleine main, par les poils, et secouez-la! Si votre main reste pleine de poils, la peau aura sans doute été prise hors saison et n'a pratiquement pas de valeur.

On peut également reconnaître à l'oeil une peau prise sur un animal capturé en été ou hors saison. Les poils sont alors plus courts et plus rares; ils n'ont pas de lustre. Le duvet est pratiquement inexistant. La peau est terne. En fait, elle est "morte"!

Qualité du cuir

Vous serez également très attentif au côté cuir de la peau qui est également révélateur. En effet, il arrive qu'un animal soit mal écorché. Les coups de couteau, les brûlures et les racines de poils coupés apparaissent alors du côté cuir.

1) *Coups de couteau* - Il y a parfois des fentes dans le cuir, occasionnées par des coups de couteau. Il convient cependant de ne pas trop s'en alarmer, car ces trous peuvent se coudre et devenir pratiquement invisibles.

2) *Brûlures* - Si, avant d'être tannée, la peau a mal été dégraissée, il en résulte des brûlures du cuir qui apparaissent sous forme de taches noires. Ces brûlures sont très dommageables, car elles traversent le cuir et s'attaquent à la fourrure. Elles enlèvent beaucoup de valeur à la pièce.

3) *Racines coupées* - Il arrive parfois que le trappeur, en enlevant le sang et la graisse de la peau, la gratte de trop près. Il coupe alors les racines des poils. Cette imperfection apparaît sous forme de taches ou de courants de pointillés noirs dans le cuir. Si vous tirez sur le poil au niveau des taches, vous verrez que celui-ci cède facilement et vous reste dans la main. Il est impossible de remédier à ce

dommage et la pièce perdra rapidement une partie de sa fourrure, donc de sa valeur.

c) Les fourrures brutes ou "peaux vertes"

Vous pouvez vous procurer des fourrures brutes chez des grossistes ou directement du trappeur. Attention! la qualité de ces fourrures est encore plus difficile à déterminer. Il y a cependant des critères qui s'ajoutent à ceux déjà énumérés et qui vous aideront dans votre choix. Avant tout achat, soyez bien sûr que votre fourrure:

— n'a aucune tache de brûlure par la graisse (oxydation);
— n'abrite aucun insecte (mites);
— n'est pas percée de petits trous un peu partout dans le cuir;
— enfin, que son poil n'a pas été en contact avec le cuir d'une autre peau. Les peaux doivent être empilées cuir sur cuir et fourrure sur fourrure; l'huile du cuir pouvant brûler le poil d'une autre peau.

d) Des conseils et des trucs

On ne peut pas déterminer avec exactitude quel sera l'état d'une peau après son tannage. Il arrive parfois que des imperfections à peine perceptibles sur une peau brute soient très apparentes après le tannage. Il n'y a aucune garantie dans ce domaine.

La grandeur d'une peau est un des facteurs déterminants de son prix de vente. Il arrive parfois qu'une peau ait été trop étirée. Le cuir est alors mince comme du papier et perd presque toute sa résistance et beaucoup de sa valeur.

Le sang, s'il n'est pas complètement éliminé de la peau, peut tacher irrémédiablement le cuir. C'est pourquoi les peaux brutes doivent être conservées dans un endroit réfrigéré ou très frais, afin d'éviter toute rapide putréfaction. Quand la réfrigération est impossible, on peut conserver les peaux en couvrant de sel la partie cuir.

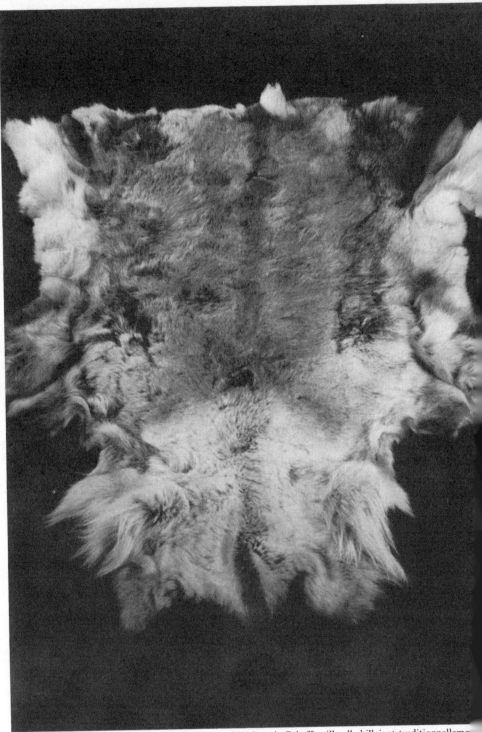

Les Montagnais et les Naskapis de la Côte Nord et de Schefferville s'habillaient traditionnelleme
peaux de caribous. (Photo ministère des Affaires culturelles)

CRITÈRES D'AUTHENTICITÉ ET DE QUALITÉ

Attention! Si vous n'êtes pas un collectionneur à la recherche d'une pièce traditionnelle, évitez d'acheter des pièces artisanales fabriquées à partir de peaux non tannées de façon industrielle.

Au cours des siècles, les Indiens ont perfectionné une technique de tannage domestique qui consiste à gratter la peau puis à l'assouplir par des procédés de trempage. Cette méthode convient à leurs besoins personnels et la fourrure ainsi tannée est d'une qualité acceptable tant et aussi longtemps qu'elle est sous l'effet du froid de l'hiver québécois. Attention si vous vous proposez de l'expatrier!

a) Les dangers du tannage domestique

Une peau mal apprêtée:

— peut se putréfier à la chaleur;
— n'est pas hygiénique et transporte parfois des insectes;
— conserve une forte odeur d'huile et de gras;
— salira les vêtements avec lesquels elle sera en contact, le cuir n'étant pas dégraissé et l'huile coulant aux extrémités de la pièce;
— n'a pas de souplesse.

b) Comment reconnaître une peau mal grattée?

Tout est dans la souplesse: la peau tannée de façon industrielle est souple et malléable, de telle sorte que vous pouvez facilement la chiffonner ou, en québécois, la "taponner" dans vos mains.

La peau grattée de façon domestique est raide et cassante. Elle n'a pas cette flexibilité, cette malléabilité qui caractérisent la peau tannée industriellement.

Si vous décidez quand même d'acheter une pièce artisanale de fourrure grattée de façon domestique, fiez-vous à l'odeur pour détecter le travail bien fait. Une peau bien grattée doit être exempte de toute odeur suspecte.

c) Les fourrures de pauvre qualité

Il y a des fourrures que l'artisanat et l'industrie n'utilisent guère. Au Québec, c'est le cas surtout des peaux de caribou, de chevreuil, ou d'orignal. Le cuir de ces bêtes a beaucoup plus de valeur que leur fourrure. On trouve cependant, à l'occasion, des manteaux de fourrure de caribou.

Cependant, cette fourrure, comme les deux autres d'ailleurs, n'a qu'une valeur décorative, car ses poils s'arrachent facilement à la main.

d) Les motifs décoratifs

Toute fourrure étant elle-même décorative, il est rare qu'on la brode ou qu'on la perle. Il n'est guère que le loup marin qui se prête à ce type d'enjolivement. Son poil étant ras, on peut le perler.

e) La "rivière aux mille méandres"

Dans le domaine de l'artisanat de la fourrure, le village des Hurons, en banlieue de la ville de Québec, tient une place tout à fait particulière. Depuis de très nombreuses années, des artisans et artisanes y travaillent le cuir et la fourrure. Ils font preuve dans ce domaine d'une grande habileté et leurs produits sont d'une rare qualité. Ils sont d'ailleurs vendus partout en Amérique et dans plusieurs pays d'Europe.

L'entreprise Marcel Sioui est la plus réputée du village dans le domaine du cuir et de la fourrure. On y produit une gamme complète d'articles tels que mocassins, gants, chapeaux, manteaux, mitaines, etc.

Tous les produits sont disponibles dans une grande variété de fourrures d'animaux sauvages: loup, raton laveur, castor, renard, loutre, martre, mouffette (sconse), hermine, ours noir, loup marin, etc.

Les produits de cette entreprise sont vendus sur place et dans plusieurs magasins québécois de produits d'artisanat. Ils sont commercialisés sous le nom de KABIR KUKA, qui signifie "la rivière aux mille méandres". Il s'agit de la rivière Saint-Charles qui traverse le village des Hurons.

ENTRETIEN DES FOURRURES

Les fourrures doivent être remisées dans un endroit sec et propre, à l'abri des mites, des rongeurs, de la chaleur et des rayons du soleil. De temps à autre, il est recommandé d'étendre une fourrure au vent pour quelques heures, afin de l'aérer et de la débarrasser de la poussière qui s'y serait logée.

Pour réanimer le poil d'une fourrure, tenez celle-ci solidement d'une main au bas du dos et secouez-la verticalement de l'autre main en la prenant par la tête. Le poil reprendra ainsi sa position naturelle.

Evitez de tenir une peau par la queue car celle-ci pourrait bien vous rester dans la main. Dans le cas où un tel accident vous arriverait, ne vous traitez pas trop vite de butor, la queue peut être recousue au corps sans que l'aspect de la peau en soit modifié.

a) Les ennemis de la fourrure

Les rongeurs - Attention! rats, mulots, souris et écureuils grugent le cuir.

L'eau - Une bonne pluie sur votre manteau n'endommagera pas la fourrure si vous prenez quelques précautions élémentaires. Etendez bien la fourrure mouillée dans un endroit aéré pour la laisser sécher. Une fois sèche, secouez-la pour que les poils reprennent leur place. Evitez de pendre un manteau de fourrure trempé dans une garde-robe, il dégagerait vite des odeurs de moisissure.

La fumée — Toute fumée endommage la fourrure et la fumée de cigarette, particulièrement, en jaunira le poil. Un taxidermiste ou un tanneur pourront désodoriser et redonner de la couleur à votre fourrure nauséabonde et fanée.

Le feu — Attention! le poil grille! Une brûlure de cigarette endommagera irrémédiablement le poil. Ces accidents arrivent peut-être aux "femmes du monde" mais surtout aux fumeurs qui portent des anoraks à capuchons bordés de longs poils.

Piège traditionnel de rondins et de perches en équilibre. La perche tombe lorsque l'animal pén l'intérieur, attiré par un appât.

b) Le nettoyage d'une fourrure

Il est toujours recommandé de faire nettoyer ou désodoriser une peau par un professionnel, soit un fourreur, un taxidermiste ou un tanneur.

Il y a cependant certaines techniques maison qui permettent à un amateur de fourrures de faire son propre nettoyage. On trouve également sur le marché de très bons produits à cet effet.

Il faut cependant prendre des précautions et bien suivre les indications pour ne pas brûler le poil ou lui enlever son corps et son lustre.

Recette maison

Imbibez généreusement la fourrure de bran de scie de bois dur (cèdre) réchauffé au four. Frottez vigoureusement, puis secouez, battez et brossez la fourrure pour la débarrasser de tout le bran de scie. Utilisez la sortie d'air d'un aspirateur pour assécher la fourrure et gonfler les poils.

L'artisanat du vêtement

Leurs robbes sont faictes de peaux d'Elans, d'Ours, et d'autres animaux. Les plus riches en leur estime sont faites de peaux d'vne espece de petit animal noir, que se trouue aux Hurons; il est de la grandeur d'vne Lapin, le poil est doux et luisant, il entre bien vne soixantaine de ces peaux dans vne robbe; ils attachent les queues de ces animaux aux bas, pour seruir de franges, et les testes au haut pour seruir d'vne espece de rebord. La figure de leur robbe est quasi quarrée; les femmes les peignent, tirans des raies du haut en bas; ces raies sont également distantes et larges enuiron de deux pouces: vous diriez du passement.

Relation des Jésuites 1611 - 1636
Editions du Jour.

Jeune Cri de Fort-George, Baie James, habillé de son costume traditionnel lors de la cérémonie du baptême ou de la naissance à la vie. Il est accompagné de sa mère qui lui aide à faire ses premiers pas.

PRÉSENTATION GÉNÉRALE

Les premiers Européens à débarquer sur les côtes de cette "belle province" qu'un jour on appellera Québec, furent surpris de la façon et de la richesse des vêtements des indigènes qui les accueillirent. Certes, ceux-ci étaient presque nus l'été, mais les saisons plus fraîches les voyaient revêtus d'atours qui frappèrent l'imagination de nos ancêtres et excitèrent souvent leur convoitise. Après eux, les coureurs de bois découvrirent de plus que ces vêtements, confectionnés avec les matériaux qu'offrait le milieu, étaient parfaitement fonctionnels, et ils les adoptèrent, oubliant la mode et les artifices vestimentaires de leur vieux monde.

> *Ils sont habillés de peaux; une partie de leur corps est couverte et l'autre partie découverte. Mais l'hiver ils remédient à tout, car ils sont habillés de bonnes fourrures, comme l'orignal, loutre, castors, ours marins, cerfs et biches, qu'ils ont en quantité.*
>
> *Quant à leurs habits, ils sont de plusieurs sortes et façons et diversité de peaux de bêtes sauvages, tant de celles qu'ils prennent, que d'autres qu'ils échangent pour leurs blé d'Inde, farines, porcelaines et filets à pêcher, avec les Algoumequins, Piserenis et autres nations, qui sont chasseurs, et n'ont leurs demeures arrêtées; tous leurs habits sont d'une même façon, sans diversité d'invention nouvelle. Ils passent et accomodent assez raisonnablement les peaux, faisant leur braies d'une peau de cerf, moyennement grande, et d'un autre le bas de chausses, ce qui leur va jusqu'à la ceinture, étant fort plissé. Leurs souliers sont de peaux de cerfs, ours et castors, dont ils usent en bon nombre. Plus ils ont une robe de même fourrure, en forme de couverture, qu'ils portent à la façon irlandaise, ou égyptienne, et des manches qui s'attachent avec un cordon par le derrière. Voilà comme ils sont habillés durant l'hiver. Quand ils vont par la campagne, ils ceignent leur robe autour du corps, mais étant à leur village, ils quittent leurs manches et ne se ceignent point.*
>
> *Nos Montagnés et Algoumequins sont ceux qui prennent plus de peine, lesquels mettront à leurs robes des bandes de poil de porc-épic et ils teignent en fort belle couleur d'écarlate.*
>
> Les voyages de Samuel de Champlain,
> Collection Les amis de l'Histoire,
> pp. 194-195.

Les Indiens du Québec, hommes et femmes, avaient une tenue vestimentaire similaire qui ne variait pas tellement d'une tribu à l'autre. Tous les vêtements étaient faits à base de peaux de caribou, de chevreuil ou d'orignal. Le caribou était utilisé par les Esquimaux, les Naskapis, les Montagnais et les Cris, tandis que les Indiens du Sud employaient la peau de l'orignal et celle du chevreuil.

Les vêtements de tous les jours étaient peu décorés. Mais les costumes portés les jours de fête ou de cérémonie étaient abondamment ornés de perles, de coquillages, de broderies aux poils d'orignal ou aux piquants de porc-épic. Les motifs décoratifs les plus usuels étaient géométriques.

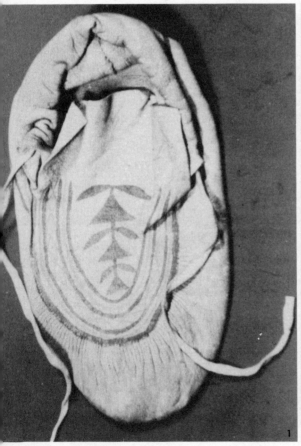

1 - Mocassin traditionnel naskapi. Les motifs sont peints sur l'empeigne et représentent l'arbre de vie. (Collection privée)

2 - Ce manteau appartenant au patrimoine Chimo-Naskapi date de plus d'un siècle. Il est d'inspiration française, mais la technique de fabrication est indienne. Sa couleur est obtenue à base de sang de caribou: elle est fixée par l'addition d'oeufs de saumon. Les motifs peints sont traditionnels aux Naskapis. (Collection muséographique)

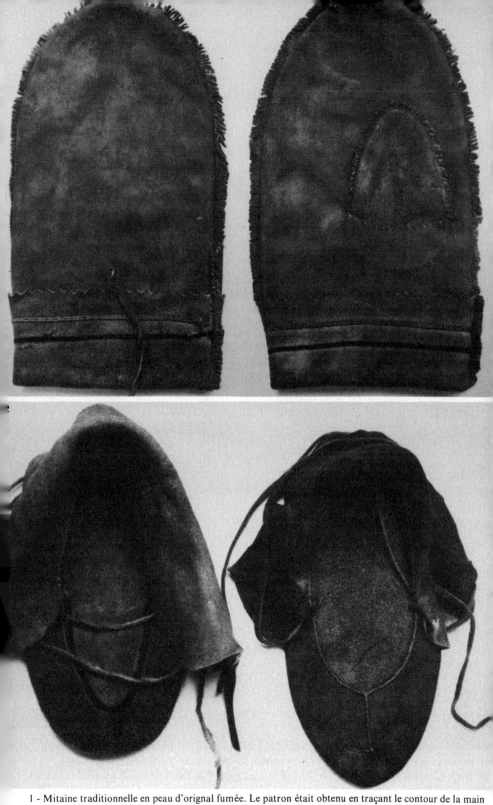

1 - Mitaine traditionnelle en peau d'orignal fumée. Le patron était obtenu en traçant le contour de la main sur la peau. (Museum of the Americain Indian, Heye foundation)

2 - Mocassin traditionnel en cuir d'orignal fumé fait en plusieurs pièces. (Museum of the Americain In-

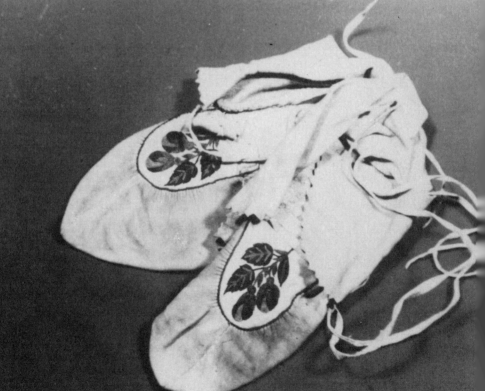

1 - Broderie aux fils de soie sur une peau de caribou fumée. Les artisans sont rapidement passés de la broderie de perles ou de piquants de porc-épic à la broderie de fils. Inspiration européenne. (Musée National de l'Homme)

2 - Broderie aux fils de soie sur peau de caribou fumée suivant la technique de broderie du point de chaîne. Ce type de broderie est la plus couramment utilisée par les artisanes amérindiennes. (Musée National de l'Homme)

Vêtements traditionnels amérindiens

a) Pour l'homme

L'été
— culottes en bandes de peau
— mocassins de peau
— jambières (mitasses) de peau
— bandeaux de peau

L'hiver
— bonnet de fourrure ou de peau
— moufles ou manchons
— chemises de peau
— robes de fourrure
— mocassins d'hiver

b) Pour la femme

L'été
— mocassins
— jambières
— jupe portefeuille
— corsage sans manche
— bandeaux

L'hiver
— robes de fourrure
— manchons ou moufles
— bonnets de fourrure
— capuchon de fourrure

Les femmes de certaines tribus portaient des robes d'une seule pièce au lieu de la jupe et de la chemise. La jupe indienne a cependant beaucoup fait parler d'elle par les missionnaires de l'époque, car elle était courte.

Les Indiens ont rapidement laissé leurs vêtements traditionnels pour des vêtements d'origine européenne: chemises, pantalons, chapeaux, foulards, ceintures, vestes, etc. Ces nouveaux vêtements, que l'on échangeait contre des fourrures, avaient beaucoup d'attrait pour les autochtones à cause de leurs couleurs, de leur souplesse et leur texture. Les artisans amérindiens de l'Est ne connaissaient pas le tricot, le crochet ni le tissage. Les artisanes fabriquaient cependant des filets de pêche dont la technique s'apparenterait à celle du macramé.

Dès l'arrivée des Européens, des écoles ont été créées pour les jeunes Indiens. Les filles ont alors été initiées aux techniques de l'artisanat européen. Ces techniques sont d'ailleurs parfaitement maîtrisées de nos jours par plusieurs artisanes amérindiennes.

LE CUIR

Pour les Indiens, la chasse n'avait rien d'un passe-temps divertissant. Elle était indispensable non seulement parce qu'elle assurait leur subsistance, mais aussi parce qu'elle fournissait les éléments essentiels à leur habillement. Sous la main des femmes, la peau des animaux tués à la chasse se transformait en mitaines, manteaux, pantalons, mocassins, bottes, etc.

L'Indien ne perdait rien de l'animal qu'il tuait. La chair en était évidemment mangée; la peau devenait une couverture ou un vêtement; les tendons servaient de fil à coudre, les os étaient transformés en outils; les dents et les griffes ornaient les colliers et les bracelets; souvent, les poils étaient arrachés, teints et utilisés en broderie.

a) Le matériau

La peau la plus recherchée était celle du castor à cause de sa résistance et de sa durabilité. On chassait aussi l'ours, l'orignal, le chevreuil et le caribou. Leurs peaux étaient plus grandes et offraient plus de possibilité à l'artisane.

Dans le cas des vêtements, le poil n'était pas conservé sur la peau. Cette dernière était tannée de façon traditionnelle. Cette opération de tannage était longue et difficile. Elle avait pour but d'enlever les poils, d'assouplir le cuir et d'assurer une meilleure conservation.

Traditionnellement, c'est la femme indienne qui est chargée de cette tâche qu'elle exécute habituellement l'hiver. La peau est étendue et étirée sur un cerceau de bois, puis elle est grattée. Il s'agit alors d'enlever tout le gras qui reste collé au cuir. Il faut ensuite enlever le poil: pour cela, la peau est étendue à l'extérieur, au grand froid et le poil est arrosé d'eau. Celle-ci gèle rapidement. L'artisane arrache alors la glace qui, en se détachant du cuir, arrache le poil de la peau.

Dans d'autres cas, le poil est tout simplement gratté avec un outil tranchant, le plus souvent fait à partir d'un os.

Il faut ensuite assouplir la peau. Celle-ci est trempée, étirée et retrempée à plusieurs reprises dans de l'eau savonneuse ou de l'eau additionnée de différentes solutions.

La dernière opération consiste à donner à la peau sa couleur, son odeur et sa texture. Il faut, pour y arriver, la boucaner. Pour cela, on replie la peau en forme de sac rectangulaire que l'on suspend au-dessus d'un feu de bois pourri, habituellement de cèdre. La fumée (boucane) entre par l'ouverture du sac et demeure à l'intérieur de celui-ci. On retourne ensuite le sac pour traiter l'autre côté de la peau.

Les petits morceaux de cuir sont tout simplement suspendus au-dessus du feu.

De nos jours, le boucanage des peaux ne se pratique presque plus. Les artisans utilisent maintenant le cuir d'orignal, de chevreuil et de caribou tanné en industrie. A ces cuirs, s'est ajouté le cuir de vache dont la texture et la souplesse rappellent celles du chevreuil.

Types de cuirs

Boucanés - Ces cuirs très rares sont utilisés pour fabriquer des pièces de collection. On en fait des mocassins, des mitaines et des sacs. Ils ont une forte odeur de fumée et des tons variant du brun pâle au brun plus foncé. Un bon cuir boucané est épais et souple, d'un brun uniforme et doux.

Industriels - On en trouve de toutes les couleurs et de toutes les épaisseurs. Ils ont l'odeur habituelle du cuir. Ils sont également très souples, mais moins soyeux au toucher que les cuirs boucanés. Ils ont l'avantage d'être imperméables.

Caractéristiques des cuirs

Orignal - Le cuir de l'orignal est épais et assez souple s'il a été tanné. Il est surtout utilisé pour la fabrication de mocassins et de *mukluks,* à cause de sa grande résistance à l'usure. Cependant, les manteaux faits de cuir d'orignal sont un peu lourds, à cause de l'épaisseur de ce cuir.

Cette peau a l'avantage d'offrir de grandes surfaces se prêtant bien à la confection de manteaux.

Les mocassins ou les *mukluks* d'orignal doivent être utilisés par temps sec, car, dans la neige humide, ce cuir s'imbibe rapidement d'eau.

Chevreuil - C'est un cuir mince et très souple qu'on trouve très rarement boucané. Il est presque toujours tanné de façon industrielle.

On en fait des gants et des vestes. Cependant, cette peau n'est pas tellement grande et elle est souvent trouée ou abîmée par les branches ou par les coups que se donnent les chevreuils au cours de leurs combats.

Caribou - Le cuir du caribou est souple mais assez épais et d'une très grande résistance. Il convient à la confection de toutes les pièces vestimentaires.

Cette matière première est devenue extrêmement rare au cours des dernières années, ce qui fait qu'une pièce en caribou est de plus en plus recherchée par les collectionneurs avertis.

Vache - Voilà un merveilleux substitut à tous les autres cuirs. Il est résistant et souple et s'apparente aux autres cuirs traditionnels. Il a l'avantage d'offrir de grandes surfaces uniformes et de couleur unie, sans trous ni égratignures. De plus, on peut facilement s'approvisionner en cuir de vache et les prix sont très intéressants pour l'artisan.

b) Productions

Mitaines ou moufles

Toutes les mitaines se ressemblent pour ce qui est de la forme, du modèle. Les modifications qu'on y apportera, d'un endroit à l'autre, sont mineures.

La mitaine pour femme n'est différente de celle de l'homme qu'en ce qu'elle est plus étroite au poignet et moins longue aux doigts.

Fabrication

La mitaine est un vêtement parfaitement bien adapté au travail et aux conditions de vie de l'Indien. Le poignet en est long et protège tout l'avant-bras, ce qui est très utile pour celui qui doit plonger les mains dans la neige pour sortir ses pièges. Le long poignet doit s'ajuster sur l'avant-bras pour conserver la chaleur de la main à

1 - Mitaine en cuir d'orignal fumé brodée de motifs montagnais et cris de la région du lac Saint-Jean.

2 - Détail de la broderie au point de chaîne sur cuir d'orignal. On retrouve souvent ces mêmes motifs brodés de perles de verre.

3 - Détail du motif montagnais de la fleur à huit pétales et de la double courbe.

l'intérieur de la mitaine. Les franges de ces mitaines ne sont pas seulement décoratives. L'Indien peut, grâce à elles, secouer la neige qui s'accroche à la mitaine tout simplement en secouant le bras, les franges empêchant que la neige se colle en plaques à la surface du cuir.

Tous les cuirs peuvent entrer dans la fabrication des mitaines, ils sont tous bons. Cependant, les cuirs traditionnels ne sont pas imperméables et, à la longue, seront traversés par l'eau.

A l'origine, l'Indienne taillait les mitaines en se servant, comme d'un patron, des mains qui allaient les porter. C'était, pourrait-on dire, du travail fait sur mesure. Aujourd'hui, elle utilise de plus en plus un patron standard de mitaine traditionnelle. Elle découpe ses mitaines dans le cuir et les coud avec des tendons ou du fil. Tout ce travail se fait à la main.

Critères d'authenticité et de qualité

- Qualité du cuir — Il doit être sans tache et sans égratignure. Un cuir tanné traditionnellement a plus de valeur qu'un cuir tanné industriellement.
- Qualité de l'assemblage — Les morceaux doivent être assemblés avec un fil résistant. Les deux mitaines doivent se ressembler en tous points, dans leur forme, leur assemblage et leurs motifs décoratifs.
- Qualité de la doublure — Il y a deux types de doublure acceptables: en coton ou en laine molletonnée, dite *duffle*. Ces deux doublures sont bonnes. Cependant, le *duffle* est un tissu épais et très chaud; il conserve bien la chaleur, mais réduit la souplesse de la mitaine à cause de son épaisseur et de son poids.
- Qualité du patron — Les Indiens ont les mains larges et trapues, avec un pouce large et droit. Attention! Vos mains sont peut-être bien différentes! Essayez bien les deux mitaines avant de les adopter et assurez-vous qu'elles s'ajustent bien. Surveillez surtout l'angle du pouce et de l'index: si des plis se forment à cet endroit, la mitaine ne vous va pas bien ou le patron est mal conçu.
- Qualité de la matière première — Tous les produits entrant dans la confection des mitaines doivent être naturels. Refusez fermement toute imitation synthétique de fourrure ou de cuir,

1 - Mitaine en cuir d'orignal fumé richement brodée de motifs floraux sur le poignet, le dos de la main et la paume.

2 - Détail de la broderie du dos de la mitaine. L'arbre prend sa source dans des motifs géométriques à sa base.

3 - Le motif de l'arbre est repris sur le pouce de la mitaine, mais sans sa base. Il s'agit d'une pièce de vêtement très décorative.

toute addition superflue de lanières de plastique, etc.

• Qualité de la décoration — Les mitaines peuvent être brodées ou perlées. La broderie est préférable, car elle se lave et elle est résistante. Les motifs décoratifs perlés, souvent très beaux, sont hélas fragiles et la perte d'une seule perle peut entraîner la chute de toutes les autres.

Les motifs décoratifs doivent se trouver sur le poignet de la mitaine. C'est l'endroit où ils sont le plus à l'abri des chocs, des accrocs ou des déchirures.

Pièces de collection

Toutes les mitaines faites de cuir boucané de façon traditionnelle sont des pièces dignes d'être collectionnées.

C'est parfois sa décoration qui fera d'une mitaine un objet recherché par les collectionneurs, surtout dans le cas de mitaines brodées aux crins d'orignal ou de caribou ou aux piquants de porcépic.

La broderie de fil de coton est aussi un art pratiqué par les artisanes indiennes. Les mitaines abondamment brodées sont recherchées par les connaisseurs.

Le type de cuir peut aussi donner beaucoup de valeur à une pièce. C'est ainsi qu'une paire de mitaines en caribou est très recherchée, étant de plus en plus rare et les peaux qui existent se vendant à prix d'or.

La mitaine en cuir d'orignal ou de chevreuil mérite aussi d'être conservée, car il s'agit là de matières premières assez rares et propres à notre artisanat québécois.

Entretien

Une paire de mitaines indiennes peut durer indéfiniment, si on en prend bien soin. Le point le plus important est de les bien faire sécher quand elles sont mouillées. Ce séchage ne doit pas être "forcé" si on veut que le cuir conserve sa souplesse.

Une bonne paire de mitaines peut être lavée dans la lessiveuse, puis placée à plat pour le séchage. Il faut cependant vérifier la qualité de la doublure pour s'assurer que celle-ci ne rétrécira pas au séchage.

Il se vend également de bons nettoyants à cuir, dont vous pourrez vous servir avec les précautions d'usage.

Mocassins

"Les habits sont chamarrés de peaux que les femmes passent et courroyent du costé qui n'est pas velu; elles courroyent souuent les peaux d'Eslans de tous les costés comme nostre buffetin, puis les barriolent de peintures en forme de passemens fort ioliment, et en font des robes. De ces mesmes peaux, elles leur font des souliers et des greues. (...)

"Leurs souliers ne sont pas durs comme les nostres, aussi n'ont-ils pas d'industrie de taner le cuir. Nos grands de cerf, sont d'vne peau plus ferme ou du moins aussi ferme que leurs peaux d'Orignac, dont ils font leurs souliers; encore faut-il qu'ils attendent que ces peaux ayent seruy de robbes, et qu'elles soient toutes grasses, autrement leurs souliers se retireroient à la moindre approche du feu, ce qu'ils ne laissent pas de faire tous gras qu'ils soient, quand on les chauffe vn peu de trop prés. Au reste, ils boiuent l'eau comme vne éponge, si bien que les Sauuages ne s'en seruent pas contre cet Element, mais bien contre la neige et contre le froid. Ce sont les femmes qui sont cousturieres et cordonnieres; il ne leur coute rien pour apprendre ce mestier, encore moins pour auoir des lettres de maistrise; vn enfant qui sçauroit vn peu coudre en feroit à la première veue, tant il y a d'inuention.

"Ils les font fort amples et fort capables, notamment l'Hiuer; pour les garnir contre le froid, ils se serient ordinairement d'vne peau de Lieure, ou d'vne piece de quelque couuerture, pliée en deux et trois doubles."

Relations des Jésuites 1611-1636,
Vol. 1 · p.9 et p.48,
Editions du Jour.

Un peu d'histoire

Dans la garde-robe artisanale de l'Indien d'Amérique, le mocassin mérite une attention tout à fait particulière. Il s'agit sans aucun doute de la pièce vestimentaire la plus réputée, la plus originale à ce continent, car voyageurs, explorateurs et missionnaires l'admirèrent et en ont parlé dans leurs écrits. Les coureurs de bois qui vivaient à la "façon indienne" adoptèrent rapidement le mocassin. Les colons, les "habitants", l'ont légèrement modifié pour en faire des souliers mous.

Le mot "mocassin", tiré de la langue algonquine, a connu de nombreuses extensions, de telle sorte qu'aujourd'hui toute chaussure souple à semelle sans talon s'appelle mocassin.

Selon les archéologues, c'est il y a plus de 75 000 ans que l'homme aurait inventé la chaussure. Il l'aurait fait par nécessité lors de la dernière période de glaciation: on a découvert des outils qui datent de cette époque et qui montrent que l'homme connaissait déjà les techniques du travail du cuir. Plusieurs pièces vestimentaires auraient été perfectionnées dès cette période.

Des études ayant pour but de comparer les chaussures de différentes nations ont mis en évidence des similitudes assez surprenantes entre les mocassins apaches, les mocassins des Indiens des régions nordiques et les *mukluks* esquimaux. On a même relevé certaines ressemblances entre les chaussures apaches et les chaussures mongoles. Il semble que les Apaches aient été les derniers peuples à émigrer du Nord au Sud.

A l'arrivée des Européens, le mocassin amérindien était fait de cuir d'orignal, de chevreuil ou de caribou. Il était décoré de broderies aux piquants de porc-épic ou au crin d'orignal. Sa principale caractéristique était d'être entièrement fait dans une seule pièce de cuir: semelle, rabat et empeigne. Le cuir du mocassin était souple et la semelle n'avait pas de talon.

Entre 1800 et 1850, les Hurons installés à Lorette, en banlieue de la ville de Québec, ont commencé à produire de plus en plus de mocassins. Cependant, ces chaussures commençaient déjà à subir l'influence européenne, à cause, évidemment, du voisinage des deux cultures et des échanges que les nations entretenaient quotidiennement. C'est ainsi, sous l'influence européenne, que le mocassin en une seule pièce de cuir devint au fil des âges un mocassin à deux pièces avec une empeigne en forme de U.

Les Hurons firent le commerce de ce type de mocassin qui supplanta rapidement le mocassin traditionnel fait d'une seule pièce. Ce sont les Cris du Nord, les métis et les commerçants (français et écossais) puis plus tard la Compagnie de la Baie d'Hudson qui, toujours dans ces années 1800-1850, firent connaître ce mocassin deux pièces (semelle et empeigne) de l'est vers le nord-ouest et de l'ouest jusqu'à la Colombie-Britannique et l'Alaska, d'un bout à l'autre de ce pays.

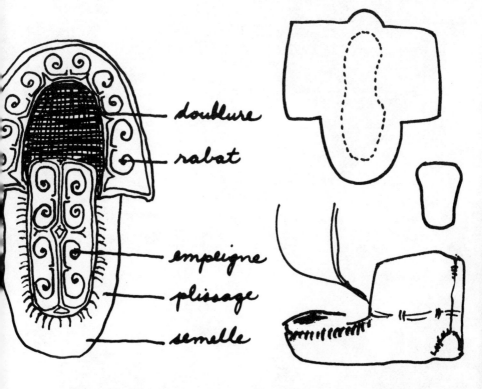

doublure

rabat

empeigne

plissage

semelle

Aujourd'hui, on retrouve partout le mocassin en deux pièces avec empeigne en forme de U. Les différences entre les tribus se situent au niveau de la forme et de la finition. Le mocassin algonquin est plus étroit et le plissage de l'orteil, plus court et distancé. Le mocassin montagnais et cris est plus large. Cependant, l'empeigne est plus courte et le plissage est serré et long, couvrant l'orteil au complet.

Motifs décoratifs

Les motifs décoratifs se trouvent toujours situés sur l'empeigne du mocassin. Ce sont des broderies perlées, fils de coton ou de soie, crins d'orignal ou de caribou, piquants de porc-épic. Il arrive aussi que l'on décore la bordure du mocassin de franges courtes ou de cuir découpé en dents de scie.

Le mocassin est surtout décoré de motifs floraux. On y retrouve rarement des motifs géométriques ou représentant des animaux.

Mocassin traditionnel montagnais de Pointe-Bleue, lac Saint-Jean, en cuir d'orignal brodé de fleurs à l'empeigne et de la double courbe au rabat. L'orteil est plissé. Il s'agit d'une véritable pièce de collection.

Détail de la broderie au point de chaîne sur l'empeigne d'un mocassin montagnais en cuir d'orignal fumé.

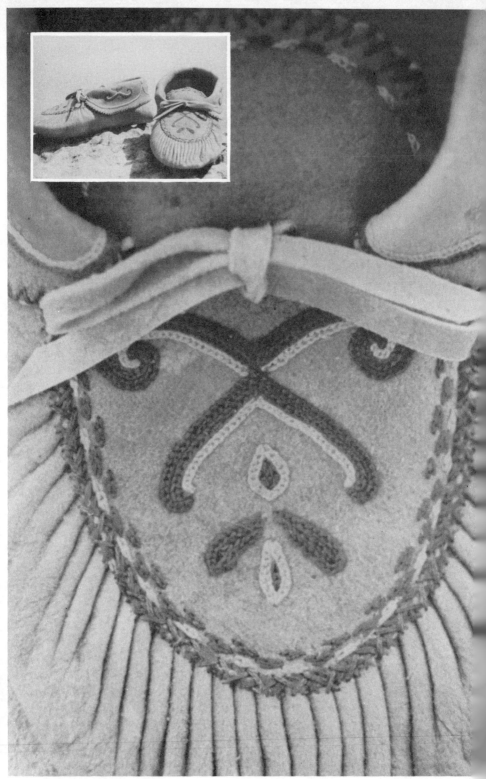

Mocassin montagnais de Pointe-Bleue en cuir d'orignal fumé. On peut voir en détail le motif traditio[nnel] de la double courbe et le plissage montagnais. Le cuir d'orignal se prête bien à ce type de vêtement, car épais, résistant et souple.

Critères d'authenticité et de qualité
- Le cuir du mocassin doit être souple et solide.
- La doublure doit être résistante et légère. On double parfois le mocassin d'un tissu épais fait de laine *(duffle)*. Cette doublure est utile dans les régions très froides, mais est trop chaude pour nos maisons ou nos étés. Si vous souhaitez plus de confort, vous glisserez une semelle de feutre dans vos mocassins.
- Le mocassin traditionnel n'a pas de pied droit ou de pied gauche. A la longue, il prend la forme du pied et l'épouse à la façon d'un moule. Il a tendance à s'étirer quelque peu.
- Au magasin, comparez toujours avec attention les deux mocassins que vous voulez acheter pour voir à ce qu'ils aient bien la même forme et les mêmes motifs décoratifs. Les mélanges sont fréquents.
- Les coutures du mocassin vous renseigneront sur sa solidité. C'est souvent par la couture que l'on reconnaît un mocassin fait à la main. La couture à la machine est régulière et uniforme.

Entretien et rénovation

Le mocassin traditionnel n'est pas imperméable. Il faut donc éviter tout contact avec l'eau. Néanmoins, dans le cas où les mocassins seraient trempés, faites-les sécher au grand air et non près d'une source de chaleur.
- On peut facilement, avec une aiguille à cuir et du fil approprié, réparer une couture qui cède.
- Dans le cas où une perle se détacherait de la broderie, il faut s'empresser de bloquer la broderie, car les autres perles pourraient se détacher également.
- L'usure d'un mocassin apparaîtra d'abord à la semelle. Celle-ci se remplace difficilement, car la matière première qui la compose est difficile à trouver pour quelqu'un qui n'est pas expert en ce domaine.
- Les artisanes indiennes réparent les trous dans les peaux en faisant une couture. Même petits, ces trous enlèvent cependant de la résistance au cuir.

Mocassin "industriel"

Il se fait aujourd'hui une grande quantité de mocassins modernes de style "indien". Il s'agit d'une adaptation industrielle du mocassin traditionnel. Les cuirs sont coupés à la machine selon des patrons précis et l'assemblage se fait à la machine. Seule la décoration est faite à la main.

Critères de qualité

Ces mocassins sont de grande utilité à condition que vous preniez quelques précautions à l'achat:
- n'achetez que des produits faits de cuir véritable;
- vérifiez bien que les fourrures utilisées pour la confection du mocassin sont vraies. N'acceptez aucun produit synthétique ou d'imitation;
- voyez à ce que la doublure soit véritable et non en produit synthétique.

Suivez ces conseils, vous aurez de beaux mocassins, bien faits et durables. Ils seront sans doute principalement faits de cuir de vache ou de peau de loup marin.

Un dernier conseil: recherchez donc des marques de commerce véritablement indiennes!

Mukluk

"Leurs bas de chausses sont de peau d'Orignac, passée sans poil; c'est la nature et non l'art, qui en a trouué la façon: ils sont tous d'vne venue, suffit que le pied et la jambe y passent, pour estre bien faits; ils n'ont point l'inuention d'y mettre des coins, ils sont faits comme des bas à botter, retenus sous le pied auec vne petite cordelette. La cousture qui n'est quasi qu'vn faux fil, ne se trouue pas derrière les jambes, mais entre-deux; les cousans, ils laissent passer vn rebord de la peau mesme, qu'ils découpent en frange, apres laquelle ils attachent par fois qulques matachias."

Les voyages de Samuel de Champlain,
Collection Les amis de l'Histoire.

230

Mocassin d'hiver montagnais en cuir d'orignal fumé et en duffle d'inspiration européenne. Détail de l'empeigne brodée d'une fleur à quatre pétales.

Une création récente

Les *mauluks* ou *mukluks* sont des créations relativement récentes. Il semble que les Indiens cris n'ont connu ce type de bottes d'hiver que vers les années 1940. On leur attribue deux origines possibles: une influence directe des Inuits qui se fabriquaient une botte en peau de loup marin; ou encore, une influence des jambières algonquines qui s'attachaient sous les genoux à l'aide de jarretières.

Quoi qu'il en soit au juste, cette botte est fort probablement venue du Nord pour "envahir" le Sud; elle se présente avec de nombreuses variantes et elle est d'inspiration amérindienne.

On appelle communément *mukluk* toute botte sans talon dont le haut couvre la jambe. Ce *mukluk* peut être fait de cuir, de *duffle* (*), de fourrure, ou encore d'un mélange de deux ou trois de ces éléments.

Critères d'authenticité et de qualité

Le plus souvent, le *mukluk* a des franges de trois à quatre pouces autour de la jambe. Ces franges, en plus d'être décoratives, sont là pour chasser la neige qui pourrait coller à la chaussure.

Le *mukluk* traditionnel n'a pas d'oeillets métalliques pour le laçage.

Etant souple et sans talon, le *mukluk* se prête bien à la marche dans la neige. Le pied est en contact complet avec la surface neigeuse et, l'impression est difficile à décrire, le marcheur sent alors qu'elle épouse la forme de son pied. On a vraiment la sensation, en marchant sur la neige chaussé de *mukluks* de marcher sur un tapis.

• *Pour votre confort* — Essayez les deux *mukluks* avant de les acheter et assurez-vous qu'ils vous vont bien. Si les *mukluks* sont doublés de *duffle,* choisissez-les bien ajustés, car vous ne porterez jamais sous eux qu'une paire de bas minces qui suffira à vous protéger du froid. Si les *mukluks* sont doublés de coton, choisissez-les moins ajustés, afin de pouvoir porter en même temps une paire de bas épais pour vous protéger du froid.

• *Pour votre plaisir* — Assurez-vous que le cuir du *mukluk* est à la fois souple et épais. C'est à la semelle, particulièrement,

---

(*) *Duffle* - De Duffel (une ville de Flandres). C'est là un tissu anglais de laine, épais, riche et moelleux, fort apprécié des Indiens et Inuits.

que le *mukluk* doit être épais, car c'est là que l'usure se fera le plus sentir. Assurez-vous encore que toutes les parties des chaussures sont authentiques: semelles de cuir sans talon, lacets en cuir... N'acceptez pas les cuirs synthétiques ni les plastiques. Si de la fourrure décore le *mukluk,* assurez-vous qu'elle a été tannée industriellement et qu'elle est souple, contrairement à la fourrure grattée, qui craque.

Entretien et rénovation

Si les *mukluks* que vous souhaitez vous procurer sont doublés en *duffle,* assurez-vous de pouvoir sortir et replacer facilement la doublure, ce qui sera pratique pour les faire bien sécher.

En guise de décoration, choisissez plutôt la broderie de coton, car les motifs perlés se détériorent facilement.

Et n'oubliez pas, si vous voulez adapter des raquettes à vos *mukluks,* que ceux-ci ne doivent pas avoir de décorations sur l'empeigne ou à la cheville. Les harnais les détruiraient rapidement.

Notez que le *mukluk* doublé de *duffle* est plus cher à l'achat que celui doublé de coton, le *duffle* étant un tissu fort onéreux.

Les *mukluks* ne se portent que l'hiver dans la neige et par temps froid. Evitez les contacts avec le sel et le calcium qui attaquent le cuir.

On peut introduire une semelle de feutre dans le *mukluk* s'il n'est pas doublé de *duffle.* Le *mukluk* doublé de *duffle* ne s'en accommode pas, étant moins souple que celui doublé de coton, puisque le *duffle* est un tissu épais et résistant.

Une artisane indienne peut réparer une semelle usée ou toute partie détériorée d'un *mukluk.* La matière première (orignal, *duffle...*) est cependant difficile à trouver.

L'été, il faut entreposer le *mukluk* dans un endroit sec, en prenant soin d'enlever la doublure en *duffle.* Celle-ci peut être remisée au même endroit que le *mukluk.*

Pièces de collection

Les *mukluks* en peau d'orignal, de caribou ou de chevreuil sont presque toujours abondamment décorés de broderies. Vous prendrez un soin particulier de ces *mukluks* très décoratifs qui sont

Détail de la broderie au point de chaîne sur la tige en duffle du mukluk montagnais de la page suivante.

recherchés par les collectionneurs. Et si vous êtes de ces gens qui aiment à porter des choses bien faites et originales, de grâce, n'allez pas marcher ainsi chaussé d'oeuvres d'art dans la boue, la neige sale ou le calcium.

Mukluk montagnais dont le pied est en cuir et la tige en duffle. Alliage de cuir traditionnel et d'un tissu d'importation.

Manteaux

Autrefois, il est bien évident que les Indiens du Québec se couvraient de fourrures non pas pour être élégants, mais bien pour se protéger du froid de l'hiver. A la belle saison, ils allaient presque nus.

Leurs manteaux de peau étaient très simples, du genre poncho, cape ou couverture, et drapaient leurs corps.

Graduellement, sous l'influence des Blancs, les artisans sont arrivés à confectionner des manteaux et des vestes en cuir plus sophistiqués. Ces vêtements en peau ont un aspect particulier avec leurs nombreuses franges qui pendent un peu partout et leurs motifs décoratifs en perles ou brodés de différentes façons. Ils ont été largement popularisés par les coureurs de bois, que l'imagerie populaire représente souvent vêtus de tels vêtements de peau à franges et coiffés de fourrure...

Autrefois, les manteaux étaient de cuir de caribou, d'orignal, de chevreuil. Aujourd'hui, ils sont aussi de vache. Ils sont caractérisés par des franges à la bordure, aux bras, au haut du dos et à la taille. Ces franges, en plus d'avoir un aspect décoratif, ont un rôle utilitaire dans notre froid pays, car elles chassent la neige qui pourrait coller au cuir.

Décoration

La décoration se trouve habituellement à la taille et au bas du manteau. Il y a différents types de décoration:

1) *perlée* — Cette décoration est la plus courante. En utilisant des perles, les artisanes brodent sur les vêtements des têtes d'Indiens, des animaux ou des motifs floraux;

2) *brodée* — On trouve sur les manteaux trois types de broderie:
   - des motifs en crins d'orignal - Avec du crin d'orignal teint de couleurs vives, les artisanes brodent des motifs floraux. Ces motifs sont en ronde-bosse ou en boule hérissée. On reconnaît facilement le crin d'orignal en passant le doigt sur le motif. Le crin d'orignal est raide et reprend immédiatement sa place;
   - des motifs en crins de caribou - On fait les mêmes motifs avec ce crin. Cependant, il est plus soyeux que le crin d'orignal et vous le reconnaîtrez également au toucher;
   - des motifs en piquants de porc-épic - La technique de la broderie aux piquants de porc-épic n'est plus tellement employée de

nos jours. On la retrouve surtout sur de très vieilles pièces de vêtement dans les musées ou chez les collectionneurs. Sur les manteaux, ces décorations sont surtout à la taille et ce sont généralement des motifs floraux.

3) *fantaisie* — Certaines artisanes ajoutent à leurs manteaux des accessoires variés, typiques et que rechercheront les collectionneurs et les amateurs avisés. C'est ainsi que vous pourrez retrouver des griffes de castor ou de renard aux bouts des franges. Les dents du castor font aussi de belles décorations. Il arrive aussi que les boutons du manteau soient faits de vertèbres de castor. Ceci ajoute évidemment une touche exotique à l'authenticité du vêtement.

Conseils à l'amateur

Vous êtes sensible à l'art amérindien; vous pensez que vous seriez bien beau dans une belle veste de peau frangée... alors, suivez donc ces quelques conseils:

• lors de l'essayage, voyez donc à ce que ce manteau qui vous tente tombe bien et qu'il ne soit pas serré aux épaules. Ce genre de manteau se porte un peu ample. Il a tendance à pendre à l'arrière, s'il est mal ajusté. Prenez le temps de le boutonner, car il peut arriver que les boutons ne soient pas au niveau des boutonnières, ce qui provoquera un déséquilibre fâcheux du vêtement;

• pesez le manteau, et souvenez-vous que le cuir d'orignal est épais et que votre manteau, s'il est de ce genre de cuir, sera très chaud;

• vérifiez la qualité de la doublure; celle-ci doit s'ajuster parfaitement au manteau. Méprisez la fermeture éclair et les boutons métalliques ou à pression qui sont des inventions modernes et qui altèrent l'authenticité du vêtement;

• si ce manteau qui vous plaît tant n'est pas doublé, pensez que cela vous occasionnera des problèmes, car l'intérieur du cuir, s'il n'est pas traité, laisse des particules qui collent aux vêtements;

• attention à la décoration du manteau! Les motifs perlés sont fragiles et alourdissent un peu le vêtement. Evitez d'acheter un

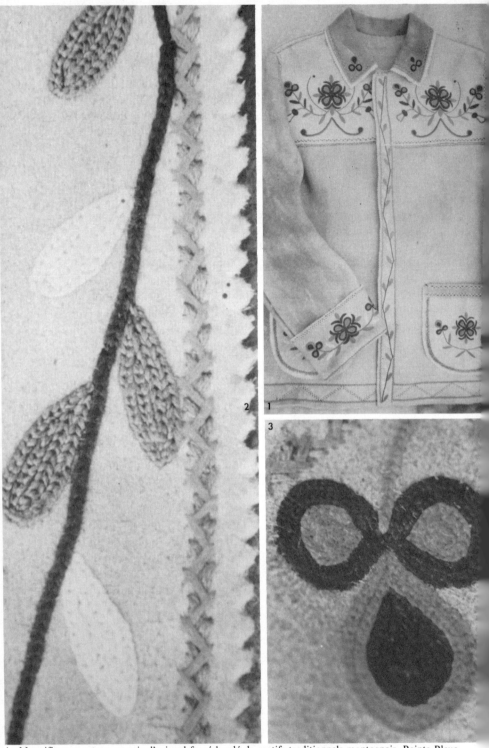

1 - Magnifique manteau en cuir d'orignal fumé brodé de motifs traditionnels montagnais. Pointe-Bleue, lac Saint-Jean.

2 - Détail de la broderie à la bordure du manteau. Longue tige à plusieurs feuilles.

3 - Détail de la pointe du collet.

1 - Détail du motif montagnais à fleurs et à double courbe; Pointe-Bleue.

2 - Détail du rebord de la manche brodé de la double courbe montagnaise.

manteau perlé au dos, car cette partie du vêtement est continuellement en contact avec le dossier des sièges d'auto ou d'autobus et elle se détériorera rapidement;

- le cuir de vache, qui est léger et souple, se porte bien et se prête bien à la fabrication de manteaux. Ce n'est cependant pas du cuir traditionnel et son prix, vous y veillerez, doit être inférieur aux autres cuirs;

- les cuirs de chevreuil et de caribou ont la souplesse voulue pour convenir à ce genre de vêtement. Cependant, ces peaux sont petites et leur surface est souvent abîmée par des marques de branches ou des coups d'andouillers lors de batailles. La peau du caribou est souvent trouée par des mouches qui sont des parasites de ces animaux. Ceci est un des facteurs qui expliquent que ces manteaux soient rares et donc chers. Cependant, que ce cuir soit marqué n'altère pas, au contraire, l'authenticité de la pièce, étant donné la nature de cette matière première;

- et puis, si vous êtes vraiment décidé, ne lésinez donc pas et faites faire votre manteau sur mesure, en vous adressant à un atelier d'artisanat indien ou directement à une artisane.

LE DUFFLE (*)

Le *duffle* (de Duffel: ville de Flandres) est un tissu anglais épais, riche et moelleux qui a connu une grande vogue chez les Inuits d'abord, puis chez les Indiens. Il a été populaire sous le nom de "couverture de la Baie d'Hudson", car c'est cette compagnie qui l'a introduit au Québec en vendant des couvertures en *duffle* dans ses postes de traite et ses magasins. Les autochtones utilisaient ces couvertures pour se faire des vêtements (anorak), des mitaines et des mocassins. Ce tissu offre encore de nombreuses qualités, utilisé comme doublure. Les artisans s'en sont servis pour doubler les bottes, les mocassins et certains manteaux.

a) Anorak

L'anorak traditionnel indien ou esquimau habille mal l'homme blanc, car il est court et ample et conçu pour des gens trapus. Les

---

(*) NDLR - Certes, les dictionnaires de la langue française ignorent ce terme. Les puristes ne nous feront pas grief de l'accepter comme un "canadianisme de bon aloi".

1 - Mitaines de laine molletonnée dont le poignet est brodé d'un motif dit "de branches d'épinettes". Ces mitaines sont généralement finies au point de croix.

2 - Mocassins montagnais de Pointe-Bleue en molleton. Ils sont reconnus pour leur confort.

3 - Motif traditionnel algonquin de l'atelier de Pikigan qui décore habituellement le bas des manteaux.

anoraks qui se fabriquent aujourd'hui ont une coupe plus moderne, adaptée à la taille des clients. Ils sont généralement blancs, car l'artisane peut se procurer plus facilement du *duffle* blanc.

Les manteaux en *duffle,* anoraks, cagoules, etc., n'ont rien à voir avec la culture matérielle des peuples amérindiens. Certes, ces manteaux d'hiver sont inspirés des traditionnels *kamiks* esquimaux en peau de caribou ou de loup marin. Mais l'anorak que nous connaissons aujourd'hui est fait à partir d'un patron américain ou européen. Le tissu est d'origine anglaise. Comme dans le cas du *mukluk,* ce vêtement fut d'abord connu dans le Nord puis il a été popularisé dans le Sud, à partir des années 1950.

Il y a actuellement trois types d'anoraks sur le marché.

L'anorak de la Baie d'Hudson

La compagnie de la Baie d'Hudson fabrique des anoraks en *duffle*. Ces manteaux sont produits industriellement (coupe et assemblage). Les décorations, le plus souvent des broderies, sont également faites à la machine.

L'anorak esquimau

Ces manteaux en *duffle* sont coupés dans le Sud puis expédiés dans le Nord pour l'assemblage et la décoration qui sont faits par les Inuits. Ils sont ensuite expédiés dans le Sud pour la vente.

L'anorak indien

Ces manteaux en *duffle* sont faits à la main par des artisanes indiennes qui les vendent sous le nom de "manteaux esquimaux". Les décorations, habituellement des broderies de laine ou de fils de coton, sont toutes faites à la main.

Depuis quelques années, la décoration par appliqués est apparue. Les appliqués représentent habituellement des animaux, des scènes de chasse ou de pêche, des arbres, des fleurs, etc. Ces décorations influent non seulement sur l'apparence du manteau, mais aussi sur son prix de vente: plus un manteau est décoré, plus il est cher.

Avant d'acheter un anorak, veillez à ce que:
- la fourrure du capuchon (loup ou renard) soit souple, c'est-à-dire tannée de façon industrielle. Une fourrure de moindre qualité devra faire baisser légèrement le prix de vente (voir le tableau des fourrures);
- l'anorak soit accompagné d'un surplus en nylon que vous porterez pour couper le vent et protéger le *duffle* et ses décorations;
- le tissu soit très propre. Le *duffle* se salit facilement à la manipulation;
- les motifs décoratifs soient solidement fixés au *duffle,* sans laine tirée ou brisée;
- la doublure soit de bonne qualité. Il est important d'acheter ces manteaux doublés, pour cacher l'intérieur des broderies de laine et éviter que des brins de *duffle* collent aux vêtements;
- notez enfin que ces manteaux sont habituellement largement décorés de broderies ou d'appliqués. La richesse de ces décorations fera varier le prix de l'anorak. Il y a deux types de motifs décoratifs: les appliqués et la broderie.

Les appliqués - Quand l'artisane découpe un motif dans du feutre et le coud au vêtement.

La broderie - Là, l'artisane brode des motifs indiens à la laine sur le vêtement. Ces broderies sont des plus décoratives, mais elles sont plus fragiles que les appliqués, car les points de broderie sont éloignés les uns des autres. Les laines peuvent facilement s'accrocher et casser. C'est d'ailleurs à ces endroits que l'usure apparaît d'abord. Ce type de broderie doit se trouver sur le tissu de *duffle* et non sur le revêtement de nylon, comme cela arrive parfois.

Les motifs décoratifs apparaissent surtout au bas de l'anorak: il s'agit de motifs floraux ou de scènes de la vie. Les anoraks indiens ne sont pas signés et portent rarement des étiquettes.

Il y a sur le marché des anoraks en *duffle* de fabrication industrielle. Ils portent le nom de la compagnie qui les fabrique.

Un conseil: quoi qu'on vous dise, nettoyez donc toujours un anorak à sec...

b) Mocassin

Le mocassin de *duffle* est généralement blanc ou rouge, largement brodé de laines aux couleurs vives. Il se fait pour homme ou femme dans toutes les grandeurs. Il est léger, se porte à l'intérieur seulement et il est lavable.

Vous préférerez vous procurer un mocassin avec une semelle de cuir mince, car le cuir protège le tissu.

c) Mitaine

La mitaine est généralement blanche ou rouge brodée de laines aux couleurs vives. Elle se fait parfois pour homme, mais le plus souvent pour femme.

Cette mitaine protège bien du froid, mais ne se prête pas aux travaux salissants, ce qui explique qu'elle soit plutôt destinée aux femmes.

d) Doublure

Le *duffle* est utilisé comme doublure de mitaine en cuir et de *mukluk*. C'est une excellente doublure qui protège parfaitement du froid.

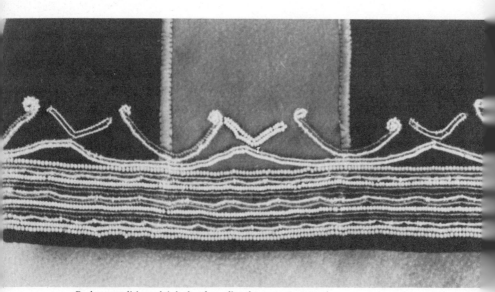

Perlage traditionnel à la bordure d'un bonnet montagnais.

Bonnet traditionnel habituellement porté par les Montagnais de la Côte-Nord.

1 - Artisane algonquine à l'oeuvre.

2 - Artisane montagnaise de la Côte-Nord en train d'assembler un mocassin.

3 - Artisane algonquine de Maniwaki en train d'assembler un mocassin en cuir. Ce travail se fait toujours à la main.

4 - Artisane de Maniwaki en train de terminer un mocassin algonquin en cuir.

1 - Laçage d'un sac en cuir.

2 - Artisane algonquine de Maniwaki en train de terminer le laçage d'un sac en cuir. Les pièces sont brodées avant d'être assemblées.

3 - Artisane de Natashquan, Côte-Nord. Le patron est ici posé sur le cuir et le découpage se fait au couteau.

Veste huronne en peau décorée de motifs floraux brodés aux piquants de porc-épic teints.

La broderie
aux piquants
de porc-épic

*"Le Porc-épic eft une efpèce de gros Hériffon, long
d'environ deux pieds & demi & large à proportion.
Celui que nous tuames alors, avoit par tout le corps une
foye ou gros poil luifant, brun & blanc; affez femblable
par fa groffeur & la figure, a la foye d'un Sanglier. Mes
fauvages gardèrent ce poil pour le donner à leurs Femmes, qui en travaillent ordinairement des ceintures, & la
peau en fut jettée, comme leur étant inutile. Cette foye
avoit quatre pouces de long par tout le corps, mais
au-deffus du cou, elle étoit longue d'un pied & trois fois
auffi groffe qu'ailleurs. Elle faifoit auffi un Panache fur
fa tête d'environ huit pouces & des mouftaches de fix
pouces. Ce Panache étoit blanc depuis la racine jufqu'au
milieu & le refte de châtain brun. Il avoit encore fur le
dos des picquans de deux efpèces; les uns plus forts, plus
gros, plus courts,, plus pointus, & tranchans en manière
d'alênes. Les autres étoient d'un pied de long & plus
fléxibles, dont la pointe étoit applatie & moins forte. Ils
étoient durs & luifans.*

Le Beau, C. Sr.,
Avantures du Sieur Le Beau — ou voyage
curieux et nouveau parmi les sauvages
de l'Amérique septentrionale, 1738.

Panier micmac en écorce de bouleau décoré de piquants
de porc-épic teints en blanc, brun, bleu et vert. Cette
technique de décoration est pratiquement disparue de
nos jours. (Musée National de l'Homme)

UN PEU D'HISTOIRE

Bien avant l'arrivée des Européens sur ce continent et jusque vers 1850, les artisans amérindiens utilisaient les piquants de porc-épic pour décorer leurs vêtements de cuir et les contenants en écorce de bouleau qu'ils fabriquaient.

Ces piquants étaient teints en couleurs vives. L'artisane s'en servait pour broder les pièces qu'elle fabriquait de motifs décoratifs généralement géométriques, à cause de la rigidité des piquants.

Les Européens furent étonnés par cette technique pour le moins inusitée à leurs yeux, originale, et ils en firent souvent mention dans leurs récits de voyage. Ils soulignèrent l'exotisme de la matière première, les couleurs vives des teintures, la géométrie des motifs décoratifs, la patience et l'habileté des artisanes.

Malheureusement, cette technique de broderie aux piquants de porc-épic s'est pratiquement perdue, cédant la place à l'artisanat des perles de verroterie et à la broderie au fil de coton. Après 1850, seules quelques artisanes conservèrent ce type de décoration, transmettant leurs secrets à quelques rares privilégiées qui voulaient bien s'y intéresser. Les pièces créées par ces artisanes furent vendues à des collectionneurs avertis ou à des musées.

Au cours des dernières années, cette forme d'art a été revalorisée chez les artisans amérindiens et peu à peu, de plus en plus de pièces décorées aux piquants de porc-épic ont été produites. Il fallut retrouver les techniques ancestrales en étudiant les pièces des musées et en s'informant auprès des vieilles artisanes amérindiennes. Il a fallu encore combattre des préjugés, tels que: "Les piquants sont dangereux, ils peuvent être lancés à distance et s'infiltrer dans les veines", etc. Aujourd'hui, de nombreuses artisanes récupèrent les piquants de porc-épic qu'elles utilisent pour décorer leurs pièces d'artisanat.

La renaissance de l'utilisation de cette matière première a permis aux artisanes de créer de nouveaux produits dans le domaine de la joaillerie amérindienne: boucles d'oreilles, colliers variés, bagues, pendentifs, etc.

Panier en écorce de bouleau décoré de piquants de porc-épic à plat et en relief. (Collection muséographique)

Savant alliage de piquants de porc-épic de couleurs naturelles et de glycéries sur écorce de bouleau. Le couvercle est décoré d'un motif à feuille d'érable. Un admirable travail de patience et d'ingéniosité. (Collection muséographique)

1 - Siège entièrement réalisé en écorce de bouleau et brodé de piquants de porc-épic. La finesse du travail et l'agrément des motifs et des couleurs démontrent la grande richesse artistique du patrimoine amérindien. (Collection privée)

2 - Couvercle d'un panier en écorce de bouleau de forme octogonale qui allie les piquants de porc-épic et les perles de verre. (Collection muséographique)

3 - Magnifique couvre-siège en écorce de bouleau brodé aux piquants de porc-épic. (Collection privée)

TECHNIQUES

a) L'animal

Le porc-épic est un animal réputé pour sa lenteur. Pour se nourrir et dès qu'il a peur, il grimpe dans les arbres. Les artisans amérindiens et les trappeurs savent que sa chair est délicieuse à certaines saisons de l'année. Le corps du porc-épic est recouvert d'une redoutable carapace de piquants fins et rigides comme des aiguilles, qui a assuré la protection et la survie de cette espèce traînarde. Un porc-épic moyen a environ 40 000 piquants qu'il hérisse en cas de danger et qui le défendent fort efficacement contre la mâchoire des prédateurs. Ces piquants ne sont cependant pas tous utilisables en broderie. Les piquants de la queue, par exemple, sont trop gros pour ce genre de travail.

b) "Cueillette" des piquants

On trouve surtout des porcs-épics au printemps et au début de l'été, alors qu'ils se font écraser par dizaines sur les routes du Québec. A l'occasion, le chasseur rapportera un porc-épic à l'artisane.

Il y a différentes façons de prélever les piquants. La plus rapide, mais la moins efficace, consiste à tenir l'animal par les pattes arrière et à le gratter dans le sens inverse du poil, soit avec un bâton, soit avec une hache. Mais, de cette façon, plusieurs poils sont coupés, brisés ou perdus.

La seconde façon consiste à épiler le porc-épic à la main. Les piquants s'arrachent facilement par touffe ou un à un. Ce travail est certes plus long, mais les résultats sont bien meilleurs. Les piquants arrachés sont triés et conservés dans des récipients en plastique.

Attention! S'il vous venait à l'idée de prélever des piquants de porc-épic de cette façon, sachez qu'il n'est pas recommandé de le faire si vos mains sont blessées, car le porc-épic est porteur de nombreux parasites qui pourraient éventuellement être la cause d'infections.

A — Musée historique d'Odanak

Rassemblés sur cette page, quelques objets tels qu'on peut en admirer au musée historique d'Odanak dirigé par Guy Sioui. Au musée, on peut recevoir toutes les informations concernant les techniques traditionnelles encore employées par les Abénakis du village: vannerie de frêne et de glycéries, tressage des masques en cosses de maïs, fabrication des paniers en écorce d'orme ou de bouleau, perlage sur cuir, etc.

Les pipes sont l'oeuvre de l'artisan huron-abénaki Guy Sioui. Elles sont inspirées des pipes et des calumets amérindiens traditionnels. Le foyer est sculpté dans la pierre et le tuyau, décoré de motifs géométriques, est en bois teint aux couleurs végétales.

B — La vannerie de Maria

A Maria, en Gaspésie, les artisans micmacs font depuis toujours de magnifiques paniers en lamelles de frêne, de formes et de couleurs multiples. Ces paniers servent aujourd'hui de cache-pot, de corbeille à papiers ou à fleurs, etc.

Les motifs décoratifs sont obtenus par l'alternance de lamelles de frêne de différentes couleurs.

(Photo Mercier et *Décormag*)

C — Ecorce de bouleau

La vannerie d'écorce de bouleau est fort probablement la technique artisanale amérindienne la plus authentique, puisqu'elle n'a pratiquement pas subi d'influences extérieures au cours des siècles.

Encore aujourd'hui, ces paniers, ces canots et ces tikinagans sont faits d'écorce et cousus de racines d'épinette, selon des patrons et des techniques ancestrales.

Les techniques décoratives par grattage ou raclage n'ont pas changé non plus. Cependant, il arrive souvent que les motifs décoratifs soient d'inspiration récente, plus particulièrement en ce qui a trait aux motifs floraux.

D — Les Cris de la Baie James

1 - Leurres traditionnels réalisés à la Baie James de fines branches de conifères, assemblées et retenues par du fil de ligne à pêche. Ces leurres, piqués sur le bord de l'eau, servaient à attirer les outardes. (Photo Claude Bureau)

2 - 3 - A Fort-George, Baie James, les célèbres anoraks cris en duffle sont abondamment brodés à la laine. Les motifs décoratifs représentent des scènes de la vie traditionnelle.

4 - Perlage au métier, à Fort-George, Baie James. Les enfants sont initiés très jeunes à cette technique.

5 - Tambour traditionnel algonquin fait d'une peau d'orignal non tannée, tendue sur un cerceau en frêne. (Collection Michel Noël)

A

C

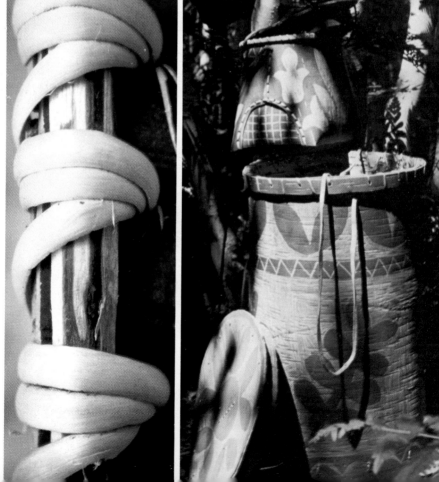

D
1

2·3

4

5

Une troisième méthode consiste à tremper le porc-épic tout entier alternativement dans l'eau bouillante et dans l'eau froide. Les poils et les piquants tombent d'eux-mêmes et l'on a plus qu'à les cueillir sur l'eau, car ils flottent.

c) Les piquants

Les piquants de porc-épic ont la forme d'une longue aiguille légèrement arquée. Ces aiguilles sont blanches, à l'exception de la pointe qui est noire ou brune. L'intérieur de l'aiguille est vide ou remplie d'une matière spongieuse.

Les piquants les plus recherchés ont une longueur d'environ 2 pouces à 2 pouces et demi (5 à 7,5 cm) et ont moins de 1/16 de pouce (1,5 mm) de diamètre. Ils proviennent des épaules et des flancs de l'animal. Les gros piquants sont tirés du dos et de la queue. Ces derniers sont conservés uniquement pour la décoration sur cuir, car ils sont trop rigides pour être pliés et fixés à l'écorce de bouleau.

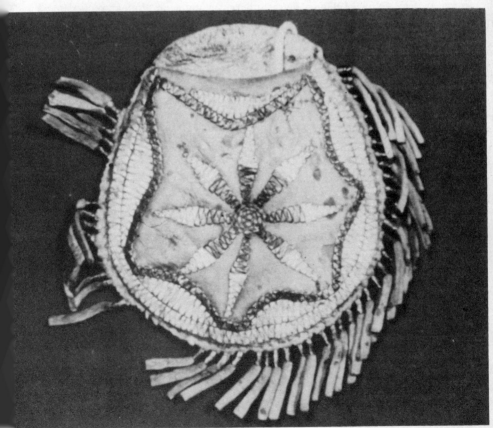

Petit sac en cuir décoré de piquants de porc-épic selon la technique du zigzag. Ce travail est effectué sur cuir. (Collection Musée National de l'Homme)

d) Préparation des piquants

Les piquants sont d'abord triés, classés selon leur diamètre et leur longueur, puis lavés dans de l'eau savonneuse pour les débarrasser de toute impureté. On doit ensuite les faire sécher à l'air ou les assécher dans du papier absorbant. Une fois secs, les piquants sont prêts à être utilisés par l'artisan. Il n'y aura plus alors, dans certains cas, qu'à les ramollir un peu, en les trempant dans l'eau juste avant de s'en servir pour broder.

e) La teinture

Avant l'arrivée des Européens, les piquants de porc-épic étaient teints avec des colorants naturels.

Depuis plusieurs années, les teintures industrielles ont remplacé les colorants naturels. Voici le procédé utilisé aujourd'hui par les artisanes qui teignent les piquants de porc-épic:

Mélanger deux cuillerées à soupe de "tintex" dans deux pintes (un peu plus de deux litres) d'eau bouillante jusqu'à obtention de la couleur désirée. Les piquants sont mis dans cette teinture très chaude durant une quinzaine de minutes. On les laissera prendre un peu plus de couleur, car les teintes pâlissent souvent au séchage ou au rinçage. Les piquants sont ensuite sortis du bain puis étalés, pour sécher, sur du papier absorbant. On peut conserver très longtemps les piquants ainsi traités dans un endroit sec.

LA DÉCORATION SUR ÉCORCE DE BOULEAU

Autrefois, l'artisane mettait une certaine quantité de piquants entre ses lèvres au cours de son travail. Les piquants étaient pris un à un et remplacés immédiatement par d'autres. Ceci avait pour but de trier les piquants et de les tenir humides dans la salive.

Aujourd'hui, étant donné la toxicité de certaines teintures et les risques d'infection, les piquants sont plutôt trempés dans l'eau chaude pendant environ cinq minutes. Un piquant bien trempé dans l'eau chaude reprendra sa forme initiale après avoir été brodé.

D'une façon générale, la technique de la décoration sur écorce de bouleau consiste à plier les extrémités noires des piquants à angle droit dans de petits trous perforés dans l'écorce, à la façon d'une agrafe. Cette technique est simple et ne demande qu'un peu de patience et la connaissance de certains points de base.

a) Le point de satin

Il s'agit du point le plus couramment employé par les artisanes amérindiennes, car il permet de couvrir des surfaces relativement grandes. Des trous sont perforés selon la distance à couvrir et la longueur du piquant qui sera apparent. Le piquant est mouillé, enfilé dans le premier trou et enfilé à nouveau dans le deuxième. Il reprendra alors sa forme initiale. Si le piquant n'est pas assez long pour couvrir la surface désirée, on introduit un second piquant dans l'orifice qui termine le premier point et ainsi de suite.

b) Le point en éventail

Cette technique est très simple. D'un point central partent plusieurs piquants qui s'étendent en éventail en s'insérant chacun dans un orifice distinct, mais à proximité l'un de l'autre.

c) Le point de chevron

Les piquants sont insérés en forme de V, chacune des ailes du V étant formée d'un piquant qui utilise le même orifice central que l'autre aile.

Utilisant la même technique de base qui consiste à insérer des piquants dans des orifices, l'artisane peut varier presque indéfiniment ses décorations de motifs géométriques ou floraux.

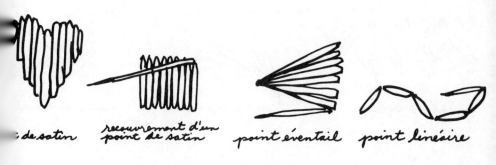

; de satin   recouvrement d'un   point éventail   point linéaire
             point de satin

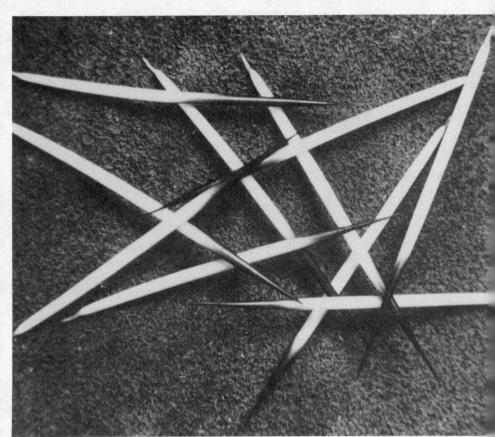

Piquants de porc-épic avant leur utilisation. Ils sont blancs à la base et noirs à l'extrémité.

point de croix

point de contour

point de chevro

autres techniques
d'après Lorraine Parent Sicotte
Ministère des Affaires indiennes

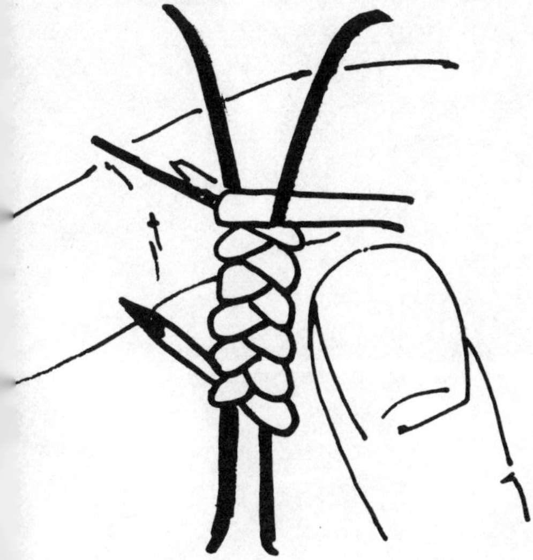

tissage aux piquants
de porc-épic
sur métier primitif

tressage
aux piquants
de porc-épic

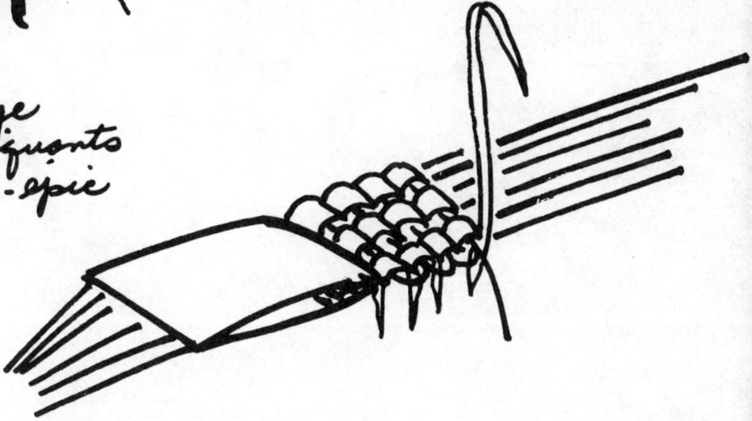

point droit

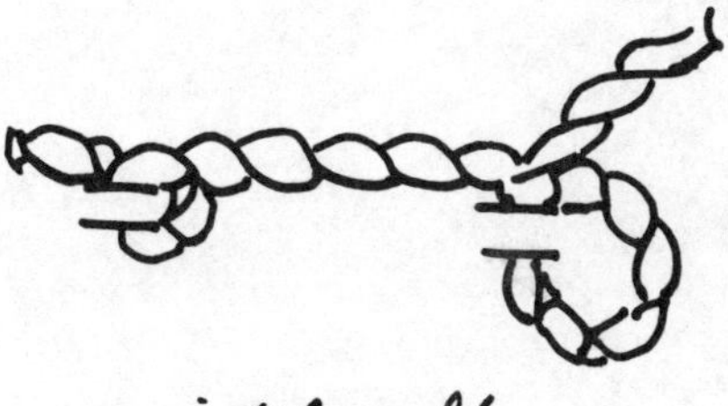

point bouclé

point renversé

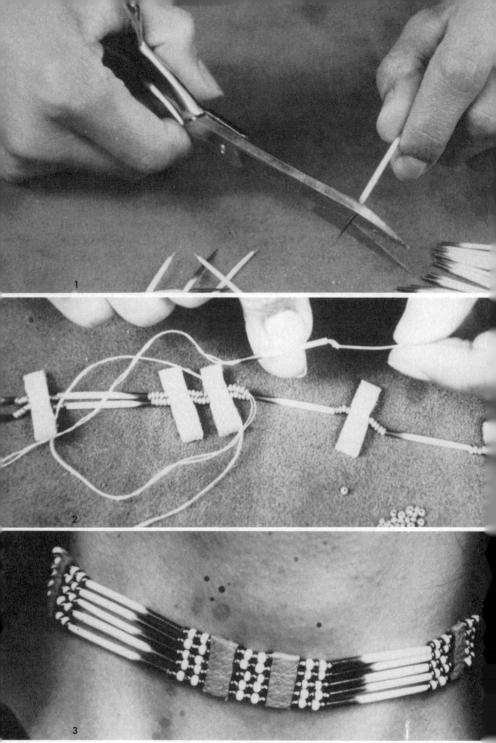

1 - L'artisane coupe les piquants et les regroupe selon la largeur, la grosseur et la couleur.

2 - Pour la confection d'un collier, le fil est passé dans une bande de cuir; l'artisane enfile quelques perles, puis un piquant, puis à nouveau des perles pour terminer par une autre bande de cuir. On répète les mêmes gestes jusqu'à ce que la largeur voulue soit obtenue.

3 - Le produit fini: un collier original de cuir brodé de perles et de piquants de porc-épic. Un mariage heureux de l'ancien et du contemporain.

La broderie
aux crins
d'orignal

"Dans les petits ouvrages qu'elles font avec ce fil, elles entremêlent fort proprement le poil d'Elan, de Boeuf Sauvage & de Porc-epic, teint en fiverfes couleurs. Pour faire ces différentes teintures, elles fe fervent de divers fucs, qu'elles expriment de certaines plantes, ou bien elles les font bouillir avec des racines & des herbes qui leur font connues, avec des écorces & des copeaux de quelques arbres, dont le fuc s'imbibe facilement dans les chofes qu'elles veulent teindre après quelques bouillons & fans autre préparation.
Elles fuppléent au défaut du fil en differentes manières. Pour coudre les Robes de fourrures, elles employent les boyaux des animaux deffechés; ou des filamens tirés de leurs nerfs, ou bien des longes faites de peaux paffées & coupées bien menues. Les petites racines qu'on met en oeuvre pour les Canots d'écorce de Bouleau font d'un fort bon ufage & d'une grande propreté."

Le Beau, C. Sr.,
Avantures du Sieur Le Beau — ou
voyage curieux et nouveau parmi les
sauvages de l'Amérique septentrionale,
1738.

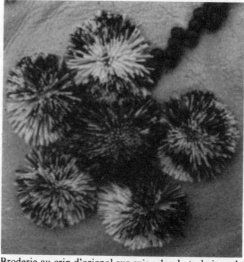

Broderie au crin d'orignal sur cuir selon la technique du hérisson et perlage. Village des Hurons.

UN PEU D'HISTOIRE

La broderie aux crins d'animal est une technique décorative dont l'origine se perd dans la nuit des temps.

Mocassins, chemises, jambières, robes et même coiffures des Indiens étaient traditionnellement décorés aux crins d'animal, illustrant dans une variété infinie de formes et de couleurs des motifs géométriques, des arbres, des plantes, des fleurs, etc.

Contrairement à ce que l'on croit parfois, ce type de décoration n'est pas exclusif aux Indiens d'Amérique. On le retrouve chez plusieurs peuples de continents différents, qui utilisent les poils de buffles, de rennes, de caribous ou d'autres quadrupèdes pour tisser ou pour broder.

En fait, il se pourrait que cette technique décorative ait suivi le même chemin que l'Indien, partant de l'Asie, peut-être de la Sibérie pour arriver jusque dans la vallée du Saint-Laurent. On ne saura jamais vraiment si l'Indien arriva sur ce continent en connaissant déjà cette technique, ou s'il la créa ici, plus tard.

Néanmoins une chose est certaine, les Hurons et les Iroquois de la vallée du Saint-Laurent ont poussé très loin cette forme d'art. En admirant les spécimens conservés dans des collections ou en relisant les écrits des débuts de la colonie, on réalise qu'à l'évidence, les Huronnes étaient, à cette époque, des "maîtresses brodeuses" dont l'habileté, la finesse du travail, la complexité des techniques de fabrication et de décoration, toutes artisanales, ne seront peut-être jamais plus égalées. Les Huronnes auraient même découvert certaines techniques de broderie qui plus tard se répandirent dans d'autres tribus. Une telle chose ne doit pas surprendre puisque l'on sait que les Hurons jouèrent un rôle important dans l'évolution artistique et culturelle des populations autochtones d'Amérique du Nord.

Le travail de broderie, strictement réservé aux femmes, a subi des transformations profondes dès l'arrivée des Européens. Ces derniers, on le sait, implantèrent sur ce continent des institutions religieuses d'enseignement dans le but de convertir et d'instruire les jeunes Indiens et Indiennes. Dans les couvents, la broderie de type européen, avec ses couleurs et ses motifs, devint rapidement un enseignement fort apprécié des nouvelles élèves. C'est ainsi que la broderie européenne, comme la religion romaine, firent de nouveaux adeptes en Nouvelle-France.

L'ethnologue Camille Guy écrit: "Après l'arrivée des Européens en terre d'Amérique, les Indiens grefferont sur leur tradition décorative les motifs floraux plus soignés de la Renaissance française, qu'ils exécuteront en perles de verre et en fil de soie sur des tissus d'emprunt."

Puis Jacques Rousseau, dans un article du *Cahier des Dix* de 1958, note: "Les Blancs sont venus introduire un peu de couleur et de fantaisie dans la décoration indienne. Grâce à l'enseignement des Ursulines, la broderie de soie ou de poils de porc-épic colorés a pénétré chez les indigènes."

Vers la fin du 18e siècle, la broderie de crin d'orignal est déjà en perte de vitesse et quasi supplantée par la broderie de fils. Les motifs traditionnels sont souvent remplacés par des motifs floraux. Dès les débuts du 20e siècle, seules quelques artisanes produisaient

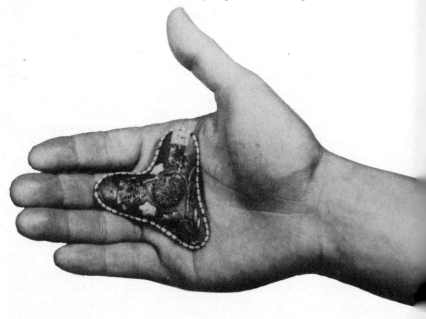

Coeur décoratif en écorce de bouleau brodé de crins d'orignal au point de satin. (Musée National de l'Homme)

encore des pièces de cet art traditionnel. Elles le faisaient par goût personnel ou pour répondre aux désirs des collectionneurs avertis ou des musées à la recherche de pièces rares.

C'est seulement depuis quelques années que des artisanes indiennes averties se sont remises en plus grand nombre à la recherche de cette technique jusque-là délaissée. Les artisanes du village des Hurons produisent maintenant des pièces d'artisanat décorées de magnifiques broderies aux crins d'orignal. Ces décorations s'inspirent ou reproduisent des motifs traditionnels propres à la culture de ce peuple.

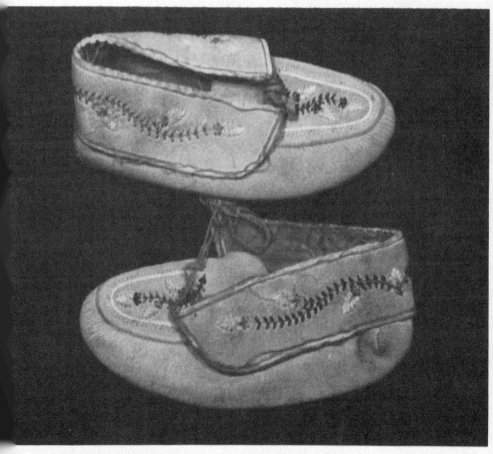

Mocassins hurons traditionnels de Lorette, en cuir d'orignal brodé de crins d'orignal teints. (Musée National de l'Homme)

1 - Veste pour homme, de style européen, décorée d'appliqués en crins d'orignal teints. (Musée National de l'Homme)

2 - Gant en cuir teint noir et brodé de motifs floraux en crins d'orignal. Produit par les Hurons vers 1840. (Musée National du Canada)

1 - Porte-mouchoir de type huron en écorce de bouleau brodé de motifs floraux en crins d'orignal. Il serait antérieur à 1840. (Musée National du Canada)

2 - Sac frangé décoré de crins d'orignal; les motifs traditionnels sont surtout à double courbe.

LE MATÉRIAU

Au Québec, l'orignal et le caribou sont les seuls animaux dont le crin soit utilisé en broderie (puisqu'on ne parle pas de "crins", mais bien de "piquants" pour le porc-épic).

Le crin du caribou n'est naturellement utilisé que par les artisans du nord du Québec, là où on trouve cet animal en abondance. Partout ailleurs au Québec, les artisanes emploient le crin d'orignal.

Il s'agit d'une matière première tout de même assez rare et dont la récupération n'est pas toujours facile. Seuls les crins de la crinière et des joues sont utilisables. Ils ont environ cinq pouces (12,7 cm) de long, sont, aux trois quarts, gris blanc. L'autre quart est gris noir.

Touffe de crins d'orignal qui viennent principalement des bajoues et de la crinière de l'animal.

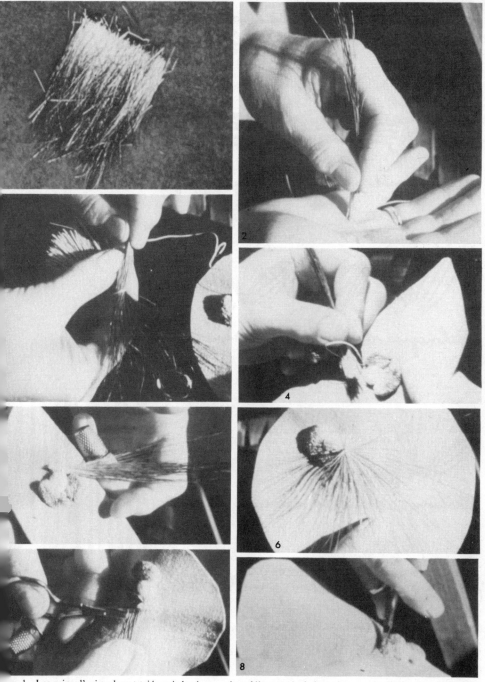

1 - Les crins d'orignal sont triés puis lavés pour être débarrassés de leurs impuretés. Ils peuvent être teints selon les besoins.

2 - Les crins sont assemblés selon la longueur, la grosseur et la couleur.

3 - On détache de la touffe un faisceau de crins de la grosseur voulue.

4 - Le faisceau est glissé dans une loupe qui le retiendra solidement au cuir. Le fil est bloqué à l'arrière de la pièce de cuir.

5 - On ferme la loupe sur la base des crins.

6 - Le fil est fixé solidement de sorte que les crins soient relevés aux extrémités.

7 - Les crins sont taillés à environ ¼ de pouce du point de la loupe.

8 - Les crins retroussés sont écartés pour former une boule qu'on appelle hérisson.

Quelques techniques de broderie aux crins d'orignal

technique de la ligne simple

technique de la ligne brisée

technique du hérisson

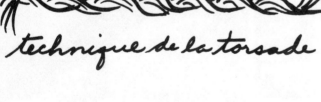

technique de la torsade

technique de la pendille

TECHNIQUES DE BRODERIE

Les crins sont coupés aussi longs que possible, puis nettoyés et lavés à l'eau tiède pour être débarrassés de leurs impuretés. Ils sont ensuite séchés, triés selon leur couleur et leur longueur et conservés dans un endroit sec. Les poils courts et le duvet sont éliminés puisqu'ils n'ont aucune utilité.

Traditionnellement, les crins étaient teints avec des colorants naturels. Aujourd'hui, les teintures commerciales sont plus couramment utilisées.

La technique de broderie aux crins d'orignal consiste à coudre les crins sur une base en cuir. Autrefois, le cuir d'orignal boucané servait de base à la broderie de crins. Cette matière première étant de plus en plus rare, la broderie de crins d'orignal est faite maintenant sur des cuirs tannés industriellement.

a) Technique linéaire

Dans ce cas, trois ou quatre crins sont assemblés en faisceau et cousus au cuir à intervalles réguliers. Les crins peuvent ainsi être réunis l'un à l'autre pour former une ligne. Les crins ainsi piqués régulièrement forment des bosses qui ont l'apparence de petites perles.

b) Technique de la ligne brisée

Ici, trois ou quatre crins parallèles sont cousus au cuir à l'angle de chaque brisure.

c) Technique du hérisson

Il s'agit là d'une technique décorative relativement récente qui produit un motif en relief. Une touffe de crins est liée en son centre par une loupe qui la fixe au cuir. Les crins sont ensuite taillés pour former une boule qui ressemble assez à un hérisson.

Ces trois techniques permettent de former des motifs décoratifs beaucoup plus complexes: torsades, fleurs (Phlox), étoiles, arbres (baumier du Canada), épis de maïs, etc.

1 - Médaillon décoré d'une fleur en crins d'orignal, selon la technique du hérisson.

2 - Alliage de crins d'orignal en hérisson et de motifs géométriques. Perles du village des Hurons.

3 - Broderie huronne alliant crins d'orignal et perles. Motifs traditionnels: soleil, étoiles, terre, etc.

4 - Arbre dont le tronc est emperlé et les feuilles, brodées aux crins d'orignal en hérisson. Du village des Hurons.

d) Teintures

Les personnes désireuses de préparer elles-mêmes des teintures dites naturelles peuvent consulter les ouvrages *Teintures indiennes* et *Broderie aux piquants de porc-épic,* auprès du ministère des Affaires indiennes (1141, route de l'Eglise, C.P. 8300, Québec G1V 4C7).

Voici quelques procédés qu'utilisaient les artisans pour obtenir des couleurs naturelles.

Rouge vif

— Une part de racine intérieure de prunier sauvage pour une part de crin.

— Une part de racine intérieure d'osier rouge (saule-dogwood) pour une part de crin.

— Une part de racine intérieure d'aulne pour une part de crin.

Rouge foncé

— Des racines de sanguinaire ou l'écorce intérieure du prunier sauvage en part égale avec le crin.

Noir

— L'écorce intérieure du chêne ou du noyer cendré ainsi que quelques racines en part égale avec le crin (ajoutez à la décoration un peu de terre noire et d'ocre — chêne-Burr oak).

— Une part égale de crin et d'écorce intérieure de noyer cendré ou de noisetier (ajoutez, là aussi, un peu de terre noire).

Jaune

— L'écorce intérieure de l'aulne réduite en poudre.

Jaune clair

— Utilisez la pulpe du fruit du sumac (vinaigrier).

Jaune brillant

— Utilisez la racine de la coptide (savoyane, gold-thread).

Jaune foncé

— Les racines hachées de la sanguinaire ou du prunier sauvage sont excellentes pour l'obtention de cette teinte.

Bleu

— Pour une partie de crin, mettez deux parties d'écorce pourrie d'érable, auxquelles vous ajouterez une partie de poussière de roche moulue.

Nappe huronne dont le tissu d'une grande qualité a été acheté lors de l'exposition de Paris en 1861. Les motifs en crins d'orignal sont brodés un par un. (Musée National de l'Homme)

Les raquettes

"Pendant les neiges, nous étions contraints de nous attacher des raquettes sous les pieds, aussi bien que les sauvages, pour aller quérir du bois pour nous chauffer. C'est une très bonne invention; car avec elles, on n'enfonce pas dans les neiges et on fait bien du chemin en peu de temps."
Gabriel Sagar
Le grand voyage au pays des Hurons
1623-1625

Les Amis de l'Histoire — 1969

"A l'entrée de la nuict on s'arreste pour cabaner; chacun desfait ses raquettes, desquelles on se sert comme de pesle pour vuider la neige de la place où on veut coucher."
Relations des Jésuites — 1611-1636 — p. 18
Volume I — Editions du Jour

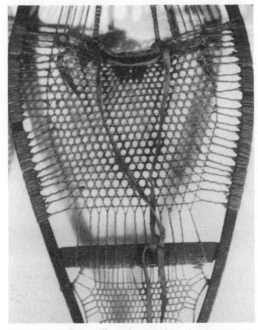

Raquette traditionnelle micmac. Le nattage est en babiche d'orignal. Le harnais est habituellement en cuir d'orignal et le fût, en bois de frêne. (Collection Musée McCord)

UN PEU D'HISTOIRE

Depuis des temps immémoriaux, les Indiens d'Amérique utilisent des raquettes pour marcher sur la neige en hiver. Il s'agit là d'un dispositif de locomotion qui démontre une fois de plus jusqu'à quel point les Indiens vivaient en parfaite harmonie avec leur environnement.

Il convient de s'arrêter un peu sur cette invention proprement amérindienne. Que les Indiens aient conçu l'idée de marcher dans la neige sur des raquettes ne témoigne peut-être que de l'ingéniosité de ces peuples. Mais qu'ils aient su fabriquer ces raquettes prouve, plus loin que leur simple ingéniosité, des connaissances et une perfection technique que les "colons" ne surent pas toujours reconnaître.

La raquette que les Indiens utilisaient bien avant l'arrivée des Européens sur les neiges de ce continent n'était pas un outil rudimentaire, mais au contraire un dispositif admirablement adapté au milieu et témoignant d'une technique façonnée pendant des milliers d'années et parfaitement dominée par les artisans.

Pour une rare fois, du reste, au vingtième siècle, l'envahissement industriel respectera l'artisanat dans le domaine de la fabrication des raquettes. Les raquettes que l'on fait aujourd'hui ressemblent de très près à celles qu'on faisait il y a des siècles.

Au temps des premiers colons et longtemps avant eux, marcher chaussé de raquettes n'était certes pas un sport, mais bien la seule façon pour l'homme de parvenir à se déplacer sur la neige. Les gens devaient, pour leur survie, pouvoir voyager en tout temps, sur toutes les neiges, dans toutes les conditions de température, tout en portant sur leur dos ou en traînant derrière eux armes, bagages, nourriture, enfants, etc.

Aujourd'hui, marcher en raquette est devenu un sport, ou du moins une activité de plein air qui compte de nombreux adeptes au Québec... tant il est agréable de marcher en dehors des sentiers battus et d'écouter la forêt québécoise en hiver, loin des pétaradantes motoneiges.

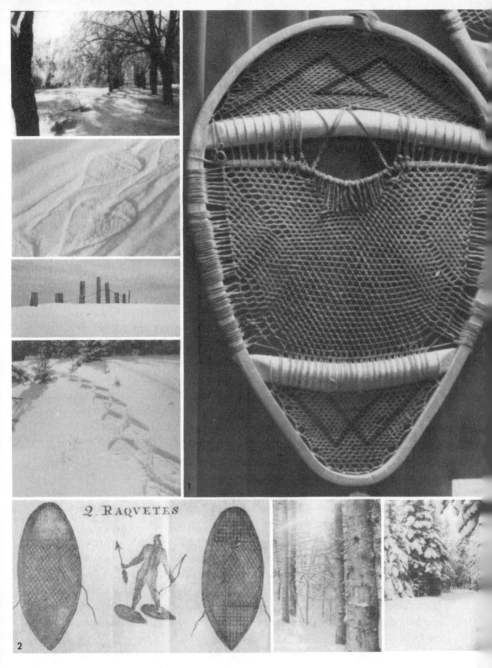

1 - Raquette traditionnelle montagnaise nattée de babiche de caribou. L'orteil et le talon sont décorés d'un motif géométrique traditionnel, fait en même temps que le nattage.

2 - Illustration de raquettes traditionnelles et de la chasse en raquettes.

TECHNIQUES GÉNÉRALES DE FABRICATION

a) Le vocabulaire de la raquette *

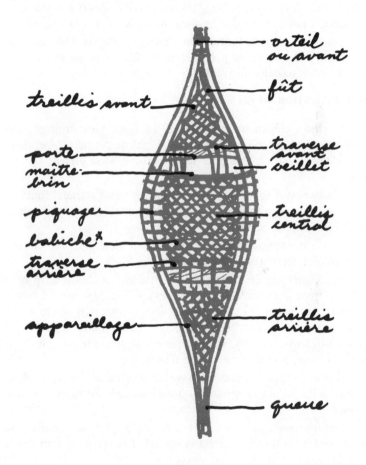

orteil ou avant

fût

treillis avant

porte

maître-brin

piquage

babiche *

traverse arrière

appareillage

traverse avant

oeillet

treillis central

treillis arrière

queue

---

* NDLR - "Babiche", "porte", appareillage, maître-brin, etc.: compte tenu de l'originalité nord-américaine de la technologie de la raquette, l'emploi de canadianismes dans le vocabulaire relatif à cet artisanat est très fréquent.

On trouve deux grandes familles de raquettes: l'une de fabrication entièrement artisanale (dite aussi "traditionnelle") et l'autre, de fabrication semi-industrielle (dite aussi "commerciale"). La raquette artisanale est entièrement faite à la main tandis que l'essentiel de la raquette industrielle est fait en usine: fût, traverses, préparation de la babiche, etc. Il ne reste d'artisanal dans ce second type de raquettes que le nattage (*) qui se fait toujours à la main, en l'absence d'une technologie permettant de le faire à la machine.

Les trois étapes de fabrication d'une raquette, dans un cas comme dans l'autre, sont: la préparation du fût, la préparation de la babiche et le nattage du treillis.

b) Fabrication du fût

L'artisan choisit un merisier ou un frêne bien droit et sans noeud, de deux à trois pouces (5 à 7,6 cm) de diamètre. Ces deux types de bois sont réputés pour leur résistance et se prêtent bien au pliage.

L'arbre est d'abord dégrossi à la hache, puis l'artisan "finit" sa pièce au couteau, afin d'obtenir une "baguette" d'environ 1 pouce carré (6,5 cm²) de section.

L'artisan trempe ensuite cette baguette dans de l'eau chaude pour amollir les fibres et faciliter le pliage.

Pour fabriquer des raquettes industrielles, on choisit de grosses billes de frêne qui sont fendues avec des coins et dégrossies à la scie à ruban. Les baguettes sont passées à la vapeur puis pliées et sablées. Ensuite, elles sont fixées solidement à un moule ou gabarit. Il existe différents gabarits, selon la forme de raquette que l'on veut produire: cris, montagnaise, patte d'ours, etc.

Après quelques jours de séchage, le fût est détaché du moule et - c'est, on l'a vu, une propriété du frêne - garde la forme qui lui a été donnée.

Des mortaises sont ensuite creusées dans le fût, aux endroits où seront fixées les traverses avant et arrière. Les traverses sont fixées au serre-joint et la queue est rivetée.

(*) NDLR - On emploie souvent, au Québec, le terme de "laçage" pour nommer l'action de natter. Dans le milieu des artisans de la raquette, celui qui natte la raquette s'appelle un "laceur".

c) Préparation de la babiche

Traditionnellement, la babiche est de peau d'orignal ou de caribou. La peau brute est étirée sur un cadre et débarrassée, à l'aide de grattoirs, du gras (côté chair) et des poils (côté extérieur) pour qu'il ne reste que le cuir à nu.

Ce cuir est ensuite trempé et tordu à plusieurs reprises, pour être assoupli et débarrassé de ce qu'il peut encore contenir de gras.

De fins lacets de babiche sont taillés à l'aide d'un couteau tranchant en commençant par la bordure de la peau, toujours en cercles concentriques, jusqu'au centre.

Ces lacets sont ensuite trempés, tordus, étirés, séchés, puis roulés en peloton. Il faudra faire tremper à nouveau la babiche pendant plusieurs heures pour l'assouplir avant de l'utiliser pour le nattage. Bien préparée, séchée et roulée, la babiche peut se conserver pendant très longtemps.

En industrie, les producteurs de raquettes utilisent plutôt une peau de vache brute préparée industriellement.

d) Nattage de la babiche

Pour natter la babiche, l'artisan utilise une aiguille en os ou en métal de forme ovale dont le chas est au centre. Une partie de l'aiguille et de la babiche passent en même temps dans les mailles.

L'artisan commence d'abord par former le maître-brin qui traverse le pied de la raquette à la hauteur de la traverse avant. Ce maître-brin a pour but de consolider la raquette. Il est fait de plusieurs brins de babiche, enroulés pour former un gros lien résistant.

On commence le tressage du pied de la raquette à l'angle formé par le maître-brin et le fût, suivant un motif en forme de croix.

On suit le même procédé pour natter la queue et l'orteil de la raquette. On utilise parfois une babiche plus étroite pour ces extrémités, car elles n'ont pas à supporter le poids du marcheur. Un brin plus large est utilisé pour le pied de la raquette.

La technique décrite ci-haut est la plus simple et la plus courante. Chaque type de raquette, cependant, est construit de façon différente. Chaque tribu a également ses techniques particulières. Les variantes concernent non pas l'entrecroisement de la babiche, mais les noeuds faits lorsque la babiche contourne le fût et le nattage du maître-brin et de la "porte".

RAQUETTES DE FABRICATION ARTISANALE

Pour fabriquer une bonne paire de raquettes, il fallait d'abord que l'artisan connaisse les secrets du bois pour choisir un type d'arbre qui soit non seulement résistant, mais dont les fibres soient suffisamment souples pour permettre le pliage. Il fallait en deuxième lieu qu'il choisisse une peau, qu'il la gratte, la coupe en fines lanières, puis qu'il tresse le fût de telle sorte que le treillis soit assez serré et résistant pour supporter le poids d'une personne sur des neiges épaisses, molles, trempées ou croûtées.

Ne nous y trompons pas: fabriquer de telles raquettes supposait une parfaite maîtrise d'une technologie beaucoup plus élaborée qu'on pourrait l'imaginer à première vue. Ainsi, c'était tout un travail que de faire en sorte que les deux raquettes soient parfaitement identiques dans leur forme et dans leur poids pour ne pas fatiguer ou déséquilibrer le marcheur.

Une raquette mal arquée, aussi peu que ce soit, a tendance à pointer vers l'intérieur ou l'extérieur à chaque pas du marcheur. Une raquette trop lourde fatigue le marcheur et deux raquettes de poids différents le font boiter.

L'artisan a créé une queue à la raquette. Ce n'est là ni une fantaisie ni un élément décoratif. Cette queue qui traîne dans la neige s'enfonce de telle sorte que c'est elle qui donne la direction que suit le marcheur.

Il fallait aussi tenir compte du poids de la personne qui allait utiliser les raquettes, car les raquettes sont plus ou moins grandes selon qu'elles sont destinées à un homme, une femme ou un enfant.

La géographie du pays influençait également le type de raquettes: il y a des raquettes pour la montagne, la forêt épaisse, les surfaces de lacs gelés, etc.

Ces diverses caractéristiques ont amené les tribus indiennes à perfectionner, au cours des siècles, des types particuliers de raquettes qui correspondaient à leurs activités et au pays qu'ils habitaient. On a donc classé les raquettes à partir des tribus qui les fabriquaient et des endroits où on les trouvait.

a) Classification

- *Raquette presque circulaire de type montagnais* - On l'utilise en terrain accidenté et boisé. Elle convient pour marcher sur une neige épaisse et poudreuse, sous le couvert de la forêt. Cette raquette forte peut supporter de lourdes charges.
- *Raquette ovale de type huron* - Avec son avant relevé et une queue à l'arrière, cette raquette est idéale pour marcher en terrain ouvert, pour circuler en forêt ou sur les lacs gelés.
- *Raquette étroite et longue de type Cris ou Ojibwé* - Celle-ci est utilisée pour des déplacements rapides sur les lacs gelés.

b) Critères d'authenticité et de qualité

Une personne avertie reconnaît une raquette artisanale ou traditionnelle à son apparence générale.

— Le fût est en bois blanc non verni.

— Le découpage et le pliage sont faits à la main et laissent leurs marques dans le bois.

— La babiche est fine comme un fil et le nattage est serré.

— Le fût est parfois décoré de pompons ou de brins de laines multicolores. Ces décorations sont fixées à l'orteil de la raquette.

— Pour protéger le fût de la raquette, il arrive parfois que l'artisan enroule une toile autour de la section du pied puis effectue ensuite son nattage. Ceci a pour but de protéger le pied de la raquette de la glace, de la neige et de l'eau.

Toutes les raquettes de fabrication artisanale sont recherchées par les collectionneurs, car ce sont des pièces rares et de grande qualité. Chaque paire de raquettes traditionnelles est une pièce d'artisanat exclusive.

Les artisanes fixent parfois des pompons ou des brins de laines de couleurs vives à l'orteil et à la queue de la raquette. Ces laines sont habituellement rouges, vertes et bleues.

Au moment du tressage de l'orteil de la raquette, certaines artisanes suivent un patron qui leur permet de faire ressortir dans le treillis des dessins géométriques ou des formes d'animaux qui sont ensuite peints en rouge. Ces motifs étaient d'une grande importance pour le chasseur indien car il devait, dit-on, les mériter par ses exploits personnels.

- Il arrive parfois que "l'appareillage" de la raquette artisanale soit en "corde à filet" ou "ligne à saumon" et non en babiche. Plusieurs artisans montagnais de la côte nord utilisent cette corde depuis qu'ils la connaissent. Ceci n'enlève rien à la résistance de la raquette, mais altère quelque peu son authenticité et sa valeur comme pièce d'artisanat.
- En règle générale, la raquette artisanale est sans clou. Il arrive cependant que les deux parties de bois formant la queue soient rivées pour plus de solidité.
- Les oeillets ou "yeux" de chaque côté de la porte de la raquette artisanale sont souvent trop étroits pour permettre l'utilisation d'un harnais industriel. Dans ce cas, on utilisera un harnais traditionnel en lanières de cuir souple ou, à défaut, de la mèche de lampe à l'huile. On peut se procurer ce type de mèche dans toutes les quincailleries.

c) Entretien et rénovation

Toute raquette traditionnelle peut évidemment servir d'élément décoratif mais, avec quelques précautions, peut être également utilisée pour la marche sur la neige.

Dans ce cas, il est important de donner à la raquette (fût et babiche) au moins trois couches de vernis marin de couleur neutre chaque année. Ceci a pour effet de l'imperméabiliser. Cette protection devrait être donnée au début de chaque hiver.

Un bon artisan peut toujours remplacer une babiche brisée. Le nattage d'une raquette peut même être refait au complet le cas échéant. Mais un fût fendu ou cassé ne se répare pas. La raquette abîmée devra être remplacée par une autre. Assurez-vous évidemment que la raquette que vous achèterez pour la remplacer soit parfaitement identique par sa forme et son poids à celle qui vous reste.

RAQUETTES DE FABRICATION INDUSTRIELLE

Les Indiens du Québec, plus particulièrement ceux du village des Hurons, près de la ville de Québec, ont joué un rôle important dans la modernisation de l'industrie de la raquette. Ils ont su - c'est une expérience à peu près unique — adapter la raquette aux temps modernes sans trop altérer son caractère traditionnel et profiter des facilités permises par la technologie industrielle, tout en gardant à leurs produits une originalité et une authenticité remarquables.

La raquette fabriquée industriellement s'apparente beaucoup par sa forme à la raquette traditionnelle. Le fût est toujours en bois (frêne). Le nattage, au lieu d'être fait d'une babiche de caribou ou d'orignal, est fait en peau de vache.

Le fût est usiné et sablé. Il est toujours fendu suivant les fibres de la bille de bois. Le nattage est toujours fait à la main, selon la technique artisanale traditionnelle.

La raquette est vernie, ce qui lui assure une meilleure protection contre l'eau et l'humidité. On a aussi créé de nouveaux types de raquettes pour répondre à de nouveaux besoins: les raquettes dites *ski-doo* et *heavy-duty*. Les harnais aussi ont beaucoup changé. On les fait maintenant en cuir tanné industriellement, épais, à l'épreuve de l'eau, avec des systèmes de fermeture métalliques.

Les Indiens du village des Hurons ont aussi adopté certains accessoires traditionnels aux besoins et aux goûts des sportifs de maintenant. C'est ainsi que le mocassin à raquette est devenu une botte imperméable, souple et confortable. Les artisans ont également créé toute une gamme de mocassins et de bottes de fourrures diverses qu'on porte pour "l'après-raquettes".

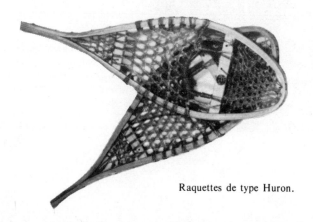

Raquettes de type Huron.

Le fût de la raquette commerciale est usiné puis assemblé sur un gabarit ou moule. Il séchera ainsi jusqu'à ce qu'il conserve sa forme. (Photo A.R.I.Q.)

Pliage du bout de l'orteil, point faible de la raquette lorsque le bois n'est pas de qualité. (Photo A.R.I.Q.)

Aujourd'hui, la peau de vache a remplacé la peau d'orignal ou de caribou dans le nattage du treillis de la raquette commerciale. Ce ne sont plus les femmes qui nattent, mais les hommes et le travail se fait surtout en usine. (Photo A.R.I.Q.)

L'artisan commence par natter
l'orteil de la raquette. (Photo
A.R.I.Q.)

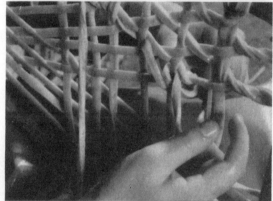

Le pied de la raquette est natté
d'une babiche plus large et plus
résistante, car il aura à supporter le
poids du raquetteur. (Photo
A.R.I.Q.)

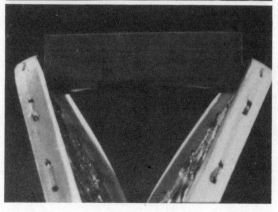

Pour conserver des raquettes à or-
teils courbés en bon état, il est
recommandé de les attacher l'une à
l'autre et d'écarter les extrémités à
l'aide d'une entretoise. Ceci n'est
cependant valable que pour l'en-
treposage d'été. (Photo A.R.I.Q.)

Une fois le nattage terminé, l'artisan gratte la raquette au couteau pour la débarrasser de toute aspérité. Ce grattage est essentiel pour obtenir une raquette bien finie. (Photo A.R.I.Q.)

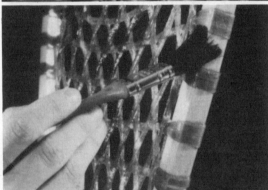

Une bonne couche de vernis à la fin de chaque saison protégera les raquettes d'une année à l'autre. (Photo A.R.I.Q.)

Raquette montagnaise de forme ovale réservée à l'usage des poids lourds. (Photo A.R.I.Q.)

a) Classification

On trouve au Québec huit types principaux de raquettes de fabrication industrielle, connus sous les appellations:

— Huron
— Alaska
— Ojibwé
— Montagnais
— Morue
— Patte d'ours
— Ski-doo
— Queue de castor

Huron

Cette raquette a la forme d'une goutte d'eau. Elle est utilisée pour voyager sur les pistes ou dans les bois dégagés. Elle convient parfaitement pour la marche en famille.

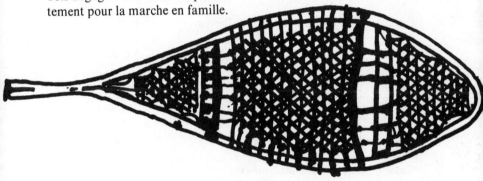

Grandeur de la raquette en fonction du poids de la personne

Pouces	Centimètres	Livres	Kilos
9x29	23x74	40— 60	18— 27
10x33	26x84	60— 80	27— 36
11x36	28x91	80—100	36— 46
12x42	30x1,07 m	120—140	54— 63
14x42	36x1,07 m	140—160	63— 73
16x42	41x1,07 m	160—180	73— 82
14x48	36x1,22 m	180—200	82— 91
11x54	28x1,37 m	160—180	73— 82
12x60	30x1,52 m	180—225	82—102
14x42	36x1,07 m	90—135	40— 60
14x42*	36x1,07 m	140—170	60— 77
14x48*	36x1,22 m	170—200	77— 91
12x60*	80x1,5 m	180—225	82—102

* H.D. (Heavy-duty): raquette renforcée utilisée pour certains travaux d'hiver.

Alaska (trail ou pickerel)

La forme de cette raquette ressemble à celle d'un poisson. Elle
est longue et étroite; l'avant est
arrondi. Son nattage est fin. Elle
peut servir aussi bien pour hommes que pour femmes.
Cette raquette est bien adaptée
au terrain découvert et à la neige
épaisse et durcie.

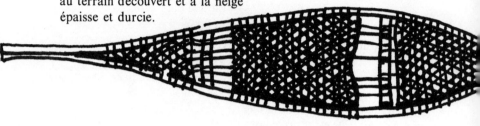

Grandeur de la raquette en fonction du poids de la personne

Pouces	Centimètres	Livres	Kilos
10x60	26x1,05 m	120—200	54—91

Ojibwé

Cette raquette a les mêmes
caractéristiques que la Pickerel.
Cependant, l'avant est pointu et
relevé et le nattage n'est pas aussi
fin. On l'appelle communément
"raquette-ski", car elle glisse sur
les surfaces dures, l'avant étant
relevé.

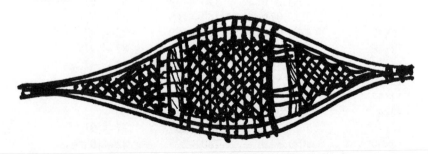

Grandeur de la raquette en fonction du poids de la personne

Pouces	Centimètres	Livres	Kilos
4x18	10x46		
11x47	28x1,1 m	120—140	54— 63
14x48	36x1,22m	170—225	77—100
11x54	28x1,37m	170—225	77—100
12x60	30x1,05m	180—225	82—102
14x48*	36x1,22m	170—225	77—100
12x60*	30x1,05m	170—225	77—100

Montagnais

Cette raquette ovale est utilisée dans les endroits boisés et dans la neige épaisse.

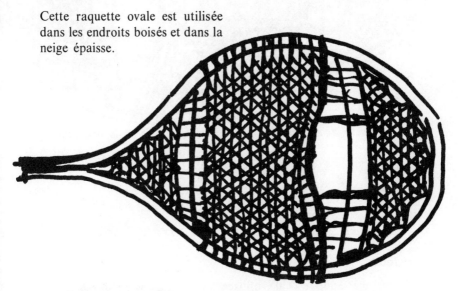

Grandeur de la raquette en fonction du poids de la personne

Pouces	Centimètres	Livres	Kilos
16x33	41x84	140—170	63— 77
18x33	46x84	170—200	77— 91
20x33	51x84	220—240	100—110
16x33*	41x84	140—170	63— 77
18x33*	46x84	170—200	77— 91
20x33*	51x84		

H.D. * (Heavy-duty): Raquette renforcée utilisée pour certains travaux d'hiver.

Patte d'ours

Cette raquette de forme ovale ressemble au pas d'un ours. Elle est efficace dans les bois épais ou dans des situations où il est nécessaire de tourner souvent. Elle est recommandée pour les trappeurs.

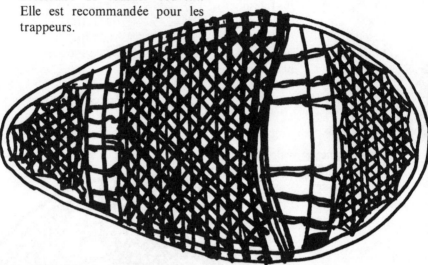

Grandeur de la raquette en fonction du poids de la personne

Pouces	Centimètres	Livres	Kilos
10x26	26x67	100—140	43—63
14x29	36x74	140—180	63—82

Morue

C'est une raquette ovale, utilisée par les trappeurs.

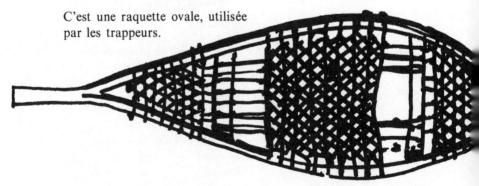

Grandeur de la raquette en fonction du poids de la personne

Pouces	Centimètres	Livres	Kilos
16x42	41x1,07 m	200—250	91—114

Ski-doo

Cette raquette est de forme ovale et allongée imitant le pas d'une loutre. C'est une raquette de secours utilisée lors des randonnées ou des excursions en motoneige.

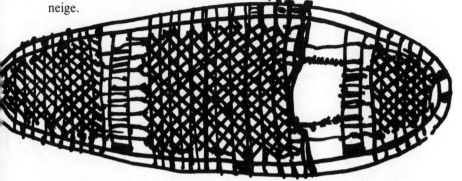

Grandeur de la raquette en fonction du poids de la personne

Pouces	Centimètres	Livres	Kilos
10x36	26x91	150—200	69—91
10x30	26x76	120—150	54—69

Queue de castor

Cette raquette de forme ovale ressemble à la queue du castor. Elle est efficace dans les bois épais ou dans les situations où il est nécessaire de tourner souvent. Elle est recommandée pour les trappeurs.

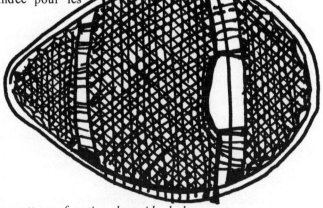

Grandeur de la raquette en fonction du poids de la personne

Pouces	Centimètres	Livres	Kilos
18x28	46x72	200	91

b) Critères d'authenticité et de qualité

Comment acheter une bonne paire de raquettes?

Il y a trois règles à suivre lors de l'achat d'une paire de raquettes. Il faut choisir des raquettes adaptées:
— à ce qu'on veut en faire (utilisation);
— au poids du marcheur;
— à l'endroit où on les utilisera (topographie).

1) Utilisation

Que vous soyez monteurs de ligne, trappeur, "motoneigiste" ou promeneur du dimanche, il y a un type de raquettes qui conviendra mieux que les autres à vos besoins.

Il existe une raquette de type *heavy-duty* dont le fût est très épais et la babiche très large. Cette raquette renforcée est utilisée par les employés des compagnies qui surveillent et entretiennent des lignes électriques à haute tension.

Une autre raquette, plus résistante, de type Morue, est utilisée par les trappeurs. Ces raquettes sont larges, leur queue est courte, ce qui permet au marcheur de bien manoeuvrer en forêt.

La raquette *ski-doo* est courte et ovale. Elle se range bien dans un petit compartiment ou dans un coffre d'auto. Ce n'est pas une raquette pour de longues marches et on l'utilise surtout comme matériel de secours en cas d'urgence.

Si vous voulez faire du sport, marcher en forêt, sortir en famille, la raquette de type Huron, dite également Sport est tout à fait indiquée. Cette raquette est la plus polyvalente de toutes. Elle peut servir dans de nombreuses circonstances.

Il y a même un type de raquettes qu'on a baptisé le *mud shoes* et qui est utilisé avec succès pour marcher dans les marais de Floride.

Vous choisirez donc le type de raquettes approprié à chaque circonstance. Tenez également compte du fait que plus la raquette est large, plus elle est apte à supporter de lourdes charges; que plus elle est étroite, plus elle est apte à vous permettre des déplacements rapides. Même si la comparaison manque de raffinement, disons qu'on peut comparer la raquette à un camion: plus il est gros, plus il peut contenir de charge; plus il est étroit, plus il circulera vite sur des voies encombrées.

2) Poids du marcheur

Certes, la raquette s'enfonce toujours de quelques pouces dans la neige, mais il est essentiel d'avoir un type de raquettes qui supporte le poids du marcheur sans trop s'enfoncer. Il est cependant inutile d'utiliser des raquettes pouvant supporter un poids largement supérieur à celui du marcheur, puisqu'il faut alors fournir un effort supplémentaire inutile. Ces raquettes alourdissent et retardent la marche. Vous chercherez le type de raquettes qui correspond le mieux à votre poids.

3) Topographie

En dernier lieu, tenez compte de la topographie de la région où vous marcherez avec vos raquettes. En règle générale, la raquette large est une raquette de montagne; la raquette de type Huron est adaptée à la marche dans les sentiers et les forêts; la raquette étroite et longue est surtout utile dans les plaines et sur les lacs gelés.

Comment reconnaître une bonne raquette fabriquée industriellement?

Il y a sur le marché des raquettes de toutes qualités et de tous prix. Vous aurez cependant intérêt à choisir une raquette de première qualité. Si elle est bien entretenue, elle vous servira durant de nombreuses années. Avant d'acheter, suivez donc ces quelques conseils qui vous aideront à déterminer la qualité de la raquette en fonction de ses principales composantes.

Fût

C'est là l'armature de la raquette et il est généralement en bois de frêne. Accordez-lui une attention particulière: évitez d'acheter du bois fissuré ou mal sablé. Vérifiez surtout l'orteil de la raquette, l'endroit où le bois a été plié. C'est là le point faible de toute raquette, car c'est à cet endroit que le bois a été forcé. Il est même recommandé, avant d'acheter une paire de raquettes, de tester la résistance de l'armature en appuyant les deux pouces dans la courbe du fût et en exerçant une pression des deux mains, comme si on voulait briser une branche. Le fût doit résister à ce test. Il doit être ferme, bien sablé, équilibré et bien rivé à la queue.

Babiche

C'est là, on s'en souvient, le matériau (en fait de la peau de vache) que l'artisan utilise pour natter le treillis. Sachez qu'il existe deux types de babiche: le *grain* et le *cuir refendu*. Le prix de la raquette peut varier selon le type de babiche employé.

Le *grain* est la partie extérieure de la peau côté fourrure. C'est la partie la plus résistante et de meilleure qualité. Elle est difficile à reconnaître, mais pour une personne habituée, le grain laisse voir de petits bouts de poils encore ancrés dans la peau.

Le *cuir refendu* est la couche intérieure de la peau (côté chair), sa partie la plus grasse. Il s'agit d'une qualité inférieure de babiche. Il n'y a pas de poils visibles sur ce type de peau.

La raquette tressée au *grain* sera plus coûteuse que celle tressée avec le *cuir refendu*. La différence de qualité vaut cependant les quelques dollars de différence de coût, puisque le *grain* est plus résistant que le *cuir refendu*. D'ailleurs, les producteurs laissent de plus en plus le *cuir refendu* de côté et utilisent aujourd'hui davantage le *grain*.

1) Piquage

On définit par ce terme le nombre de tours que la babiche fait autour du fût. Plus il y a de tours, plus la raquette est solide et de qualité.

2) "Appareillage"

Dans le vocabulaire de la raquette souvent composé, origine oblige, de canadianismes, on désigne par le terme "appareillage" les attaches des treillis au fût. Il y a deux types d'appareillage. D'abord, la babiche peut encercler les côtés du fût. Ou bien, le treillis peut être relié au fût par un fil qui se rattache au fût, y pénétrant à intervalles réguliers.

La première méthode dite d'encerclement présente des désavantages, car la babiche est alors en contact direct avec la surface sur laquelle on marche. Elle frotte entre le fût et la neige et peut ainsi s'user plus rapidement. Dans le deuxième cas, il faut surveiller le fil utilisé pour l'appareillage. Ce dernier doit être de la babiche de première qualité. Certains producteurs ont remplacé la babiche par le fil de nylon. Ceci altère l'authenticité de la raquette et plusieurs personnes affirment de plus que le nylon a tendance à s'étirer et même à se briser sous l'action du froid.

3) Treillis ou nattage

Plus la babiche est fine et plus le nattage est serré, plus la raquette est de qualité. Ceci se reconnaît à la dimension des trous dans le treillis.

Le treillis serré porte mieux sur la neige, il écrase les branches et les chicots. Si le nattage est ample, les branches y pénètrent facilement et peuvent ainsi couper ou briser la babiche.

4) Vernissage

Cette opération a pour but de protéger le bois et la babiche contre l'action de l'eau. La qualité du travail varie beaucoup, regardez les raquettes de près! Il arrive que le vernis coule sur les fûts ou forme des plaques sur la babiche, à la suite d'un séchage trop rapide ou de l'utilisation d'un vernis de moindre qualité. Ce manque de finition altère la qualité et l'apparence du produit.

5) Traverses

Une raquette comporte généralement deux traverses de bois: celle de l'avant, qui ferme une partie de la *porte,* et celle de la queue. Il y a deux types de traverses avant ou *barres*: la droite et la courbe. La courbe (ou "croche") est, comme son nom l'indique, légèrement courbée vers l'avant et donne plus de stabilité au marcheur, dont le poids porte sur cette partie de la raquette. La raquette à barre courbée est donc plus solide que la raquette à barre droite qui, parfois, se brisera sous la pression d'un grand poids.

6) Maître-brin

Cet autre canadianisme désigne la pièce formée de plusieurs brins de babiche qui passe sous l'avant du pied du marcheur et relie les deux côtés de la raquette. Il doit être très résistant.

7) Porte

L'ouverture au centre de la raquette (la porte) doit être suffisamment grande pour que la pointe du pied du marcheur y bascule à chaque pas.

8) Oeillets

Ce sont les ouvertures à la base de la porte par lesquelles le harnais est fixé à la raquette. Ils doivent être résistants.

9) Les deux font la paire...

Les raquettes ne sont pas produites deux par deux à l'usine, mais à la chaîne. Elles sont ensuite empilées en vrac. Le producteur les assemble par paires avant la vente.

Assurez-vous donc que les deux raquettes que vous vous proposez d'acheter sont identiques en tous points: même poids, même largeur, même longueur, même grosseur de fûts, même type de nattage, traverses à égale distance, mêmes ouvertures des portes, etc.

Deux raquettes dépareillées font boiter le marcheur et le fatiguent rapidement.

10) Equilibrage

Les deux raquettes doivent être équilibrées par rapport au maître-brin. La queue de la raquette doit nécessairement être plus lourde que l'orteil, car, nous l'avons dit, la queue donne la direction de la marche en traînant dans la neige. Si le devant de la raquette est trop lourd, celle-ci aura tendance à accumuler de la neige à l'orteil et à piquer vers le devant, amenant le marcheur à fournir des efforts inutiles et même à trébucher dans les descentes.

Vérifiez l'équilibrage d'une raquette en la tenant dans les airs par l'extrémité de son harnais qui sert alors de pivot. La queue tombera vers le bas si la raquette est bien équilibrée.

Vérifiez également l'équilibrage de vos raquettes en surveillant les traces qu'elles laissent dans la neige lorsque vous marchez. L'orteil et la queue doivent s'enfoncer également.

11) Poids

On estime généralement qu'un poids d'une livre au pied correspond en mesure de fatigue à un poids de cinq livres au dos, lors de la marche.

La paire de raquettes la plus légère pèse 2,5 livres canadiennes (1 125 grammes) sans le harnais. Ce poids correspond donc à 12 livres (environ 5,5 kg) sur le dos du marcheur.

Les raquettes les plus lourdes équipées de gros hanais pèsent près de dix livres (4,5 kg) et provoquent donc une fatigue équivalente à celle que provoquerait un poids de 50 livres (22,5 kg) sur le dos du marcheur.

Ajoutez à cela l'accumulation de neige et de glace qui alourdissent les raquettes. Marcher avec des raquettes est donc toute une entreprise et il est recommandé de choisir des raquettes légères.

12) Taille

Il est bien évident qu'une raquette large porte mieux sur la neige qu'une raquette étroite. Cependant, il a été constaté qu'une raquette ayant plus de douze pouces de large (30 cm) fatigue le marcheur. La raquette de 10 pouces (25 cm) est recommandée au débutant et au sportif.

Il ne faudrait pas s'imaginer qu'une petite raquette s'enfoncera deux fois plus qu'une grande dans la neige. Des expériences ont montré qu'une raquette de 10 x 56 pouces (24 x 142 cm) s'enfoncera de six pouces (15 cm), alors qu'une raquette de 9 x 30 pouces (22,8 x 76 cm) "calera" seulement d'un pouce ou deux (3 à 5 cm) de plus pour une même charge.

Les apports étrangers

Depuis déjà une dizaine d'années, certains manufacturiers ont tenté de mettre sur le marché des imitations de raquettes indiennes faites à partir de matériaux modernes.

Malgré ces tentatives répétées, la raquette au fût de bois et au nattage de babiche reste la préférée des amateurs de marche en raquettes et la nôtre.

Les fûts de ces inventions modernes peuvent être faits d'aluminium ou de plastique. Ces matériaux ont certes l'avantage d'être légers. Mais ils s'alourdissent rapidement pendant la marche, car la neige et la glace collent au métal ou au plastique. De plus, ces matières premières sont assez coûteuses et les producteurs ont fréquemment des problèmes d'approvisionnement.

Ces raquettes peuvent être nattées de fils de nylon, de néoprène ou de fils métalliques. Ces fils sont des plus résistants, mais n'ont pas la souplesse de la babiche qui se plie sous le poids du marcheur. Un fil rigide fatigue l'amateur.

Ces raquettes n'ont évidemment pas l'apparence attrayante de la raquette d'origine indienne. La facture est tout à fait industrielle sans rien d'artisanal. On est loin du folklore ou d'une pièce d'art, mais plutôt face à un outil moderne sans grande chaleur ni attrait.

Notez enfin que les raquettes dites indiennes ne sont pas toutes fabriquées par des Indiens. Depuis déjà plusieurs années, des producteurs non indiens se sont installés à proximité de certaines réserves et produisent une quantité considérable de raquettes sous étiquette indienne.

c) Entretien et rénovation

Une paire de raquettes ne demande pratiquement pas d'entretien. Il faut cependant, pour les conserver en bon état, prendre certaines précautions élémentaires.

• L'hiver, les raquettes peuvent être laissées à l'extérieur sans aucune crainte de détérioration, même au soleil et au grand vent. Mais, à l'intérieur, vous les conserverez dans un endroit sec et loin des sources de chaleur. La chaleur assèche la babiche qui devient alors cassante. Le fût peut aussi avoir tendance à "travailler".

• Pour le remisage de l'été, attachez solidement les deux raquettes ensemble aux deux extrémités et suspendez-les au sous-sol. Dans le cas des raquettes à bouts relevés, attachez les deux pointes vers l'extérieur et placez une entretoise entre les extrémités relevées.

- Les raquettes doivent toujours être gardées à l'abri des rongeurs qui s'attaquent au treillis qui, comme on le sait, est à base de matière organique.
- Il est bon de temps en temps de protéger les raquettes en appliquant une couche de fart de bonne qualité.
- On peut facilement faire réparer ou même faire refaire au complet le treillis d'une raquette en s'adressant aux manufacturiers ou à un artisan.
- Un fût brisé doit être remplacé.

LES ACCESSOIRES

---

a) Harnais

L'accessoire principal de la raquette est le harnais qu'on appelle parfois attelage ou attache. Il est important d'avoir le harnais approprié et surtout de le bien fixer à la raquette.

Le harnais n'a pas comme seule fonction de retenir la raquette au pied. Il est fait de telle sorte qu'il protège aussi le maître-brin et le treillis.

Il y a trois types de harnais que les producteurs nomment: l'*ordinaire*, le *blucher*, le *heavy*.

1) L'ordinaire

Il s'agit d'un petit harnais composé de lanières simples qu'on utilise pour les raquettes d'enfants.

2) Le "blucher"

Appelé aussi "l'enveloppant", ce harnais est le plus couramment utilisé. Il est composé de lanières et d'une pièce de cuir qui passent sous le pied et qui s'attachent sur le dessus. La pièce de cuir protège le maître-brin. Les lanières passent dans les oeillets, de telle sorte que le harnais joue le rôle d'une charnière quand le bout du pied entre et sort de la *porte* lors de la marche.

3) Le "heavy"

C'est un *blucher* renforcé, utilisé seulement avec la raquette *heavy-duty*.

b) Mocassin à raquette

Les Indiens portaient autrefois une chaussure d'hiver molle, légère et souple, spécialement adaptée à la marche en raquettes.

Ainsi chaussé, le marcheur peut avancer en raquettes durant de nombreuses heures sans traîner de poids aux pieds, la neige ne collant pas au cuir souple.

Cette chaussure de marche n'a pas de talon, car le pied doit se poser à plat sur le treillis et le bout du pied doit, à chaque pas, entrer dans la porte de la raquette.

Le soulier à talon aurait tôt fait de pocher la babiche et même de la crever à la longue, à l'endroit où s'établit le contact entre le pied et la raquette. Le pied plat répartit le poids du corps sur une plus grande surface.

Caractéristiques

• Le mocassin à raquette est un genre de botte de cuir légère et souple qui monte jusqu'à mi-jambe.

Cette chaussure enveloppe la jambe pour la protéger de la neige et du froid. Elle s'attache à l'aide de deux lacets qui serrent la cheville et qui s'enroulent autour de la jambe. Le pied, la jambe et la raquette sont ainsi solidement réunis. Ce mocassin n'a pas de doublure et se porte avec une bonne paire de bas.

• Le cuir d'orignal se prête bien à la confection de ce genre de chaussure, car il est tout à la fois épais, résistant et souple.

Vous pouvez doubler la semelle en ajoutant une fausse semelle en feutre à l'intérieur du mocassin. Choisissez cependant une semelle mince pour ne pas affecter la souplesse du mocassin.

Vous pourrez également vous servir de ces mocassins comme chaussures de marche l'hiver dans la neige.

Critères d'authenticité et de qualité

Avant d'acheter des mocassins à raquettes:

- essayez les chaussures. Vous devez y être à l'aise en portant sous elles une paire de bas de laine;
- vérifiez que le cuir est épais et souple;
- voyez enfin à ce que les décorations brodées ou perlées sur le mocassin soient réduites au strict minimum, car cette chaussure "travaille" beaucoup. La broderie de fil de coton est de beaucoup préférable aux décorations perlées, car les perles sont fragiles. Aucun motif décoratif ne doit se trouver à l'extrémité de l'empeigne où traverse la sangle du harnais de la raquette, ni autour du pied, ni à l'arrière du talon où passe la grande courroie du harnais.

Entretien et rénovation

- Evitez de mouiller en profondeur les mocassins mous, car ils ne sont pas imperméables. Il sont faits pour les grands froids et pour la neige sèche.
- Gardez-les, hiver comme été, dans un endroit sec, loin des sources de chaleur.
- Evitez de marcher ainsi chaussé dans les rues où l'on épand du calcium, car ce dernier brûle le cuir et s'attaque directement à la semelle.

Pour plus de confort, le bout du pied est fixé solidement à la raquette par le harnais. Lors de la marche, le pied bascule dans la porte et le harnais sert de charnière. Le harnais est fixé au maître brin par deux oeillets: il protège la babiche du treillis. La courroie passe à l'arrière du pied. La chaussure ne doit pas avoir de talon et la semelle doit être souple. (Photo A.R.I.Q.)

Raquette traditionnelle cri appelée aussi
Ojibwé. Le nattage est en babiche de
caribou et le fût est décoré de pompons.
Le bout relevé de la raquette facilite la
marche. (Photo A.R.I.Q.)

Lectures suggérées

LIVRES

ABLER, S. W. *A Canadian Indian Bibliography 1960-1970,* University of Toronto Press, 1974.

AMERICAN HERITAGE, *Book of Indians.* The Magazine of History. Alvin M. Josephy, jr. - Narrative by William Brandon. Editors American Heritage publishing Co., Book Trade Distribution by Simon and Shuster Inc., 1961.

AMON, Aline, *Talking Hands: Indian Sign Language,* Doubleday, 1968.

AMSDEN, Charles, *The Loom and its Prototypes,* American Anthropologist, XXXIV, 216-235, 1932.

ANDRIST, Ralph K., *The Long Death.* The Last Days of the Plains Indians. Collier Books, New York - Collier - MacMillan Ltd., London, 1969.

ASSINIWI, Bernard, *Les Iroquois,* Leméac, Montréal, 1973.

ASSINIWI, Bernard, *Lexique des noms indiens en Amérique,* vol. 1, *Noms géographiques;* vol. 2, *Noms des principales p rsonnalités indiennes concernées par l'Histoire,* Leméac, Montréal, 1973.

BALSWIN, Gordon, *America's Buried Past: The Story of North American Archeology,* Putnam, 1962.

BARBEAU, Marius, *Iroquoian Clans and Phratries,* American Anthropologist, n.s., vol. 19, pp. 392-405, Lancaster, 1917.

BARBEAU, Marius, *L'art des peaux-rouges du Canada,* in Vie des Arts, vol. VI, no 26, p. 22.

BARRIAULT, Yvette, s.c.q. *Mythes et rites chez les Montagnais,* La Société Historique de la Côte Nord, Sept-Iles, 1971.

BASILE, Marie Jeanne & McNULTY, Gérard E., *Atanukana, légendes montagnaises,* Collection Nordicana, Université Laval, Québec, no 31, 1971.

BJORKLUND, Karna L., *The Indians of Northeastern America,* Dodd, Mead, 1969.

BOAS, Franz, *The Central Eskimo,* Un. of Nebraska Press, Lincoln City, 1964.

BUFF, Mary, *Magic Maize,* Houghton, 1953.

CANADA: DEPT. OF INDIAN AFFAIRS AND NORTHERN DEVELOPMENT, *Linguistic and Cultural Affiliations of Canadians Indians Bands,* Queen's Printer, 1970.

CARDINAL, Harold, *La tragédie des Indiens du Canada,* traduit par Raymond Gagné et Jacques Vallée, Editions du Jour, Montréal, 1970.

CARR, L., *Dress and Ornaments of Certain American Indians,* Proceedings of the American Antiquarian Sociaty, N.S., XI, 381-454, 1897.

CATLIN, George, *Letters and Notes on the Manners, Customs and Conditions of the North American Indians,* New York, 1841.

COEN, Rena Neumann, *The Red Man in Art,* Lerner Publication, 1972.

D'AMATO, Janet, *Indian Crafts,* Lyon, 1968.

DELORIA, Vine jr., *Peau-Rouge,* traduit de l'américain par Nathalie Savary et Anne-Marie Savarin. Paru en anglais sous le titre de *Custer Died for your Sins*. Edition spéciale, 1969.

DESROSIERS, Léo-Paul, *Iroquoisie,* Les études de l'Institut d'Histoire de l'Amérique française, tome 1 (1534-1646), Université Laval, 1947.

DEWDNEY, S. et KIDD, K.E., *Indian Rock Paintings of the Great Lakes,* University of Toronto Press, Toronto, 2e édition, 1967.

DICKASON, Olive Patricia, *Arts indiens du Canada,* Ministère des Affaires indiennes et du Nord, Ottawa. Publication no QS-1167-000-EE-A-1.

DOCKSTADER, Frederic J., *Indian Art in America; The Arts and Crafts of the North American Indian,* Greenwich, Conn., New York Graphic Society, 1961.

DOUGLAS, Frederic H., Feuillets — Department of Indian Art, Denver Art Museum, Denver, Colorado, 1930-1940
— no 62 — *Design Areas in Indian Art*
— no 67 — *Basketry Construction Technics*
— no 87 — *Indian Basketry East of the Rockies*
— no 103 — *Porcupine Quillwork*

DOUVILLE, Raymond et CASANOVA, J.-D., *La vie quotidienne des Indiens du Canada à l'époque de la colonisation française,* Paris, Hachette, 1967.

DRUM, Judith, *Iroquois Culture,* Albany State Museum and Science Service - Educational Leaflet no. 5, June 1962.

FLETCHER, Alice C., *Indian Education and Civilization - 1888,* p. 565 - Beadwork and basketry of the St. Regis Indians.

GRANT, Bruce, *American Indians* - Yesterday and Today, Dutton, 1958.

GRANT, C., *Rock Art of the American Indian,* Crowell, New York, 1967.

GLUBOK, Shirley, *The Art of the North American Indian,* Harper, 1964.

GUY, Camil, *L'art décoratif des Indiens de l'Est,* Culture Vivante (14) pp. 9-18, Québec.

HARRINGTON, Mark Raymond, *Iroquois Silverwork,* The Trustees, New York, 1908.

HOFSINDE, Robert,

— *Indian Beadwork,* GeorgeMcLeod Ltd., 1967.
— *Indian Costumes,* Morrow, 1968.
— *Indian Games and Crafts,* Morrow, 1957.
— *Indian Sign Language,* Morrow,1956.

HUNT, Walter Bernard, *The Golden Book of Indian Crafts and Lore,* Golden Press, New York, 1954, 1966.

HUNT, Walter Bernard, *Golden Book of Indian Crafts,* Golden Press, New York, 1956.

HUNT, Walter Bernard, *Indiancraft,* Bruce, 1942.

HUNT, Walter Bernard, *Indiancraft,* Collier Books, New York, 1974.

HUNT, Walter Bernard and J.F. "Buck" Burs Hears, *American Indian Beadwork,* Collier Books, New York, 1975.

HUNTER, Walter Bernard, *American Indian Beadwork,* Milwakee, Wisconsin, 1951.

INNIS, Harold Adams, *The Fur Trade in Canada,* Rev. ed, Toronto, 1962.

JENNESS, Diamond, *Indians of Canada,* Bulletin du Musée national du Canada, 5ième édition, Ottawa, 1960.

JENNINGS, Jesse D., *Prehistory of North America,* New York, 1968.

JOLICOEUR, Roger, *La raquette,* Santé et joie de vivre, Lidec Inc., Montréal, 1974.

KROEBER, Alfred L., *Cultural and Natural Areas of Native North America,* 1939. (University of California Publications in American Archaeology and Ethnology, vol. 38, Berkeley.)

LAFARGE, Olivier, *Les Indiens d'Amérique,* Ed. des deux Coqs d'Or, Paris, 1960.

LORTIE, Gérard, *La raquette,* Editions du Jour, Montréal, 1972.

LUCHMAN, D., *Aboriginal Paints and Dyes in Canada,* Proceedings and Transactions of the Royal Society of Canada, Ottawa, 1932, ser. 3.

MACNEISH, R.S., *Iroquois Pottery types: A Technique for the Study of Iroquois Prehistory,* Musée national du Canada, bulletin no 124, Ottawa, 1952.

MASON, B.S., *Book of Indian Crafts and Costumes,* Ronald, 1946.

MICHEA, Jean, *Vie et moeurs des Peaux-Rouges.* Connaissance des Amériques. Société continentale d'éditions modernes illustrées, Paris, 1968.

MICHEA, Jean, *Esquimaux et Indiens du Grand Nord.* Société continentale d'éditions modernes illustrées, Paris, 1967.

MILES, Charles, *Indian and Eskimo Artifacts of North America,* Bonanza Books, New York, 1963.

MINISTÈRE DES AFFAIRES INDIENNES ET DU NORD, *Trapping and Fur Preparation,* édité par Barri Worthington Porter et Eleanor A. Ellis.

MORGAN, Lewis Henry, *League of the Iroquois.* Classic account of an Indian Tribe. The American Experience Series, Corinth Books, N.Y., 3rd printing, 1969.

MUSEUM SERVICE, *The Indian Arts Project,* Museum of Arts and Sciences, Rochester, N.Y., vol. 9, No. 1, January 15, 1936, pp. 8-9.

NORBECK, Oscar E., *Indian Life Crafts,* Association Press, New York, 1966.

ORCHARD, William C., *Beads and Beadwork of the American Indians.* Contributions of the Museum of the American Indian, XI, 3-140, 1929.

ORCHARD, William C., *Indian Porcupine-Quill and Beadwork.* Introduction to American Indian Art. Part II, pp. 3-13. The Exposition of Indian Tribal Arts Inc., New York, 1931.

ORCHARD, William C., *The Technique of Porcupine Quill Decoration Among the Indians of North America.* Contributions Vol. IV, No. 1, Museum of the American Indian, Heye Foundation, New York City, N.Y. 1916. Out of print.

PARKER, Arthur C., *Seneca Woodcarving,* Museum Service, Museum of Arts and Sciences, Rochester, N.Y. Vol. 13, No. 5, May 1940, pp. 75-76.

PERROT, Nicolas, *Moeurs, coutumes et religion des sauvages de l'Amérique septentrionale,* Leipzig, Paris, 1864.

PERRY, C. Carleton, *Indian Arts and Crafts Project,* Museum Service, Museum of Arts and Sciences, Rochester, N.Y. Vol. 11, No. 8, Oct. 15, 1938. pp. 172-173.

PETRULLO, V.M., *Decorative Art on Birch Bark from the Algonquin River du Lièvre Band,* Indian Notes, Museum of the American Indian, Heye Foundation, New York, 1945.

PROVENCHER, Paul, *Guide du trappeur,* Editions de l'homme, Montréal, 1973.

PUYJALON, Henri de, *Guide du chasseur de pelleterie,* Leméac, 1975. Première édition chez Pierre J. Bédard, Montréal, 1893.

Recherches Amérindiennes au Québec, Société de Recherches amérindiennes au Québec, Québec.

Quelques bulletins d'information: vol. I no 1, janvier 1971; vol. I no 2, avril 1971; vol. I no 3, vol. I nos 4-5, La Baie James des Amérindiens; vol. II no 1, février 1972; vol. II no 2, avril 1972.

ROUSSEAU, J., *Chez les Indiens de la forêt et de la toundra québécoise,* E.U.Q., Montréal, 1951.

ROUSSEAU, J., *L'Art des Amérindiens du Québec,* Ed. Leméac, Montréal, 1969.

ROUSSEAU, J., *L'origine du motif de la double courbe dans l'art algonquin,* Anthropologica, Ottawa, 1956.

RUTTLE, Terence, *How to grade Furs,* Canada Department of Agriculture, publication 1362, 1968.

SALOMON, Julian H., *Book of Indian Crafts & Indian Lore,* Ed. Harper & Row, 1928.

SAVARD, Rémi, *Carcajou et le sens du monde,* Récits Montagnais Naskapi. Collection Civilisation du Québec, 1971. Série Cultures amérindiennes.

SCHNEIDER, Richard, *Crafts of the North American Indians,* Van Nostrand Reinhold Co., Toronto, 1972.

SÉGUIN, Robert-Lionel, *Acimac ou la raquette pour marcher sur la neige en Nouvelle-France,* in Vie des Arts, vol. X, no 41, p.24.

SÉGUIN, Robert-Lionel, *Les techniques agricoles en Nouvelle-France,* Cahiers des Dix 28: 255-288.

SIEBART, Erna et FORMAN, Werner, *L'art des Indiens d'Amérique*, Ed. Cercle d'Art, Paris, 1967 et 1969.

SETON, Julis M., *American Indian Arts: A Way of Life*, New York, Ronald Press.

SLOTKIN, J.S. et SCHMIDT, Karl, *Studies of Wampum*, American Anthropologist, LI, 223-36, 1949.

SPECK, Frank G., *Notes on the Material Culture of the Huron*, American Anthropologist, N.S. Vol. 13, 1911.

SPECK, Frank G., *Thème décoratif de la double courbe dans l'art des Algonquins du Nord-Est*, Canada, Ministère des Mines, Mémoire 42, no 1, Ottawa, 1915.

SPECK, Frank G., *Huron Moose Hair Embroidery*, American Sociological Society Proceedings N.S., XII, 82-100, 1917.

SPECK, Frank G., *The Functions of Wampum among the Eastern Algonkian*, American Anthropological Association Memoirs, VI, 3071, 1919.

SPECK, Frank G., *Birch-Bark in the Ancestry of Pottery Forms*, Anthropos, XXVI, 407-II, 1931.

SPECK, Frank G., *Montagnais Art in Birch-Bark, A Circumpolar Trip*, Indians Notes and Monographs, Museum of American Indian, Vol. XI, No. 2, Heye Foundation, 1937.

SPECK, Frank G., *Analysis of Eskimo and Indian Skin-dressing Methods in Labrador*, Ethnos II, pp. 345-353, 1937.

SQUAIR, J., *The Indian Tribes on the St. Laurence at the Time of the Arrival of the French*, Annual Archaeological Report, Minister of Education, Toronto, Ontario, 1923.

STEINER, Stan., *The New Indians*, A Delta Book, Dell Publishing Co., 1968.

THOMAS, W.J., *The Art of the Canadian Indians*, Annual Archaeological Report, Minister of Education, Toronto, Ontario, XXXIII, pp. 75-82, 1922.

TOOKER, Elizabeth, *An Ethnography of the Huron Indians 1615-1649*, Washington, U.S. Govt. Printing Office, 1964.

TRUDEL, Marcel, *La rencontre des cultures*, Revue d'Histoire de l'Amérique française no 18, pp. 477-516, 1965.

UNIVERSITÉ LAVAL, *Collection bibliographique no 4.*, Une décennie de recherches au Centre d'Etudes nordiques; un résumé des principaux travaux de 1961 à 1971, Québec, 1971.

VILLENEUVE, Pâquerette, *Chefs-d'oeuvre des arts indiens et esquimaux du Canada au Musée de l'Homme.* Une fabuleuse exposition. In Vie des Arts, no 55, été 1969, pp. 13-19.

WALKER ART CENTER AND THE MINNEAPOLIS INSTITUTE OF ARTS, *American Indian Art,* Form and tradition, Dutton, 1972.

WINGERT, P.S., *Primitive art, its Traditions and Styles,* Meridian Books, Cleveland, 1965.

WINGERT, P.S., *American Indian Sculpture,* a study of the North-West Coast, Augustin, New York, 1949.

WISSLER, Clark, *The American Indians,* Peter Smith, 3rd ed., New York, 1950.

PÉRIODIQUES

Artscrafts
publié par *The National Indian Arts and Crafts Advisory Corporation,* 145, rue Spruce, Ottawa, Ontario.
Journal de format tabloïde à tirage limité distribué en premier lieu aux Indiens et à tous ceux qui oeuvrent dans le domaine. Il traite de l'art et de l'artisanat des Indiens: techniques artisanales - pièces uniques - artisans et artisanes à l'oeuvre, etc. Publication unilingue anglaise.

Canadian Trapper
revue officielle de *The Ontario Trappers Association,* P.O. Box 705, North Bay, Ontario.

Indian News (nouvelles indiennes)
journal de format tabloïde publié par le ministère des Affaires indiennes et du Nord et distribué gratuitement aux Indiens et à toute personne intéressée. Informations générales sur les Indiens du Canada, traitant de développement économique, de faits divers, de publications récentes, d'art et d'artisanat. Publication unilingue anglaise disponible au ministère des

Affaires indiennes et du Nord, 400 avenue Laurier ouest, local 351, Ottawa, Ontario.

Recherches amérindiennes au Québec
recherches publiées par la Société de recherches amérindiennes au Québec, organisme indépendant à but non lucratif, C.P. 123, Succursale G, Montréal.

North/nord
publication bimestrielle du ministère des Affaires indiennes et du Nord, se voulant un journal d'information et d'opinion. Les demandes d'abonnement ou de renseignements doivent être adressées au ministère à Ottawa.

Tawow
revue publiée par la section du développement culturel du ministère des Affaires indiennes et du Nord, 400 avenue Laurier ouest, Ottawa, Ontario. Publication de grande qualité traitant à fond de tous les aspects de la culture du peuple indien: littérature — poésie — théâtre — peinture — musique — contes — légendes — art — artisanat, etc.

The Beaver
Magazine of the North, publié 4 fois l'an par *The Hudson's Bay Company.*

DÉPLIANTS COULEURS

Série de cinq (5) dépliants couleurs (36" x 49") concernant les Naskapis, les Assiniboines, les Cris des forêts, les instruments de musique et les décorations en piquants de porc-épic avec notes explicatives en français et en anglais. Préparés par le Royal Ontario Museum. Textes de E.S. Rogers, conservateur du département d'ethnologie. Produits en collaboration avec le ministère fédéral des Affaires indiennes et du Nord canadien.

A voir

Les plus belles présentations sur les civilisations indienne et esquimaude du Québec nous sont offertes ici même au Musée McCord de Montréal et au Musée de l'Homme à Ottawa dont nous recommandons la visite... avec les enfants. Vous y verrez des montages scientifiques et des reconstructions de première qualité et d'une grande beauté. Le Musée Royal de l'Ontario, à Toronto, renferme également de riches collections; le service d'anthropologie et d'ethnographie du ministère des Affaires culturelles du Québec possède également une riche collection dont nous vous avons présenté un mince aperçu, mais qui n'est pas encore accessible au public.

De plus, de nombreux musées régionaux montrent aux visiteurs des pièces d'art et d'artisanat amérindien. Habituellement, ces pièces proviennent de la région même et elles sont rattachées à l'histoire locale. Ces pièces sont intéressantes à voir, mais elles offrent cependant moins d'intérêt pour le chercheur, car ce type de musée n'a généralement pas beaucoup d'information à donner sur le sujet.

Il faut souligner aussi l'immense contribution américaine à la recherche et à la diffusion des civilisations amérindiennes. Les musées américains sont en général fort bien documentés, les deux plus reconnus étant le Museum of the America Indians de New York et le Smithsonian de Washington.

COLLECTIONS

Collections du Musée national de l'Homme
(concernant les Indiens du Québec en particulier)

Naskapis	collection Richard White collection Podolinsky (500 objets)
Montagnais	collection F.W. Waugh collection Rousseau
Malécites	collection Meckling collection Tom McFeat
Hurons	collection Marius Barbeau
Iroquois	collection Marius Barbeau collection F.W. Waugh collection Dr D. Gordon
Abénakis	collection Spech collection Gordon Day
Algonquins	collection Speck
Têtes-de-Boules	collection Camil Guy

Collection Speyer:

• Collection itinérante d'objets indiens récemment acquis, en 1969, par le Musée de l'Homme à Ottawa et représentant deux grandes phases de la culture indigène des années 1750 à 1850.
• Collection de 191 pièces d'une grande richesse regroupées par une riche famille allemande.
• Excellent catalogue intitulé *Bo'jou, Neejee!* (Bonjour ami!), regards sur l'art indien du Canada.

Collection du Musée de l'Homme à Paris
Très belle collection non accessible au public. Pièces ramenées en France par les officiers français au XVIIIe siècle.

MUSÉES ET INSTITUTIONS

Musées québécois

1) **Musées de Montréal avec collections:**

— Château de Ramezay
290, rue Notre-Dame est
Montréal, Québec
H2Y 1C5
Tél.: (514) 861-3708

Très belle collection de bers indiens - perlage et objets.
La collection sera présentée selon une nouvelle formule bientôt.

— Guilde canadienne des métiers d'art
2025, rue Peel
Montréal, Québec
H3A 1T6
Tél.: (514) 849-6091

Collections privées au service des chercheurs et salle permanente d'exposition.

— Musée McCord
690, rue Sherbrooke ouest
Montréal, Québec
H3A 1E9

Excellente présentation, la meilleure à Montréal.
Description et montage de grande valeur.

— Musée des beaux-arts de Montréal
3400, avenue du Musée
Montréal, Québec
H3G 1K3
Tél.: (514) 285-1600

Salle 33 — présentation restreinte de l'art indien.

A — Baptême à Fort-George

Pour la cérémonie traditionnelle du baptême chez les Cris, les hommes construisent une grande tente. Les vieilles femmes du village sont alors appelées à présider. A l'intérieur, les mères sont assises autour de la tente avec leurs enfants habillés du costume traditionnel.

A une des sorties de la tente, les hommes ont préparé un passage en demi-cercle contournant une corde de bois. Ce passage est tapissé de jeunes branches de conifères.

Les enfants sortent de la tente, empruntent le passage du côté est, contournent la corde de bois, en prennent un morceau, se dirigent vers l'ouest et retournent dans la tente. Au cours de leur marche, les enfants sont aidés de leur mère.

Cette cérémonie symbolise la vie, de la naissance à la mort, en suivant le trajet du soleil.

(Photo prise en août 1976 par le ministère des Richesses naturelles du Québec)

B — Joaillerie iroquoise

Les Amérindiens ne connaissaient pas le métal, à l'exception du cuivre brut qu'ils n'obtenaient qu'en très petites quantités.

Après l'arrivée des Blancs, les Iroquois sont devenus rapidement d'excellents joailliers, travaillant surtout l'argent. Ils créaient des pendentifs en forme de soleils décorés de motifs traditionnels. (Photo collection muséographique)

Raymond Gabriel, joaillier mohawk de Oka, s'inspire de cette tradition en créant des bracelets décorés de la ceinture hyawatha, des boucles d'oreilles en forme de massues et des pendentifs représentant l'oiseau-tonnerre. (Photo Claude Bureau)

Ses créations sont nombreuses et s'inspirent généralement de la riche tradition iroquoise.

C — Sculpture esquimaude

La stéatite se présente sous différentes couleurs selon le gisement d'où elle provient; on peut donc identifier assez certainement le lieu d'origine d'une pièce, en tenant compte cependant que l'Inuit voyage beaucoup.

La pierre gris bleuté se trouve, de façon générale, entre le 60e parallèle et Maricourt.

La pierre brunâtre, abondante elle aussi, vient principalement d'Inoucdjouac, important centre de production de sculptures.

La pierre verte est la troisième en importance et on la trouve à Cap Dorset, au Sud de la Terre de Baffin.

La pierre noire est plus rare et provient des îles Belcher. Elle est parfois exportée à Poste-de-la-Baleine.

Il existe aussi d'autres couleurs de pierre: blanche, beige (flottée), etc. Il s'agit cependant de pierres que l'on rencontre d'une façon occasionnelle.

D — Hommage à Joe Talirunilik

Joe TALIRUNILIK est un grand sculpteur québécois décédé en 1976. Cet artiste admirable a révélé au monde, à travers la sculpture et la gravure, la vie fascinante de ses souvenirs, de ses peurs et de ses légendes. (Photo Labelle)

320

A

B

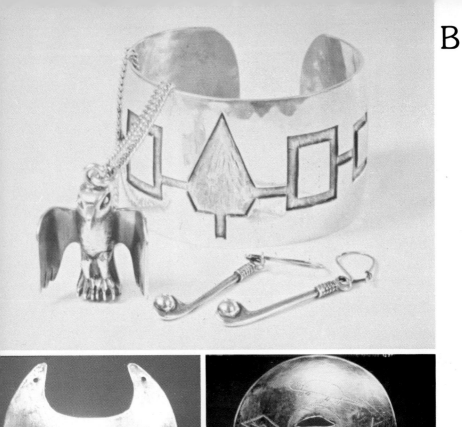

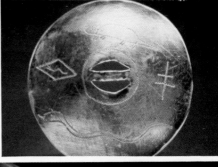

C

2) Musées régionaux du Québec

Baie Comeau

— Musée de la Société historique de la Côte Nord
Centre culturel
77, Mance
Baie Comeau, Québec
Raquettes, fusils, instruments de pêche, catéchisme montagnais, etc.

Cabano
— Musée du Fort Ingall
232, rue Caldwell
Cabano, Québec

Carillon

— Musée historique de Carillon
Carillon, Québec
JOU 1CO
Tél.: (514) 537-3861

Caughnawaga

— Musée Kateri Tekakwitha
C.P. 70
Caughnawaga, Québec
JOL 1BO
Tél.: (514) 632-6030

Chicoutimi

— Musée du Saguenay
C.P. 1386
Chicoutimi, Québec
Tél.: (418) 545-9400

Odanak

— Musée des Abénakis d'Odanak
Odanak, Québec

Tél.: (514) 568-2757
Musée situé sur les bords de la rivière Saint-François de
Yamaska, administré par la Société historique. Son directeur,
Guy Siou, un abénaquis, est lui-même artisan.

Rivière-du-Loup

— Musée d'Archéologie de l'Est du Québec
C.P. 416
Rivière-du-Loup, Québec
G5R 3Z1
Tél.: (418) 862-7547

Tadoussac

— Chapelle des Indiens
Tadoussac, Québec
GOT 2AO
Tél.: (418) 235-4324

Village des Hurons, Notre-Dame-de-Lorette, Québec

— Musée de la Chapelle
Village des Hurons
Notre-Dame-de-Lorette, Québec

— Musée Kio-Warini
Village des Hurons
Loretteville, Québec
G2B 3W5
Tél.: (418) 843-5515

— Pointe-Bleue
Lac Saint-Jean
En préparation dans le presbytère local:
musée montagnais

Musées canadiens à l'extérieur du Québec possédant des pièces d'art et d'artisanat amérindien ou inuit

— Musée national de l'Homme
Ottawa, Ontario
La plus belle présentation des cultures esquimaude et indienne au pays (salles 7, 8 et 9 du 1er étage). Montages graphiques et recherches. Collection Speyer, la plus grande au monde.

— Royal Ontario Museum
Toronto, Ontario
Très riche collection et publications très intéressantes.

— Ontario Science Centre
770, Don Mills Road
Ontario

— Eskimo Museum
Churchill
Manitoba

— Kanawa International Museum of Canoes and Kayaks
Kandalore
Dorset, Ontario

— Ksan Indian Village and Museum
Hazelton
Colombie-Britannique

— Musée d'anthropologie de Colombie-Britannique
(campus de l'université)
Vancouver, C. B.

— Manitoba Museum of Man and Nature,
Winnipeg, Manitoba

Associations des musées
Québec
— La Société des musées du Québec

C.P. 1153 - Succursale B
Montréal, Québec
H3B 3K9

Ottawa

— Association des musées canadiens
56, rue Sparks
Ottawa, Ontario
K1P 5R4
Tél.: (613) 233-5653

Nouveau-Brunswick

— Association des musées du Nouveau-Brunswick
C.P. 505
Moncton, N.B.
E1C 2Z0
Tél.: (506) 379-2205

Ontario

— Ontario Museum Association
Suite 303, 14A Hazelton Avenue
Toronto, Ontario
M5R 2E2
Tél.: (416) 923-3868

France

— Conseil international des musées
Maison de l'UNESCO
1, rue Miollis
75732 Paris, France
Tél.: 734-0500
        566-5757

Etats-Unis

— American Association of Museums
2233, Wisconsin Avenue
N.W. Washington D.C. 20007
U.S.A.
Tél.: (202) 338-5300

Adresses importantes

— Archives du diocèse de Montréal
1444, avenue Union
Montréal, Québec
H3A 2B8   Tél.: (514) 845-6211

— Archives du Musée McGill
C.P. 6070 — Station A
Montréal, Québec
H3C 3G1   Tél.: (514) 392-5356

— Archives nationales du Québec
Parc des Champs de Bataille
Québec, P.Q.
G1S 1C8   Tél.: (418) 643-2167

— Archives publiques du Canada
395, rue Wellington
Ottawa, Ontario

— Bibliothèque nationale du Québec
1700, rue Saint-Denis
Montréal, Québec
H2Y 3K6   Tél.: (514) 873-2155

— Ministère des Affaires indiennes et du Nord
(lieux et parcs historiques nationaux)
1141, route de l'Eglise
C.P. 9578
Ste-Foy, Québec
G1V 4C2   Tél.: (418) 694-4042

— Service de documentation du Patrimoine
Ministère des Affaires culturelles du Québec
6, rue de l'Université
Québec, P.Q. G1R 5A6 Tél.: (418) 643-7544

FILMS

Films répertoriés par l'Office National
du Film (ONF)
3155 Côte de Liesse, Montréal - Tél.: (514) 333-3333

Art et légende, réalisation: Richard Gilbert - production ONF, 12 mn 13 s, couleur, 35 mm et 16 mm.

Sous la main d'un jeune sculpteur, ce film fait revivre un art qui se meurt peut-être.

Avant de juger l'Indien, chausse ses mocassins, production: François Séguillon. 29 mn, N&B, ONF, 16 mm: 106B 0272 088. Une coproduction de l'Office de radiodiffusion télévision française et de l'ONF.

Les Indiens du Québec s'acharnent à survivre et refusent de s'assimiler à leur entourage. Pendant combien de temps encore resteront-ils des Indiens véritables? Telle est la question que pose ce documentaire.

Attiuk, ONF, 29 mn 26 s, couleur, 16 mm: 106C 0263 020.

Une demi-heure à l'écart du vingtième siècle avec les Montagnais de la réserve de la Romaine, près du détroit de Belle-Isle.

Bûcherons de la Manouane, réalisation: Arthur Lamothe — production Victor Jobin, Fernand Dansereau. 27 mn 46 s, N&B, ONF, 35 mm: 105B 0262 059 - 16 mm: 106B 0262 059.

Un documentaire bouleversant sur la vie de 165 bûcherons isolés dans les forêts enneigées du Haut-Saint-Maurice. (Prix: Evian, France, Los Angeles.)

César et son canot d'écorce, réalisation: Bernard Gosselin - production: Paul Larose, 57 mn 52 s, couleur, ONF, 16 mm: 106C 0371 074. Film sonore, sans commentaire.

César Newashish, Indien Tête de Boule de la réserve Manouane, construit son canot sous nos yeux.

Chasseurs cris de Mistassini, réalisation: Boyce Richardson et Tony Ianuzielo - production: Colin Low. 57 mn 53 s, couleur, ONF, 16 mm: 106C 0274 001.

Les Cris ont entrepris de tourner un film sur leur mode de vie avec l'aide de cinéastes de l'ONF. Ce film est un témoignage d'une rare actualité.

Des Indiens au Lac Dipper, réalisation: Richard Gilbert et Jack Ofield - production: Richard Gilbert, 18 mn 21 s, couleur, ONF, 16 mm: 106C 0266 084.
Introduction à l'étude des moeurs et des usages des Indiens de cette réserve.

Drôle de Micmac, production: Colin Low, 15 mn 42 s, couleur, ONF, 16 mm: 106C 0267 025.
Les Indiens se posent la question de la survie de leur race.

Fierté sur toiles, une production de Henning Jacobsen Productions Ltd. pour l'ONF. Commandité par le ministère des Affaires indiennes et du Nord, 27 mn 40 s, couleur, 16 mm: 106C 0273 622.
Quatre artistes indiens, originaires de provinces différentes, illustrent les multiples aspects de leur patrimoine.

Héritage perdu, une co-production de l'ONF et du ministère des Affaires indiennes et du Nord canadien. Réalisation, prise de vues et production: Eugene Boyko, c.s.c. Adaptation française: Georges Mayrand, 15 mn 57 s, couleur, 35 mm: 105C 0270 593 - 16 mm: 106C 0270 593.
Documentaire permettant d'apprécier l'art totémique.

Le collier magique, réalisé par Crawley Films pour l'Imperial Oil Ltd. 12 mn, couleur, 16 mm: 106C 0250 008.
Légende indienne racontée à l'aide de masques.

Le monde va nous prendre pour des sauvages, réalisation: Jacques Godbout et Françoise Bujold — production ONF, 9 mn 7 s, couleur, 35 mm: 105C 0264 132 - 16 mm: 106C 0264 132.
Ce film, tel un poème, transporte la réalité qu'offre aux passants le spectacle de cette tribu dispersée en une réalité peuplée de visions et de symboles. (Prix: Palmarès du film canadien.)

Les raquettes de Atcikameg, réalisation: Bernard Gosselin - production: Paul Larose. 33 mn 8 s, couleur, ONF, 16 mm: 106C 0273 045.
Les époux Jacob de la réserve Manouane nous démontrent dans ce film ce qu'est la fabrication des raquettes.

L'Indien parle, réalisation: Marcel Carrière, 40 mn 23 s, couleur, ONF, 16 mm: 106C 0267 025.
Les Indiens s'interrogent sur la survie même de leur race.

Marius Barbeau et l'art totémique, réalisation: Réal Benoît - production: Léonard Forest. 29 mn 22 s, N&B, ONF, 16 mm: 106B 0259 081.
L'ethnologue Marius Barbeau nous introduit en pleine mythologie indienne. Masques, danses, chansons, totems sont mis à contribution.

Films répertoriés dans le catalogue
Les Archives de l'Office du Film du Québec

préparé par Antoine Pelletier, février 1976.
Les documents inscrits à ce catalogue sont accessibles pour visionnement et ce uniquement aux bureaux de l'OFQ:

à Québec: 1601, boulevard Hamel, tél.: (418) 643-5160

à Montréal: 360, rue McGill, tél.: (514) 873-2234

Portage, réalisation: Crawley Films. Commandité par la Société canadienne de géographie, 1947, 20 mn, couleur. No du cat.: A-5468.
Le film décrit, entre autres, la construction du canot d'écorce selon la tradition indienne.

La petite industrie chez les Indiens, réalisation: Louis-Roger Lafleur, o.m.i. Commandité par l'Association missionnaire de Marie Immaculée, 1942, 10 mn 54 s, N&B. No du cat.: A-447.
Scènes qui nous révèlent certains aspects de la petite industrie chez les Indiens de nos réserves.

Le canot d'écorce (vers. angl. Birch Bark Canoe), réalisation: Maurice Montgrain pour Associated Screen News - production: Office du Film du Québec, 1946, couleur. No du cat.: AQ-677.
On assiste à la fabrication d'un canot d'écorce par un Amérindien de la tribu des Têtes-de-Boules du Haut-Saint-Maurice.

Sports d'hiver, production: AKO Production Ltd., 1966, 4 mn 50 s, N&B. No du cat.: A-1593.
Le serpent des neiges est un jeu indien dans lequel le vainqueur

.

est celui qui tire son serpent le plus loin possible de la ligne de départ. Ce film nous permet d'assister à un match.

Norval Morisseau: un paradoxe, une production de Henning Jacobsen Productions Ltd. pour l'ONF. Commandité par le ministère des Affaires indiennes et du Nord. 28 mn, couleur, 16 mm.

Paul Kane chez les Amérindiens, réalisation: Gérald Budner — production: Robert Berrall. 14 mn 28 s, couleur, ONF, 35 mm: 105C 0272 095 - 16 mm: 106C 0272 095.
Portraits des Amérindiens et de leur mode de vie.

Serpent des neiges (Le), réalisé par AKO Productions pour l'ONF. Commandité par le ministère des Affaires indiennes et du Nord canadien. Distribué par l'ONF au Canada seulement, 8 mn 23 s, couleur, 16 mm: 106C 0272 538.
Le spectateur est initié à la fabrication de ce merveilleux instrument de divertissement ainsi qu'aux règles d'un jeu passionnant très en vogue chez le peuple des Six Nations.

Mistassini, réalisation: Roger Cardinal — production: OFQ, 1971. Commandité par le ministère des Communications du Québec.
Une journée de la vie des indiens nomades qui ont dressé leurs tentes sur les bords du Lac Mistassini.

Matériel distribué par la maison Secas de Montréal,

400 rue Notre-Dame est, Montréal

Tél.: (514) 849-2428

Les Algonquins des forêts de l'Est - ONF - film fixe 205C 0269 018

Les aborigènes du Canada - ONF - film fixe 205C 0269 019

La famille Huronne-Iroquoise (Indiens des forêts de l'Est) - ONF - film fixe 205C 0269 022

Indiens du Canada: l'approvisionnement - ONF - 10 diap. 505B 0370 003

Indiens du Canada: moyens de transport - ONF - 10 diap. 505B 0370 004

Indiens du Canada: types d'habitation - ONF - 10 diap. 505B 0370 005

Raquettes indiennes - ONF - film fixe 205C 0263 700

Indiens du Canada: photos d'archives (N&B) - ONF - 10 diap. 505C 0370 001

Indiens du Canada: les aires culturelles - ONF - 10 diap. 505C 0369 056

Village huron (1) - ONF - 10 diap. 505C 0369 012

Village huron (2) - ONF - 10 diap. 505C 0369 013

Village huron (3) - ONF - 10 diap. 505C 0369 014

Le canot - ONF - film fixe avec disque 205C 9972 013

Les raquettes - ONF - film fixe avec disque 205B 9972 019

De la série "Artisanat indien"

Le piégeage - ONF - film Super 8 307C 0267 893

Les pointes de flèches - ONF - film Super 8 307C 0267 702

Wigwam conique - ONF - film Super 8 307C 0267 892

Wigwam voûté - ONF - film Super 8 307C 0267 891

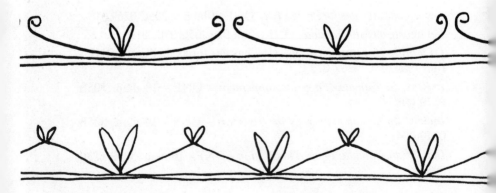

Artisanat esquimau

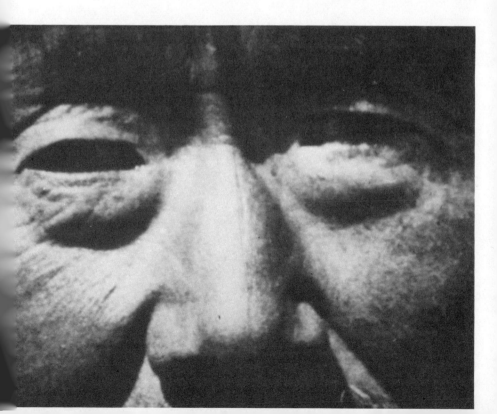

Pour une meilleure connaissance de l'artisanat esquimau

Histoire des Inuits

"4 500 Esquimaux au Québec
27 000 Esquimaux au Canada
30 000 Esquimaux en Alaska
40 000 Esquimaux au Gröenland
 1 500 Esquimaux en Sibérie
90 000 Esquimaux dans le monde"

LES GRANDES PÉRIODES

Selon l'état actuel des connaissances, les ethnologues décomposent l'histoire des habitants des terres arctiques et du Groenland en quatre grandes périodes.

1) Période pré-Dorset (de 2 500 à 800 av. J.C.)

On suppose que ce serait quelque 35 000 ans avant notre ère que, venant de quelque part en Sibérie, les lointains ancêtres des peuples amérindiens franchirent le détroit de Bering et mirent le pied en Amérique.

Les archéologues ont appelé l'époque de la première forme de culture esquimaude décelée dans l'arctique canadien, la période pré-Dorset. On en trouve des traces dans le Nord-Ouest du complexe du Cap Denbrigh. Cette période, qu'on situe entre les années 2 500 et 800 avant l'ère chrétienne, est aussi parfois appelée la "période du Campus" parce que les premières découvertes d'objets réalisés par des Inuits vivant à cette époque eurent lieu sur l'actuel campus de l'Université de l'Alaska, près de Fairbanks.

Les Inuits de cette période étaient des nomades regroupés en petites bandes de chasseurs qui traversèrent la toundra canadienne vers l'est pour atteindre, avant l'an 2 000, le Groenland et le détroit d'Hudson.

Les archéologues possèdent peu d'information sur cette période. On sait cependant que l'hiver, ces peuples habitaient des huttes souterraines et que l'été, ils s'abritaient sous des tentes de peau. Mais là s'arrêtent les certitudes et quant au reste de ce que l'on sait sur le mode de vie de ces premiers Américains, l'interprétation en est difficile. C'est l'opinion du directeur du Musée de l'Homme du Canada, William E. Taylor jr, qui écrit (1):

"Jusqu'à présent, on n'a découvert aucune oeuvre d'art provenant de la culture pré-Dorset, dont on connaît toutefois des objets décoratifs d'os, de corne et d'ivoire gravé (...). Si notre hypothèse est exacte, l'art "prédorsétien" est essentiellement un art magico-religieux fondé sur le chamanisme et les rites funéraires, et qui prend la forme d'amulettes, de sculptures d'esprits bénéfiques, d'autres petites sculptures en ronde bosse, de formes humaines, de motifs d'animaux représentant souvent l'ours, d'images gravées, dont les croix et le motif dit du squelette, traités de manière réaliste ou non. Comme celles du Dorset, ces oeuvres seraient probablement de petite taille, habituellement en os, en corne, en ivoire et en bois flotté."

2) Période Dorset (de 800 av. J.C. à 1 300)

Cette époque est appelée du nom de Dorset par les savants, à la suite de découvertes archéologiques qui furent faites au Cap Dorset, situé dans la partie Sud-Ouest de l'Ile de Baffin. Grâce à ces découvertes, on a une meilleure connaissance du mode de vie des Inuits de cette période qui vivaient en bandes dispersées se déplaçant selon les saisons pour chasser le phoque, le morse et toute sorte de gibier. Ces bandes n'avaient pas encore de chiens. Pour transporter leurs biens, ils tiraient eux-mêmes de petits traîneaux de peau. L'été, ils habitaient dans des tentes de peau et l'hiver, dans des habitations semi-souterraines et des iglous de glace. Il convient à ce propos de noter que c'est ici même, au Canada et à cette période, que l'iglou fait son apparition. Nulle part ailleurs au monde, les hommes n'avaient ainsi pensé et réussi à utiliser la glace comme matériau de construction. Même les Inuits de l'Alaska ne connaissaient pas ce mode de construction.

Ces iglous étaient chauffés par des lampes taillées dans la pierre, "en forme de croissant", dont le feu était alimenté par de la graisse animale.

Les outils de ces Inuits ainsi que leurs ustensiles étaient faits de pierre, de cornes de cervidés, d'ivoire, d'os ou de bois. De plus, ils confectionnaient de nombreux petits objets, minuscules, qu'il faut qualifier d' "artistiques".

"L'on ne peut guère, dit Taylor, qualifier de "primitif" cet art aborigène qui reflète une longue évolution culturelle, art inextricablement fusionné à une religion qui permettait aux hommes du Dorset de connaître l'inconnu. Bien qu'il n'ait aucun lien direct avec l'art préhistorique européen, il rappelle inévitablement les époques européennes de l'aurignacien et du magdalénien, époques où les hommes s'entêtaient à survivre à l'ombre d'un vaste glacier." (1)

3) Période Thulé (de 900 à 1750)

A partir des années 900, un peuple nouveau constitué de super-bes chasseurs et originaire lui aussi de l'Alaska envahit l'est du pays et remplace presque partout la race des Dorset (dont on retrouvera cependant des éléments jusqu'en 1300). L'appellation Thulé, pour nommer cette période, vient du nom d'une région du nord-ouest du Groenland. C'est peut-être là que les Inuits apprirent à chasser la grande baleine et à se doter d'instruments de chasse que n'avaient pas connus leurs prédécesseurs du Dorset. Ce peuple fut sans doute l'ancêtre le plus direct des Inuits d'aujourd'hui, mais son art ne con-nut jamais la finesse et la délicatesse de celui de la période Dorset, particulièrement dans le travail de la pierre et de l'ivoire.

"Leur finition, nous dit Taylor, est rarement aussi soignée, ils sont polis d'une façon quelconque et leurs formes sont moins bien définies. La décoration n'y a guère d'importance et les objets d'art, déjà rares dans les cultures dorsétiennes, le sont encore davantage dans celle de Thulé: à l'exception de tentatives hypothétiques d'art décoratif sur les fourrures, les peaux et le bois, l'art artisanal de la culture Thulé prend la forme d'objets aux contours gracieux - têtes de harpon, coffres à aiguilles ou lunettes à neige — de peignes d'or, de corne ou d'ivoire, de poupées, de petites figurines d'oiseaux ou, parfois, de dessins gravés. (1)

Les archéologues sont d'avis que, contrairement aux peuples esquimaux qui les précédèrent, ceux-là habitaient l'hiver de grands villages permanents, composés de maisons semi-souterraines faites d'os de baleine, de dalles et de "tourmi".

Ces chasseurs continuèrent leur invasion jusqu'à l'intérieur des terres à l'ouest de la Baie d'Hudson où s'installèrent les "Esquimaux du Caribou". Ainsi furent en place les principaux peuples d'Inuits que rencontrèrent aux XVe et XVIe siècles les premiers explorateurs européens.

Ceux qui voudront en savoir plus long sur la préhistoire des Inuits canadiens consulteront les ouvrages de Diamond Jenness. Cet anthropologue fut le premier à apporter des précisions sur ce sujet qui n'est encore que très partiellement connu.

Né en Nouvelle-Zélande, Jenness se joignit à "The Canadian Arctic Expedition" en 1913. Il demeura trois ans dans le Nord. Il devint plus tard responsable de la section d'anthropologie du Musée national à Ottawa.

En 1926, il découvrit, lors de fouilles archéologiques, des objets de la période Thulé. Poussant plus en profondeur ses recherches, il ramena à la surface des pièces d'une époque culturelle antérieure.

Fondant ses déductions sur ses recherches personnelles et sur l'analyse d'objets esquimaux appartenant soit à des collections privées, soit à des musées, Diamond Jenness sut apporter un éclairage nouveau sur les modes de vie des ancêtres des Inuits: techniques de chasse et de pêche, différents types d'outils, etc.

Aujourd'hui, Jenness est considéré à juste titre comme le père de l'archéologie esquimaude, surtout en ce qui a trait à l'époque culturelle dite du Dorset. Ses nombreux écrits sur les Inuits et les Indiens sont justement connus et considérés comme des "classiques" sur ce sujet dans le monde entier.

Avant de laisser le sujet de la recherche archéologique, soulignons que toute fouille, en ce qui concerne les vestiges de civilisations

esquimaudes passées s'avère très difficile et ce, pour plusieurs raisons. D'abord, les documents écrits portant sur l'histoire des Inuits et qui pourraient aider à la localisation des sites sont pratiquement inexistants. Le premier document traitant de l'art des Inuits a été écrit en 1585 par John Davis (2). Il relate un voyage au Cumberland Gulf et mentionne que les Inuits sculptaient des pièces de bois.

En deuxième lieu, la rigueur du climat et les longs hivers des contrées nordiques ne facilitent pas la localisation de sites intéressants et l'organisation de fouilles permanentes; l'immensité du domaine de recherche complique évidemment toute tentative qui ne peut se fonder, le plus souvent, que sur des traditions orales créant quelques hypothèses de départ.

Dans le domaine plus spécifique de la création artistique des Inuits, les chercheurs, dans des études et des articles malheureusement peu diffusés, soulignent de plus en plus énergiquement la dichotomie qui existe entre, d'une part, la véritable culture "matérielle" traditionnelle des Inuits et, d'autre part, les erreurs entretenues dans le Sud, surtout en ce qui a trait à "la sculpture esquimaude". Nous y reviendrons.

4) Période dite historique (1500 à 1950)

L'apparition des chasseurs, missionnaires, commerçants et pêcheurs européens marque le début de cette période. Après la venue de Sir Martin Frobisher et l'effondrement de la traditionnelle chasse à la baleine causé par l'arrivée dans les baies froides des grands explorateurs européens munis d'armes merveilleuses, belles et efficaces, les Inuits de Thulé furent contraints de quitter leur mode

de vie fondé sur cette grande chasse et d'adopter un mode de vie nomade à la poursuite de petits gibiers, de caribous et de poissons. Apparurent donc les amas d'iglous sur les mers gelées...là où la nourriture était à portée de la main... et de l'hameçon.

C'est donc réellement à partir du XVIIIe siècle que les Inuits adoptèrent le mode de vie que la tradition et la coutume leur attribuent aujourd'hui comme s'il avait toujours été le leur. L'abandon de la chasse à la baleine mit fin à la période Thulé. Imaginez qu'une seule baleine peut fournir plus de trente tonnes de graisse, ce que mille phoques arrivent à peine à faire! De quoi changer le mode d'approvisionnement et de nourriture des chasseurs et par le fait même leur mode de vie. Il nous est possible aujourd'hui, après avoir écouté les récits que racontent les anciens des villages et avoir admiré les objets qu'ils façonnèrent, de dégager certaines facettes de leur culture et de remarquer que leur production, comme ce fut le cas pour leurs voisins du Sud, épousait étroitement le rythme des saisons.

Ainsi, les Esquimaux (du nom que leur donnaient péjorativement les Indiens cris et qui signifiait "ceux qui mangent la viande crue") ou Inuits (en langage esquimau: "les hommes"), comme eux-mêmes se nomment, survécurent au fil des siècles dans des conditions incroyablement difficiles.

LES INFLUENCES ÉTRANGÈRES

Pour tenter de faire un bilan des influences étrangères dans le Grand Nord québécois sur la culture esquimaude, nous avons extrait quelques dates importantes et jalons historiques touchant le développement général du Nord d'un excellent article de Louis-Jacques Dorais (1) et d'une brochure de la direction générale du Nouveau-Québec (2).

Contrairement à ce que l'on pense souvent, les Inuits eurent très tôt des contacts avec les Blancs et ces contacts amenèrent des transformations de leur culture ancestrale qui commencèrent à se produire d'une façon évidente dès le début du 19e siècle.

Au 17e siècle, les Inuits troquaient leurs productions avec les pêcheurs français et britanniques à la hauteur de la rivière Mingan sur la Côte-Nord du Saint-Laurent. Ces relations commerciales s'accentuèrent au cours des siècles suivants et provoquèrent l'évolution rapide des Inuits.

Cependant, les Inuits du Nouveau-Québec perdirent moins rapidement que leurs frères des côtes est les éléments de leur culture traditionnelle, conservant longtemps leur mode de vie ancestral malgré les influences européennes.

1749: La Hudson Bay Company s'installe sur le golfe Richmond expressément pour entretenir des relations commerciales avec les Inuits. La HBC arrive dans le Nord avec des outils (couteaux, haches, etc.), de la nourriture importée (thé, farine, sucre, sel) et des vêtements de toutes sortes qui vont transformer les habitudes des Inuits. Cependant, ce premier magasin dut fermer en 1758, à cause de l'hostilité des autochtones.

1756: Ouverture par la HBC d'un second comptoir à la Grande-Rivière-à-la-Baleine. Ce poste de traite situé dans un territoire qui alors était en majorité indien connut également des difficultés avec les autochtones et ce, jusqu'en 1852.

1771: Le missionnaire allemand Jens Haven établit une mission à Nain. Il appartenait à la secte des Frères Moraves qui professaient la doctrine du réformateur Jean Hus. La religion nouvelle se répandit rapidement et on dut bientôt fonder d'autres missions: Okak (1776, fermée en 1956), Hopedale (1782), Hebron (1830, fermée en 1959).

La religion joua un rôle important dans les phénomènes de disparition de la culture traditionnelle des Inuits car les religieux, en plus de commercer avec les autochtones, les amenèrent à abandonner leur vie nomade pour qu'ils s'installent définitivement aux environs des diverses missions. C'est ainsi que les Inuits abandonnèrent dans une certaine mesure la chasse et la pêche.

1830: Fondation du poste de la Hudson Bay Company à Fort-Chimo, au Nouveau-Québec.

1900: L'anglicanisme se répand à partir de la Grande-Rivière-à-la-Baleine.

1900: Les Inuits abandonnent la fabrication des kayaks en peau de phoque et se procurent des embarcations de type industriel.

1909: La HBC s'installe au cap Wolstenholme, à la pointe septentrionale du Labrador.

1912: Intégration au Québec d'une partie des territoires du Nord-Ouest pour former ce que l'on appelle aujourd'hui le Nouveau-Québec. Les territoires appartenaient à la Hudson Bay Company qui les a cédés au gouvernement canadien en 1870.

1921: On compte une dizaine de postes de traite dans le Nord.

1942: Une importante base militaire américaine s'installe à Fort-Chimo, modifiant considérablement le mode de vie des Inuits.

1949: Le gouvernement fédéral met sur pied des services publics dans le Nord, surtout du point de vue médical.

1950: Le gouvernement provincial de Terre-Neuve prend pied dans le Nord avec une administration anglaise et un système d'éducation anglais. Les contacts avec les Blancs se multiplient à partir de ce moment.

1950: Ouverture par le gouvernement fédéral des premières écoles gouvernementales au Nouveau-Québec (Fort-Chimo et Inoucdjouac).

1953: Création du ministère du Nord canadien (Ottawa).

1954- 1959: Construction d'une chaîne radar (la "Dew line") entre la côte atlantique et la baie d'Hudson, le long du 55e parallèle, avec base de commande et d'entretien à Poste-de-la-Baleine. Devenues rapidement caduques, ces installations sont évacuées et cédées à la DGNQ (Québec) en 1965. Comme dans le cas de Fort-Chimo, la présence d'ouvriers et de militaires blancs détermina

ᓂᐅᐱᐊᑕᐅᓐᕿᕐ

ᓂᐱᐊᑦᐱᓇᕽᐊᓕᑕᐸᑕᐅᓯ ᐃᓄᐃᓄ
ᑐᓚᓇᓱ ᓯᐊᑦᑕᐸᕽ ᑕᕘ ᕿᓪᖑᒐᓂ
ᓓᐸᐃᐊᓄ ᑐᑐᕽᐊᓂ ᒥᓇᓚ
ᐅᐸᐃᐱᓄᔅ ᑕᕽᓄᐊ ᐃᓄᐊ ᓄᓄᐊᓂ ᓇᓂᓄ
ᒥᓄᓯᐊᓄᕽ ᐳᓯᐅᓐ ᖃᓪ
ᐸᐅᓄᐊᓯᓐᐱ ᕽᓂᐃᐸᓄᐱᓇᐅᓄᐊᓄ
ᑕᓄᕽᓕᓄᔅ ·

ᓄᓄᐊᓪᐸ ᐊᓄᕽᐊ, ᐃᓄᐊ ᐃᓄᐊ
ᑕᕽᐊᓄᑐᕽ ᑐᐊᓄ ᕽᐃ ᕿᖑᕽ ᐊᑐᐸᓯᐊᐊ
ᓯᕽᐃ ᐊᓯᐊᕽᐸᐊᓄᕽᐊᓄᑐᕽ ᑕᓚᓇᓪ
ᕽᐃ ᕿᖑ-ᓕᓄᕽ·

ᓂᐱᐊᐸᓄᐊᐊ ᐊᐱᕿᐃᑕᐅᓪ

ᔨᑕᕽᐊᓄᔨ ᓐᐱᓂᐊᓄᓄᕽᓄᒥ ᐃᓄᐊ
ᕽᐊᓂᕽᐊ, ᓄᐸᐃᐊᕽᐃ ᓄᐸᐃᐊᕽᐃᕽᐱᓂᕽ
ᑕᓪᓄᐊ ᐊᐸᕽᐸᕽᔨ ᓯᑕᓄᐃ ᓄᐸᐃᐊᐊ
ᕿᖑᓯᕽᓚ ᐱᐳᕽᑕᓚᓚ ᐊᕽᓄᐃ ᐊᐸ᠊
ᕽᓄᐸᓄᓪᐊ ᓄᐸᐃᐊᕽᐃᕽ ᓂᐊᐸᔅᕽᐊ
ᑕᐸᐃᐱᓄᐊᓪ ᕽᐃᐸᐃᐱᓄᕽᒥᓄᕽ
ᓄᐸᐃᕽᐃᕽᐊ ᕽᐸᓄᐃᕽᐃᕽ ᕽᐸᕽᒥ
ᓓᐸᕽᓄᕽᐃᕽᐊ ᓄᐸᐊᐊᐸ ᓄᐸᐃᐊᕽᐱᓇᕽ
ᓚ ᕽᐸᓄᕽᓯᕽᐱᕽ ᔨᑕᕽᐊ ᓂᕽᓚᐊ᠊
ᑐᕽᕽ ᐱᔨᐊᐊᐸᕽᓄᕽ ·

ᔨᑕᕽᓄ ᐃᓄᐊᐸᓄ

ᐃᓄᐊᐸᐃᓄᕽᔅᓄᒍ ᔨᑕᕽᕽ ᐊᐸᓚᐃ᠊
ᓄᕽᒥ ᐸᐃᐸᕽᕽᓚᕽᐃᐸᓐᓚ, ᐊᓄᕽᐊ᠊
ᓚᐊᐸᐱᕽᕽᓚᐃᕽᓂᒥ ᓐᐱᒥᕽᕽᓚᓪ
ᔨᑕᕽᐊ. ᐸᑕᕽᓚᑕᕽᐸᑕᓄᒥ ᔨᑕᕽᐊᓪ
ᐃᓄᐊ ᓄᐸᐃᐸᕽ. ᐊᓄᓄ ᐊᓄᕽ᠊
ᐊᓄᕽᐃᕽᕽᔅᒥ ᐊᐊᕽ ᐊᓯᓪᐱᒥᕽ ᐊᐸ᠊
ᓄᓚᐊᕽᓄᕽ. ᑕᕽᓚᐊ ᐊᕽᐊᓐᔨ ᒐᐊᓪᓪ
ᐃᓄᐊᐸᐃᓄᕽᔅᒥ ᐊᑕᕽᐊᐊᕽᐊᓪ
ᐃᓄᐊ ᓄᐸᐃᐊ ᐊᐸᓄᕽᕽᐊ ᐊᓄᕽ᠊
ᓚᐱ·

d'importants mouvements de population amérindienne et l'abandon de quelques villages esquimaux.

1958: Relocalisation des Indiens Nascaupis de Fort-Mackenzie et Fort-Chimo à Schefferville.

1958- 1960: Naissance d'un mouvement coopératif parmi les Inuits du Nouveau-Québec (Povungnituk et Port-Nouveau-Québec).

1960: La Sûreté du Québec remplace la RCMP comme police au Nouveau-Québec.

1961: Francisation partielle de la toponymie côtière.

1963: Québec s'engage dans l'administration du Nouveau-Québec. Mise sur pied de la Direction générale du Nouveau-Québec (DGNQ), au sein du ministère des Richesses naturelles.

1967: Formation de la Fédération des coopératives du Nouveau-Québec. Trois ans plus tard, il y en aura dix dont neuf esquimaudes et une indienne.

1969: Création de la Commission scolaire du Nouveau-Québec. Ottawa refusant d'y intégrer ses écoles, les progrès du Québec dans le Grand Nord, en matière d'éducation et d'instruction, sont lents.

1971: Amorce de l'aménagement intégré de la Radissonie (territoires attenants à la baie James).

Québec marque des points dans le domaine des Services de santé et dans celui des affaires sociales, en particulier. La dichotomie administrative Québec-Ottawa persiste sous l'oeil à la fois méfiant et amusé des peuples amérindiens qui profitent largement de cet imbroglio politique.

1975: Dernière étape de cet exposé chronologique, à minuit cinq minutes, le mercredi 12 novembre, au parlement de Québec, les représentants des populations autochtones du Nord québécois d'une part, le gouvernement du Québec, le gouvernement du Canada et trois sociétés (Hydro-Québec, SEBJ et SDBJ), d'autre part, signent une convention au nom de laquelle le Grand Conseil des Cris et l'Association des Inuits du Nord québécois ne s'opposeront plus au développement du territoire de la Baie James.

Aux termes de la convention, les Cris de la Baie James et les Inuits du Québec renoncent à toute revendication territoriale, de même qu'à tous droits et titres au Québec. En retour, la convention prévoit des droits exclusifs d'usage de certaines terres, un nouveau régime de chasse, de pêche et de trappage, une compensation financière et d'autres avantages.

Les principaux points de l'entente sont les suivants:

• garantie aux autochtones que des droits de chasse, de pêche et de trappage leur sont réservés en exclusivité en tout temps de l'année sur toute l'étendue du territoire, et de façon privilégiée dans certains secteurs, d'une superficie totale de 24 130 milles carrés situés au sud du 55e parallèle, et de 35 000 milles carrés situés au nord de ce parallèle;

• établissement d'un Comité consultatif sur l'environnement de la Baie James qui groupera des représentants des autochtones, du gouvernement du Canada et du gouvernement du Québec;

• constitution de conseils autochtones qui participeront aux administrations régionales, sur les affaires municipales ordinaires;

• compensation versée aux autochtones de $75 millions par les gouvernements d'Ottawa ($32 750 000) et de Québec ($42 250 000) au cours des dix prochaines années.

---

(1) DORAIS, Louis-Jacques, *Recherches amérindiennes au Québec,* vol. III, No 3-4, pp. 82 à 102.

(2) MINISTÈRE DES RICHESSES NATURELLES, *Aperçus cartographiques sur le Nouveau-Québec,* 1974.

Saisons de production

Ne nous y trompons pas, les saisons dans les régions arctiques n'ont pas cette alternance régulière à laquelle sont habitués les gens des régions tempérées. Le printemps chez les Inuits ne vient qu'à la Saint-Jean, à la fin du mois de juin. Les journées deviennent très longues; le soleil fait disparaître la neige en brillant de dix-huit à vingt heures par jour; les outardes reviennent nidifier et élever leur couvée. Ce printemps n'est pas long...une quinzaine de jours peut-être, puis l'été s'en vient qui sera suivi par un semblant d'automne qui lui-même laissera la place au dur hiver arctique et à ses neiges qui tomberont dès le milieu de septembre.

En fait, les Inuits ne connaissent que deux saisons: l'été et l'hiver. Nuligak dans *Mémoires d'un Esquimau*, nous raconte ce déroulement des saisons (1):

"Naoyavak, mon grand-père, me dit un jour: "Je vais t'apprendre à reconnaître les différentes lunes. Je me fais vieux et beaucoup ne savent plus le nom esquimau des lunes. Ils ont oublié. Retiens-les, toi". Grand-père prit de petits morceaux de bois et les piqua debout, droits dans la neige. Il y en avait douze. Nous étions alors au coeur de l'hiver. C'était la nouvelle lune. Si je peux en juger aujourd'hui, cela devait correspondre à notre mois de janvier.

"De ce qu'il m'apprit en ce janvier 1909, voici ce que j'ai retenu:

"La lune de janvier est appelée en esquimau AVUNNI-VIAYUK. C'est pendant ce mois que les phoques de race naine ont leurs petits. Les petits des autres phoques, s'ils naissent prématurément, gèlent et ne se développent pas.

"La lune de février, c'est AVUNNIVIK. Les vrais phoques mettent bas. Ceux-ci se développent et deviendront les phoques que nous chassons.

"Mars, c'est AM LIKKERVIK. Les petits oiseaux des neiges, les amaolikat arrivent du Sud.

"La lune d'avril reçoit le nom de QIBLALIKVIK parce que le soleil a fondu le dessus de la neige. Lorsqu'on la fixe du regard, on la voit briller et étinceler de blancheur.

"TIGMIYIKVIK est mai. C'est le temps où les oies et les canards nous arrivent du Sud.

"Juin s'appelle NUERTORVIK. C'est l'époque où, en kayak, on poursuit le rat musqué qui s'en va nager dans les rivières et les lacs et on lance le harpon.

"A la lune de juillet on donne le nom de PADLERSERSI-VIK parce que pendant ce mois tout se dessèche, même la terre.

"Août devient en esquimau QUGYUAT TINGIVIAT: les jeunes cygnes prennent leur envol.

"En septembre, les Esquimaux de l'Océan Arctique s'en vont en kayak harponner les phoques. Pour cela, ils se servent d'un harpon spécial, l'Aklikat. Pour cette raison, cette lune s'appelle AKLIKARNIARVIK.

"Au mois d'octobre, un des premiers signes du froid qui revient est la mince couche de glace ou *tuglu* qui se forme sur le rivage et les plages de l'Océan, d'où le nom de cette lune: TUGLUVIK.

"En novembre, il fait froid et quand on ouvre la porte une nappe de brouillard blanc se répand dans l'iglou: c'est la vapeur des grands froids. C'est la raison pour laquelle cette lune se nomme ITARTORYUK.

"Nous appelons la lune de décembre KAITVITJVIK, parce qu'en ce mois de longue nuit, les Esquimaux se réunissent, oublient leurs soucis, s'amusent, dansent, jouent aux marionnettes, etc...

"Les Esquimaux ne savent plus, aujourd'hui, dire ces noms dans leur langue. Il n'y a plus guère que moi qui les sache encore. J'aimais écouter ceux qui racontaient les histoires et coutumes du temps jadis. Je voulais toujours en savoir davantage."

Printemps - Été

Le printemps des Inuits n'est peut-être pas aussi poétique que celui que décrit Nilugak. Il demeure cependant la saison où la vie des Inuits a le moins changé depuis des siècles. C'est ainsi que les villages actuels se vident à moitié lorsque arrivent ces premiers jours de belle saison. Avec toute sa famille, l'Inuit part monter sa tente dans son territoire de chasse et de pêche, là où ses aïeux s'installaient en temps où les villages n'existaient pas. Car presque chaque famille esquimaude a conservé un territoire de chasse de trente à cinquante milles carrés tout le long du littoral du Grand Nord.

Tant pis pour ceux qui trouvaient pittoresques les moyens archaïques de chasse et de pêche des Inuits d'autrefois; aujourd'hui, l'Inuit conduit des canots métalliques munis de forts moteurs hors-bord. Depuis une bonne centaine d'années, il chasse au fusil qu'il préfère au trident (kikivak) et ou harpon que ses ancêtres fabriquaient avec du bois d'épave. Ceux-là chassaient le phoque, les outardes, la perdrix et les poissons. Ils utilisaient les ossements de caribou et l'ivoire qu'ils ficelaient ensemble pour obtenir de magnifiques outils. Souvent, en guettant le gibier, ils sculptaient sur place de petites statues dans la pierre pour tromper leur attente.

Ils le font encore aujourd'hui tout près de leur tente de toile. Les tentes, les Inuits les fabriquaient autrefois avec des peaux de caribous cousues. On découpait ensuite en lanières le reste des peaux de caribous pour en faire des sacs ou des récipients et recouvrir l'extérieur des kayaks. Sur la qualité de cet art des Inuits, Fred Bruemmer raconte (*).

* Bruemmer Fred, les saisons de l'Esquimau, Le cercle du livre de France, 1974, p. 59

"À l'encontre des femmes des autres pays, les Esquimaudes cousent de droite à gauche plutôt que de gauche à droite. Autrefois, alors que la qualité des vêtements était essentielle à la survie du chasseur et à son succès, une femme était appréciée autant pour ses talents de couturière que pour sa beauté. L'héroïne esquimaude, Navaranaq, après avoir livré son peuple aux Indiens, implore ses compatriotes de lui laisser la vie sauve, invoquant comme qualités principales "son agilité à tirer l'aiguille et son agréable comportement au lit."

Les canots de bois ou métalliques ont aussi fait leur apparition dans le Grand Nord. Depuis 1956 à peu près, les Inuits n'uti-

lisent plus de kayak ancien.

Automne

L'automne pour l'Inuit, c'est le temps pour la bernache (au Québec on dit outarde). Celle-ci, montée au nord pour nidifier, redescend dans sa grande migration vers le sud et vole bien haut. C'est encore le temps de la chasse... mais celle-ci, ne vous y trompez pas, est diffi-cile.

De retour au village, vers la fin d'août, les Inuits savent qu'à la fin de septembre ce sera déjà le temps de la neige. Aujourd'hui, ils en profi-tent pour écouler à la coopérative locale leur surplus de peaux, de su-tures et aussi de viande et de pois-son. Le troc ne se fait plus exacte-ment à la façon ancienne! La pré-paration à l'hiver non plus.

Il y a quinze ans, vers 1960, avant l'arrivée des motoneiges dans le

Grand Nord, les Inuits avaient encore leurs chiens et, l'automne, ils préparaient leurs trai-neaux

(Qamutik).
Depuis le mi-
lieu du dix-neu-
vième siècle, ces traî-
neaux n'étaient plus fabri- qués de
morceaux d'épaves de bois ou d'os de
baleine, mais de bois de construction
acheté à la Compagnie de la Baie
d'Hudson. Certes, ce type de construction peut sembler moins exotique, mais il ne faudrait pas en dédui-
re que les Inuits étaient de simples
exécutants sans imagination : il faut
voir à quel point par exemple le système d'attaches des morceaux de ces traîneaux était ingénieux. Faites de cuir
de phoque barbu (le plus solide), ces
attaches permettaient de fabriquer
un traîneau très résistant, parfaitement adapté aux durs chocs des glaces.

Le système de "lisse" témoignait également d'un art et de techniques parfaitement contrôlés : on récoltait,
tard l'automne, de la tourbe qu'on
laissait geler et qu'on étendait sur
les lisses; ensuite, à l'aide d'un morceau de fourrure d'ours, on polissait
la lisse comme un patin, ce qui faci-
litait le glissement du traîneau.

Pendant cette courte saison, les
femmes, de leur côté, se dépêchaient
de cueillir les quelques   foins
apparus sur le   bor
des rivières
en fabriquer
magnifiques
récipients.
Elles s'a-
donnaient
aussi à la
fabrication
des
vêtements.

"Afin de ne pas être
le besoin, l'Esquimau
devait pouvoir faire u
bonne chasse au carib
à l'automne. Il fallait quarante
peaux, avec leur fourrure d'automn
au poil court et dru, pour vêtir u
chasseur et sa famille : huit peaux

pour la tenue complète d'un homme, sept pour celle d'une femme et quatre pour vêtir un enfant. Des peaux étaient étendues sur le lit-plateforme et servaient de couverture ainsi que de ma-tériel pour la fabrica-tion des tentes." (×)

Enfin, elles arra-haient des brindilles seule pour en fabriquer de des nat-tes en reliant les brindilles entre el-es par des lanières de cuir de phoque. es nattes déposées sur les lits de nei-e servaient de matelas isolant dans ?'iglou.

Hiver

Imaginez l'hiver des Inuits !... ulle part sans doute la nature n'est lus hostile à l'homme qu'à ces latitu-es nordiques où tout se fige pendant

Pilugak, Mémoires d'un Esquimau, Ed. du jour Montréal 1973

plusieurs mois dans un froid inhumain. Certes, aujourd'hui les Inuits ne sont plus aussi tributaires des saisons qu'ils l'étaient il y a encore vingt ans. De nos jours, leur hiver, ils le vivent confortablement (relativement bien sûr) dans de petites maison de bois éclairées et chauffées que leur procure le gouvernement fédéral canadien. C'est ainsi qu'est disparu à Povungnituk, en 1964, le dernier iglou, celui du sculpteur mythologique Davidealuk.

Aujourd'hui, on a peine à le croire, il faut enseigner aux enfants, à l'école, comment faire un iglou ou construire un abri... Autrefois, l'Inuit taillait des blocs de neige, au couteau fait en os de caribou & l'iglou était vite construit en une heure, par deux personnes. Cinq personnes pouvaient y loger, qui se réchauffaient avec une bonne lampe à l'huile de phoque. Cependant, lorsque sur les murs commençait à se former une pellicule de glace, il fallait construire un nouvel igloo, puisque la glace est un mauvais isolant qui laisse vite échapper la chaleur.

Dans l'igloo, la femme occupe le tout, depuis la cuisine jusqu'à la confection des vêtements. Jusqu'en 1950, les femmes esquimaudes taillaient encore les anoraks dans des peaux de caribous. Les bottes étaient de peau de phoque ainsi que les mukluks. Les tenues d'hiver étaient composées de deux paires de bottes enfilées l'une par-dessus l'autre et de deux anoraks superposés, l'un avec fourrure intérieure collée à la peau, l'autre avec fourrure extérieure. Pour la chaleur ne s'échappe pas par le col, les vêtements étaient bien ajustés au cou, et tout autour du capuchon, on ajoutait

25   20

une large bordure de fourrure
pour éviter toute perte de chaleur
C'était l'hiver!

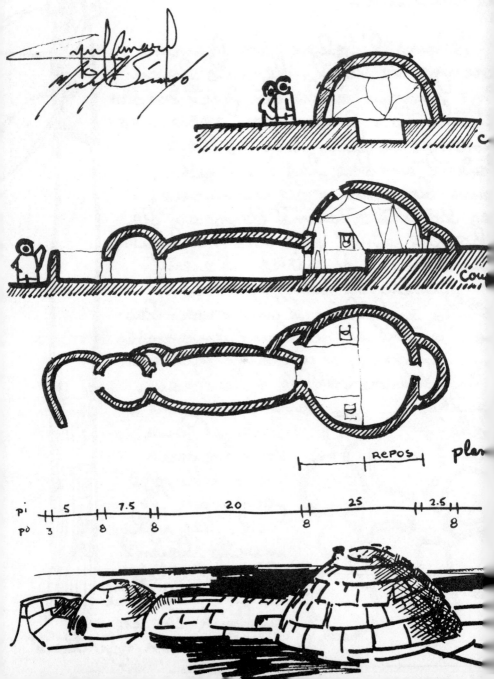

REPOS | plan

| pi | 5 | 7.5 | 20 | 25 | 2.5 |
| po | 3 | 8 | 8 | 8 | 8 |

Père André-P. Steinmann, o.m.i.

Apparition d'un
nouveau produit

*"Les Blancs ont une tendance à étouffer les valeurs tra-
ditionnelles du passé, cela complique encore le problème! Par exemple, la langue disparaît dans les écoles. Il
est juste de dire que le Québec respecte la langue esquimaude. Peut-être parce que les Canadiens français sont
eux-mêmes une minorité. Mais les représentants de la
majorité au Canada, les anglophones, traitent les Esquimaux d'illettrés, parce qu'ils ne parlent pas l'anglais,
alors que l'Esquimau qui parle sa langue, qui la lit et qui
l'écrit, n'est pas illettré, loin de là! Ce n'est pas parce
qu'il ne parle pas l'anglais qu'il est illettré, croyez-moi.
Dans les écoles, les enfants ne parlent pas l'esquimau. Le
gouvernement fédéral canadien leur défend de parler
esquimau dans leurs écoles. C'est absolument aberrant."*

*"En face de cela se développe un autre phénomène: le
gouvernement provincial du Québec veut respecter la langue esquimaude, mais à ce moment-là, ce sont les
Esquimaux qui ne veulent pas qu'on les enseigne dans
leur langue. Ils n'en voient pas l'utilité. Ils veulent garder
leur folklore, ils veulent que leurs enfants soient conscients qu'ils ont été des Esquimaux, mais leur enseigner
la langue esquimaude, pas du tout! Et pourtant, c'est
très facile d'enseigner la langue esquimaude! Aujour-
d'hui, les Esquimaux la comprennent tellement peu qu'ils
n'acceptent presque plus qu'on les enseigne dans leur langue. Voilà où on en est!"*

Père André-P. Steinmann, o.m.i.

UN DÉBUT D'ORGANISATION

1) Au Canada

A l'époque où les Inuits vivaient sans aucun contact avec d'autres civilisations, ils sculptaient pour eux de petits objets (fétiches et amulettes de toutes sortes) et fabriquaient, bien sûr, les objets dont ils maîtrisaient les techniques et dont ils avaient besoin: outils, casseroles, gobelets, lampes...

Les Blancs, gens de la Compagnie de la Baie d'Hudson, chasseurs de baleines, évangélisateurs, marins, gérants de postes de traite, professeurs, infirmiers, etc., s'intéressèrent à ces produits qu'ils échangèrent par troc aux Inuits. Comme ces *quadluna* (homme au sourcil épais) voulaient faire des affaires, les Inuits firent le troc de leur mini production, de 1900 à 1950.

Avant l'avènement des coopératives et des gouvernements, la Compagnie de la Baie d'Hudson (H.B.C., sigle que d'aucuns tournent en dérision en le traduisant par les mots Here Before Christ) achetait aussi des sculptures esquimaudes. L'expédition vers le sud se faisait par bateau, une fois l'an.

Le circuit de commercialisation se faisait de la façon suivante: la Compagnie de la Baie d'Hudson recevait par caisses les sculptures à ses entrepôts de Montréal et les exposait en collaboration avec La Guilde canadienne des métiers d'art, sur la rue Peel. Cet organisme en faisait la promotion et la vente. C'est ainsi que les rares collectionneurs montréalais vidaient les étagères garnies de sculptures esquimaudes venant d'Inoucdjouac, Povungnituk, Saglouc, Cap Dorset ou Igloolik.

En 1948, le ministère fédéral des Affaires du Nord délégua l'artiste ontarien James Houston dans le Nord-Est de l'Arctique (Nouveau-Québec et sud de l'Ile de Baffin), afin d'acheter directement des Inuits les plus habiles des figurines en stéatite et de nombreux objets utilitaires dont ils ne se servaient plus.

"Mon quartier général établi dans la mission anglicane d'Inoucdjouac me convenait à merveille...j'ai acheté environ mille objets pendant mon voyage", raconte Houston.

A cette époque, rappelle W. T. Larmour, le commerce des peaux de renard périclitait et de nombreux Inuits à bout de ressources cherchaient désespérément un autre gagne-pain. Houston encouragea les habitants de Port-Harrison et de Povungnituk à sculpter davantage, surtout dans la stéatite, dont il existait d'importants dépôts dans la région. L'encouragement de Houston pour les artistes esquimaux et sa compréhension de leurs habitudes de production favorisèrent l'établissement d'une nouvelle relation entre les Blancs et les Inuits.

Voici comment Virginia Watt, directrice de la Guilde canadienne des Métiers d'art, décrit cette mission de James Houston dans un communiqué de presse d'octobre 1973:

"1948-1949 marqua, en fait, le point tournant. Cette année-là, la Guilde canadienne de l'artisanat, devenue aujourd'hui la Guilde canadienne des Métiers d'art, dépêcha un représentant, M. James Houston, en pays esquimau avec mission d'y vivre, d'y circuler et d'y rassembler quelques oeuvres sculptées, aussi typiques que possible. La Compagnie de la Baie d'Hudson vint en aide à la Guilde en faisant bénéficier cette dernière d'un certain nombre de ses installations et services dans le Nord. M. Houston rentra quelques mois plus tard, avec son premier échantillonnage de sculptures. Celles-ci firent l'objet d'une vente spéciale à la Guilde de Montréal et soulevèrent un intérêt tel auprès du public, que l'année suivante, en 1950 donc, la Guilde invita M. Houston à se remettre en route. Il revint de ce second voyage avec un nombre de sculptures très supérieur à celui de la précédente expédition. Le travail suivit ainsi son cours, chaque année, apportant dans le sud du pays un contingent accru de sculptures esquimaudes.

"Au commencement, la Guilde achetait et vendait, par l'entremise des comptoirs de la Compagnie, toute l'oeuvre sculptée produite. La Compagnie de la Baie d'Hudson ne fut pas longue, toutefois, à se mettre sur les rangs et pendant un certain nombre d'années, le marché des sculptures esquimaudes, — vente et achat — fut le fait des deux agences."

Lors de ces visites, Houston catalysa une grande partie de l'énergie des artisans esquimaux. Les coopératives s'installèrent... En 1952, près de vingt mille objets d'artisanat furent achetés et revendus.

La première coopérative fut formée par le gouvernement fédéral vers 1950 à Cap Dorset. Par la suite, de nombreux villages du Nord-Est canadien installèrent leurs coopératives, comptoirs d'achats d'où les expéditions de sculptures s'acheminèrent régulièrement vers les grandes villes.

2) Au Nouveau-Québec

"J'ai lancé le mouvement coopératif pour essayer, précisément, que l'Esquimau mène ses propres affaires et prenne des décisions pour lui-même, parce que, jusque-là, ce n'était pas l'Esquimau qui décidait pour lui-même. C'est le gouvernement qui décidait pour lui, les Eglises décidaient pour lui. L'Esquimau n'avait pas le choix. J'estime que la première nécessité pour un homme c'est d'être libre. Il faut à un moment donné, que l'homme puisse choisir. Pour choisir, il faut comprendre, il faut voir les différences qu'il y a entre plusieurs lois possibles et ensuite il faut être libéré de toute contrainte sociale. C'est une des premières choses qu'on aurait dû faire."(1)

En 1958, le Père Steinman, O.M.I., parisien d'origine, missionnaire dans le Nord depuis 1937, arrive à Povungnituk. Vite, il devient un fin connaisseur des moeurs esquimaudes, se fait aimer de la communauté autochtone qui finit par le reconnaître quasi comme son chef. L'esprit de coopération et le travail du religieux ouvrent la voie à un nouvel espoir pour la communauté esquimaude du Québec.

C'est le Père Steinman qui fonda définitivement la première et la plus importante coopérative esquimaude en terre québécoise, même si quelques mois auparavant, le fédéral avait lancé l'idée à Port-Nouveau-Québec dans le but de développer exclusivement les pêcheries.

Le missionnaire parisien, fort de l'appui reçu dans le milieu et en dépit de nombreuses difficultés financières, finit par intéresser le gouvernement du Québec (qui venait tout juste de s'apercevoir que le Nord existait) et fit le gros de l'ouvrage avec Peter Murdock qui travaillait à Povungnituk depuis 1956 pour la Hudson Bay. Raymond Audet, inspecteur à cette époque pour les Caisses populaires dirigées par Cyrille Vaillancourt, leur vint en aide. Ensemble, les trois hommes structurèrent la coopérative de Povungnituk, fondant la *première coopérative esquimaude en terre québécoise et la première Caisse populaire dans tout le Grand Nord canadien.*

Le Père Steinman fut alors le premier président de la caisse dont le premier gérant esquimau fut José Pamiortok (la loutre).

Pour trouver un débouché commercial à ses produits dans le Sud, la société coopérative prit contact en 1962 avec Thérèse LeVallée qui se dévouera jusqu'en 1970 à la promotion économique de l'artisanat esquimau en installant, dans sa propre cave, à Sainte-Foy, le premier centre de vente qui soit la propriété des Inuits. C'est à cette époque qu'on commença à identifier la sculpture esquimaude au moyen de trois numéros gravés sous la base: un pour le client, un pour le service de mise en marché et un troisième pour les archives.

Thérèse LeVallée nous raconte ce qui se passa à Povungnituk le soir où toutes ces idées prirent forme: (2)

"Mon premier soir à Povungnituk, je le passe dans la grande salle esquimaude attenante à la Mission, en plein cœur du village. Tous les Esquimaux de l'endroit sont réunis autour de nous: hommes, femmes, enfants... assis directement sur le sol. La discussion porte d'abord sur les sculptures, les gravures, la nécessité de soigner leur travail et de lui garder son niveau élevé et original. Tous écoutent avec attention. Puis ils veulent des explications sur le fonctionnement d'une caisse populaire car ils voient dedans un moyen d'émancipation dont ils sentent le besoin. Déjà dans l'avion, nous avions amorcé l'idée d'une caisse populaire. L'attention des participants à cette discussion est si grande ce soir-là que nous en sommes fortement impressionnés. Les explications sont données en français, en anglais et en esquimau. La réunion durera de six heures du soir à deux heures du matin. Après maintes explications et réponses aux questions qui fusent sagement et avec ordre de tous les coins de la salle, un Esquimau se lève et dépose $20 sur la table en demandant qu'on lui ouvre un compte. M. Audet se tourne vers moi: "Qu'est-ce qu'on fait?" lui demandai-je. "Eh bien, on en fonde une..." répond-il. C'est ainsi que fut fondée la Caisse populaire de

Povungnituk, premier véritable système bancaire de tous les Esquimaux au Canada".

En 1962 enfin, le gouvernement québécois crée, dépendant du ministère des Richesses naturelles, la D.G.N.Q., Direction générale du Nouveau-Québec. Entre 1962 et 1964, un programme est mis au point par Eric Gourdeau et un représentant du gouvernement du Québec est envoyé dans chaque village esquimau pour établir un programme de bourse et un projet de coopération.

L'ABOUTISSEMENT: LA FÉDÉRATION DES COOPÉRATIVES

En 1966, le gouvernement fédéral tente, à la Conférence des Coopératives du Grand Nord canadien, de regrouper toutes ces coopératives québécoises à l'intérieur d'une grande fédération canadienne. Le projet d'intégration ne réussira pas et, en fait, permettra simplement aux sept premières coopératives du Québec de fonder leur propre fédération le 20 mai 1967. Cette fédération sera vite soutenue par le mouvement Desjardins et la Direction générale du Nouveau-Québec.

Ce sont, encore une fois, le Père Steinman, Raymond Audet (et avec lui le mouvement Desjardins) et Thérèse LeVallée qui mettent au monde la fédération. Ils mettent à sa disposition un siège social et un entrepôt à Lévis où s'installe Thérèse LeVallée en 1967. Tous les membres du Conseil de la Fédération sont des Inuits à l'exception de M. Audet, siégeant à la demande des autochtones.

Pour assurer la bonne gérance et l'avenir de leur entreprise, les Inuits se souvinrent de Peter Murdock et de son expérience de 20 ans au service de la Hudson Bay. Ils firent appel à lui et, en quelques mois, celui-ci regroupa sept coopératives dans la Fédération québécoise.

Aujourd'hui, la Fédération des Coopératives du Nouveau-Québec est un organisme autonome et prospère. Ses fonds proviennent des contributions des coopératives adhérentes et de contrats qu'elle obtient des gouvernements, fédéral et provincial, pour fournir à la population du Nouveau-Québec certains services qui seraient normalement assurés par l'un ou l'autre des gouvernements.

A ses débuts, la Fédération s'occupa surtout de la mise en marché de sculptures et de pièces d'artisanat. En moins de quatre ans, elle augmenta ses activités au point qu'elle est maintenant en mesure d'offrir de très nombreux services aux coopératives adhérentes:
— la mise sur le marché international de leurs pièces d'art et d'artisanat;
— la création des magasins généraux de détail dans le Nord (aliments, vêtements, etc.);
— la mise en place de programmes rentables de production et de développement;
— l'essor du tourisme;
— l'éducation coopérative pour le personnel du Nord;
— des services de vérification interne, comptabilité et finances.

Aujourd'hui, il existe onze coopératives esquimaudes (incluant la coopérative indienne de Wemindji, ou Nouveau-Comptoir, établie également au Nouveau-Québec) et une deuxième est en voie de formation. Leur chiffre d'affaire atteint plusieurs millions de dollars par an.

Voici la liste des 10 coopératives affiliées à la Fédération. Ces coopératives sont des corporations régies par la loi des Associations coopératives, chapitre 292 (S.R. 1964). Nous énumérons également les dates de formation.

— Port-Nouveau-Québec
George River Cooperative Association   25 avril 1959
— Povungnituk
L'Association coopérative de Povungnituk   11 juin 1960
— Fort-Chimo
Fort-Chimo Co-operative Association   11 février 1961
— Poste-de-la-Baleine
L'Association coopérative de Poste-de-la-Baleine
Great Whale River Co-operative Association   5 août 1961
— Bellin
Paynes Bay Fishermen's Cooperative
Association   30 mars 1964
— Saglouc
Sugluk Co-operative Association
L'Association coopérative de Saglouc   29 avril 1967

— Inoucdjouac
  L'association coopérative de Inoucdjouac   14 octobre 1967
— Ivujivik
  L'Association coopérative d'Ivujivik   14 octobre 1967
— Nouveau-Comptoir (indien seulement)
  Association coopérative Wemindji
  Wemindji's Cooperative Association   8 juillet 1967
— Maricourt
  Wakeham Bay Cooperative Association   25 juin 1970

Depuis quelques mois, le siège social de la Fédération s'est établi à Montréal au 880 Bégin, Ville Saint-Laurent. Une bonne équipe y travaille à la promotion de l'art esquimau, toujours sous la direction de Peter Murdock, assisté de Bruce Myers et Marybelle Myers qui s'est jointe à l'équipe en qualité de recherchiste et responsable du développement de l'artisanat.

LES ARTISANS ESQUIMAUX DE NOS JOURS

Répartition géographique des Inuits du Nouveau-Québec-Labrador

Les Inuits du Nouveau-Québec habitent la partie de l'extrême Nord du Québec sur un territoire de presque 400 000 milles carrés. Leur densité de population y est très faible. On pourrait, en fait, les diviser en trois grandes régions géographiques en y incluant le Labrador: les Inuits de la Baie d'Hudson, ceux de la Baie d'Ungava et ceux du Labrador.

Au mois de janvier 1970, 3 470 Inuits habitent les régions de l'Ungava et de la Baie d'Hudson-Baie James. Ce sont eux, les habitants du Nouveau-Québec. C'est dans cette région seulement que nous trouvons des centres d'art esquimau contemporain. Les plus importants étant Povungnituk (600 Inuits), Fort-Chimo (530 Inuits) et Poste-de-la-Baleine (550 Inuits et 310 Cris).

Ces villages, évidemment, sont très éloignés les uns des autres et même aujourd'hui, les communications sont très difficiles bien que l'avion, la motoneige et le canot à moteur aient remplacé les traditionnels traîneaux à chiens.

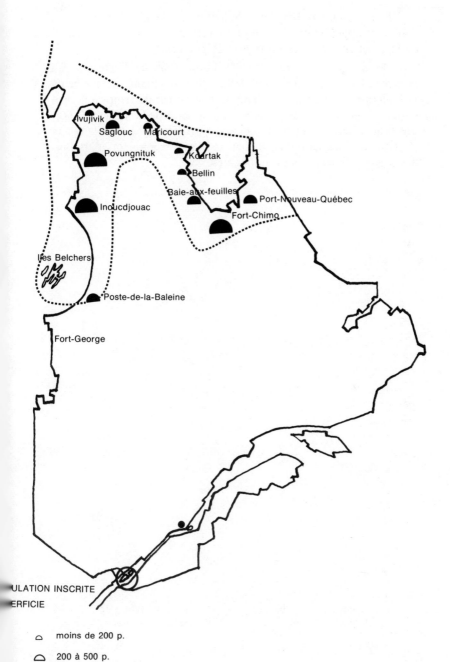

Ivujivik
Saglouc   Maricourt
Povungnituk   Koartak
Bellin
Baie-aux-feuilles
Port-Nouveau-Québec
Inoucdjouac   Fort-Chimo
Îles Belchers
Poste-de-la-Baleine
Fort-George

ULATION INSCRITE
ERFICIE

⌒ moins de 200 p.

⌒ 200 à 500 p.

⌒ 500 à 1000 p.

...... limites de la zone fréquentée
par les esquimaux

■ moins de 0.10 mi. car.

367

Pour passer leur long hiver de huit mois... et recevoir un revenu d'appoint appréciable, de nombreux artisans consacrent l'essentiel de leur activité à la sculpture et à la gravure.

On estime que près de 800 Inuits font de l'artisanat au Nouveau-Québec, chaque chef de famille s'adonnant quelque peu à la sculpture pendant que les femmes consacrent du temps à la broderie, à la confection de paniers...et à la tenue de la maison. Il faut noter qu'à certains endroits comme Fort-Chimo, Fort-George et Poste-de-la-Baleine, Inuits, Indiens et Blancs se côtoient, mais dans des organisations sociales autonomes.

(1) STEINMAN, André-Pierre, O.M.I., in *Forces,* no 10, 1970, p. 14.
(2) LEVALLÉE, Thérèse, *Povungnituk ,* Collection Panorama.

Productions actuelles (techniques, qualité, conservation)

Sculpture

Quand je reviens à mon village avec la pierre que j'ai extraite du sol afin d'en faire une de mes grosses sculptures, je la laisse soit sur mon traîneau, soit dans mon bateau, parce que je ne sais pas encore la forme qui sera libérée de cette pierre. Ensuite, je l'emporte à la maison, je m'asseois sur le plancher et je la regarde toute la journée. Ce n'est que vers le soir que je suis prêt à dégager l'être qui est emprisonné dans la pierre. Au début, je ne suis pas très heureux de mon travail. Mais plus j'avance dans l'exécution de ma sculpture, plus je me sens heureux. C'est quand elle est bien polie et tout à fait terminée que j'éprouve une grande joie et que j'aime vraiment ce que je viens de faire.

Levi *KUMALUK.*

Ours en ivoire; côte ouest, Baie d'Hudson. (Ministère des Affaires culturelles)

ORIGINES DE LA SCULPTURE ESQUIMAUDE

Considérant la forme simple et dépouillée des pièces produites, l'origine naturelle des matériaux employés et le caractère assez élémentaire des outils utilisés de nos jours par les Inuits, on pourrait penser que les sculpteurs esquimaux sont les héritiers de traditions ancestrales et que la sculpture esquimaude a toujours existé. Il n'en est rien!... Du moins, pour ce qui est de la production de grosses pièces.

Peuples nomades, les Inuits ne s'embarrassaient pas dans leurs déplacements de statues du type de celles que nous connaissons aujourd'hui, qui peuvent peser plusieurs livres, voire plusieurs dizaines de livres. Les sculptures primitives esquimaudes étaient des miniatures: petits objets au pouvoir magique pour protéger contre les mauvais esprits et les maladies; petits animaux sculptés figurant l'animal que le chasseur voulait tuer.

Les magnifiques publications consacrées aux objets d'art des périodes du Dorset ou du Thulé présentent, dans leurs illustrations, de nombreux agrandissements des oeuvres d'art originales, ce qui peut induire l'amateur en erreur quant à la taille réelle de ces objets, mais le connaisseur ne s'y trompera pas.

La sculpture esquimaude contemporaine que nous connaissons date des vingt-cinq dernières années. Les sources d'inspiration sont en gros les mêmes que celles des miniatures antiques. Elles ont toujours quelque chose de vaguement mystérieux et de légendaire, image d'un passé dont les vieux Inuits portent encore les traces en eux, mais que les jeunes ne sentent plus que confusément.

L'Inuit ne parle jamais d'art, mais de ressemblance. George Swinton écrit qu'il n'existe pas de mot esquimau pour désigner l'art, mais que le vocabulaire approprié à l'action de sculpter correspond chez nous aux mots: "imitation", "ressemblance".

"Aujourd'hui, le mot que l'on emploie pour désigner l'action de sculpter est *sananquaq,* qui possède une étymologie significative:

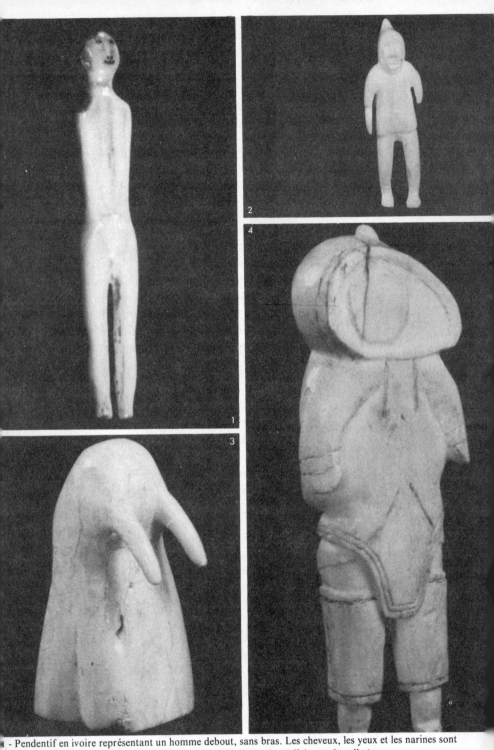

1 - Pendentif en ivoire représentant un homme debout, sans bras. Les cheveux, les yeux et les narines sont incisés et noircis par brûlure; détroit de Bering. (Ministère des Affaires culturelles)
2 - Statuette en ivoire représentant un homme en costume traditionnel. (Ministère des Affaires culturelles)
3 - Tête de morse et défenses sculptées dans une seule pièce d'ivoire; côte ouest, Baie d'Hudson. (Ministère des affaires culturelles)
4 - Statuette en ivoire représentant une femme vêtue du costume traditionnel décoré de motifs linéaires; Baie d'Hudson. (Ministère des Affaires culturelles)

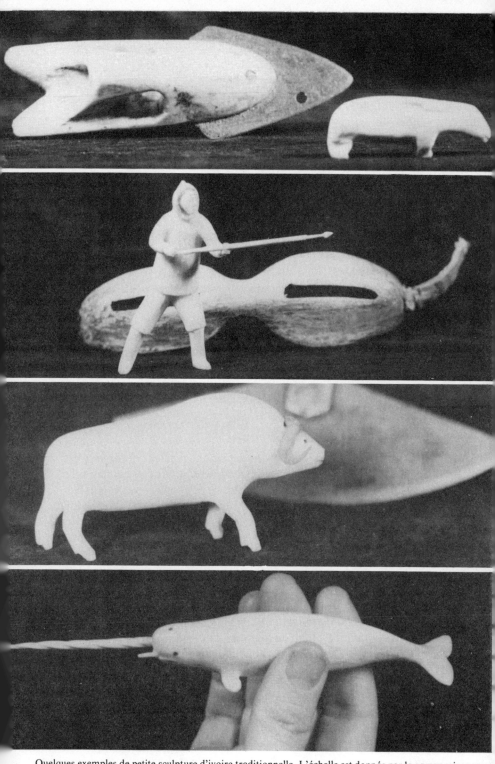

Quelques exemples de petite sculpture d'ivoire traditionnelle. L'échelle est donnée par la comparaison avec des objets usuels: pointe de flèche, lunettes de neige, ulu et main. (Musée National de l'Homme)

sana veut dire "faire" et *nguaq* se rapporte au concept de "mode, imitation, ressemblance".(1)

La sculpture esquimaude témoigne d'une communion entre l'artisan et la pierre à laquelle l'homme cherche à insuffler la réalité plutôt que la beauté.

De nos jours, l'artisan esquimau sculpte pour gagner sa vie... mais il n'en demeure pas moins lié par toute cette tradition ancestrale, tradition au niveau de l'inspiration, mais aussi de l'excellence de son travail. Il ne nous raconte donc pas sa vie d'aujourd'hui, mais revit celle d'hier, en pensant peut-être à celle qu'il souhaiterait voir revenir pour lui et les siens.

On dit que l'Inuit n'a jamais tellement sculpté pour son plaisir. A ce sujet, Charles A. Martinjin cite une enquête réalisée auprès d'une vingtaine d'Inuits et écrit: "All the others stated that they didn't like or that they hate carving". * Mais cette enquête et ses conclusions sont un sujet très controversé. Ses opposants disent qu'il s'agissait en fait de réponses à des questions portant sur la sculpture utilitaire que devait réaliser l'Inuit dans l'iglou. On sait que les Inuits sculptaient des culs de lampes en "pierre à savon" et qu'ils les traînaient lors de tous leurs déplacements.

L'influence du Sud

La production des sculptures a pris une nouvelle dimension dès l'arrivée des Européens dans le Grand Nord (particulièrement celle de Houston en 1948), et à la naissance des coopératives esquimaudes du Québec, dans les années 60. Pour gagner sa vie, l'Inuit se mit à produire en fonction des goûts des gens du Sud et des voyageurs qui voulaient rapporter du Nord un "souvenir". Cependant, l'Inuit ne cessa pas pour autant d'être exigeant quant à la qualité de ses pièces et de ne produire, selon son habileté, que des oeuvres très valables.

Voici ce qu'écrivait en 1963 Samesa Paqsauraaluk de Povungnituk: (1)

"C'est encore l'hiver. En juillet, j'aurai de la bonne pierre. La pierre qu'utilisent maintenant les Esquimaux n'est pas bonne. Je n'aime pas travailler de la mauvaise pierre. Ne perdez pas patience

---

* Tous les autres affirmèrent qu'ils n'aimaient pas ou qu'ils haïssaient la sculpture.

en attendant mon oeuvre. Les Blancs refuseront bientôt nos sculptures maintenant, et puis je travaille lentement. J'aime pouvoir penser à quelque chose qui plaise à l'acheteur."

Comme le disait Houston lui-même, il faut se rappeler que cette production en fonction des goûts de la clientèle est loin d'être une déformation du génie esquimau, puisque c'est exactement de la même façon qu'évoluèrent au cours des siècles toutes les écoles artistiques occidentales.

"Nous étions remplis d'admiration pour le génie artistique de ceux qui créaient une esquisse ou deux en échange d'un pain ou d'un verre de vin dans certains cafés de Paris. L'esprit romantique qui entoure ces gestes enlève toute vénalité."

Nous dégagerons ici quatre secteurs d'influence directe du Sud sur la production du sculpteur esquimau.

Matière première

L'utilisation de plus en plus généralisée de la stéatite dans la sculpture est un phénomène nouveau provoqué par la demande des Blancs, fort sensibles à la beauté plastique de ce matériau. Traditionnellement, les Inuits utilisaient davantage l'ivoire, l'os, les andouillers de caribous, le bois et la corne. La fragilité de la stéatite n'incitait pas les Inuits à s'en servir pour la fabrication des objets d'utilisation courante.

Volume

Nous l'avons vu, la sculpture esquimaude était traditionnellement très petite: il ne pouvait en être autrement chez ces peuples nomades. Il n'y avait pas d'oeuvres monumentales dans l'art esquimau.

Cependant, au cours des dernières années, les revendeurs ont demandé aux Inuits de produire de grosses pièces pesant parfois plusieurs centaines de livres, puisqu'il existait dans le Sud un marché pour de telles oeuvres. On en retrouve certaines qui décorent le hall d'entrée des buildings montréalais ou les bureaux des présidents de grandes entreprises.

Avec l'inflation et la montée des prix, les commerçants n'achètent pratiquement plus de sculptures qu'ils devraient vendre à plus de $1 000. Le commerçant veut de la petite sculpture. Il a passé son message au grossiste qui, lui, l'a transmis dans le Nord. L'artiste esquimau sait maintenant, sans trop comprendre pourquoi, qu'il peut de nouveau faire de la petite sculpture.

Commercialisation

Ce sont les gens du Sud qui déterminent dans une grande mesure ce qui se sculpte dans le Nord, puisque ce sont eux qui en sont les acheteurs et qui, en dernier lieu, jugent de la qualité et du prix qu'ils sont prêts à payer pour telle ou telle pièce. Ils transmettent leurs goûts à l'artiste. C'est ainsi que l'on a vu naître les "scènes esquimaudes" sur stéatite ou sur corne de caribou. Les gens du Sud voulaient voir comment vivait l'Inuit. Autrefois, c'était original! On a donc fait des sculptures représentant sur une même base des scènes familiales ou des scènes de chasse: iglou, chasseurs, outils, armes, kayak, chiens, traîneaux, gibier, femmes de chasseurs, enfants, etc.

Vêtement

La petite sculpture traditionnelle figurait les corps humains nus. Influence religieuse ou besoin de satisfaire aux exigences du marché?... toujours est-il qu'aujourd'hui tous les personnages sculptés sont vêtus du costume traditionnel esquimau.

Anciennement, l'Inuit produisait ses petites pièces sans base fixe, de telle sorte qu'on pouvait les regarder sous tous les angles en ayant toujours une perspective intéressante. Les compositions récentes exigent une position précise des personnages et une base. L'oeuvre a donc une orientation, l'artiste fixant dans la pierre un moment précis de la vie.

LES GRANDS THÈMES

Pour illustrer les grands thèmes actuels de la sculpture esquimaude, nous avons choisi de présenter des sculptures provenant des collections du Gouvernement du Québec que le service d'anthropologie et d'ethnographie du ministère des Affaires culturelles du Québec a bien voulu nous dévoiler afin de faire prendre connaissance à tous des richesses et de la beauté de ce patrimoine provincial. La Fédération des Coopératives du Nouveau-Québec nous a également fourni des pièces de très haute qualité.

La collection Brochu et la collection de la Fédération

Une bonne partie des pièces figurant sur nos photos nous viennent de la collection que Michel Brochu, géographe de l'Université de Montréal, a rassemblée pour le ministère des Affaires culturelles en 1965. Cette collection, dite collection Brochu, présente aussi des objets d'usage courant et des sculptures acquises plus récemment.

"Afin d'offrir un panorama de la sculpture esquimaude du Nouveau-Québec, nous avons tenté d'acquérir deux oeuvres de chacun des artistes de chaque poste (...). Par son ampleur géographique et par le nombre de postes représentés, il s'agit d'une collection absolument sans équivalent en Amérique et à l'échelle du globe pour ce qui a trait au Nouveau-Québec. (2) S'ajoute à cela, la collection de la Fédération, collection acquise de la Fédération des Coopératives par le ministère des Affaires culturelles en 1965. Comme nous le ferons pour la gravure, nous avons classé par thèmes les différents aspects de ces collections.

a) Mythologie

Les explications que les Inuits donnent de certains phénomènes naturels relèvent toujours du monde des esprits. Ainsi pensent-ils que le tonnerre est produit par les esprits frottant des peaux; l'aurore boréale, par des esprits jouant à la balle. Si le ciel, ou plutôt la voûte céleste, apparaît aux Inuits comme l'habitat naturel des esprits, la terre est également remplie de mystères. Un missionnaire nous décrit ainsi quelques facettes de ce monde mythologique. (3)

"Arnakapfaluk ou Kannakapfaluk est l'esprit de la mer. C'est une femme qui se tient au fond de la mer. Elle garde les phoques. Avec elle se trouve Unga, un petit nain. Quand une croyance est violée, elle retient les phoques.

"Tatkrek est l'esprit de la lune. C'est un esprit mâle. On dit qu'autrefois, un frère et une soeur s'aimèrent sur terre dans l'obscurité. Mais la fille finit par reconnaître son frère et désolée de son inceste, s'enfuit au ciel avec le jeune homme à sa poursuite. Elle devint le soleil, lui, la lune qui cherche toujours à la rejoindre. Ainsi naquit la croyance que la lune peut rendre les femmes enceintes. Les Inuits prêtent des pouvoirs très forts à cet esprit-lune.

"Silla est l'esprit du temps. Il peut être bon ou mauvais! C'est une force mystérieuse qui se manifeste dans les caprices de la température.

"Niksilik est un esprit harpon. Comme son nom l'indique, il peut faire du mal et est fort redouté.

"Les Tornaits, eux, sont des êtres qui ont habité la terre mais n'étaient ni hommes ni femmes. Ils furent chassés par les sorciers. Leur chef s'appelle Tupilak, l'équivalent du diable.

"Les Tarraits sont les esprits des morts. On en a une crainte mortelle (...)"

Les Inuits pensaient que même les animaux morts devaient revenir sur terre, d'où la grande signification rituelle des statues représentant des animaux.

Sculpture en stéatite de Davidealuk de Povungnituk. Esprit représenté par une tête tatouée portant sur les joues et le menton des organes génitaux, 1971. (Ministère des Affaires culturelles)

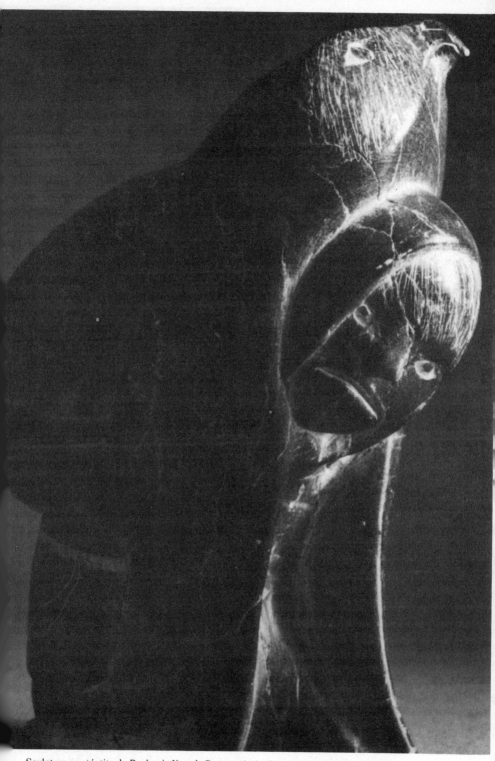

Sculpture en stéatite de Paulassie Kon de Povungnituk. Esquimau revêtu de plumage, 1971. (Ministère des Affaires culturelles)

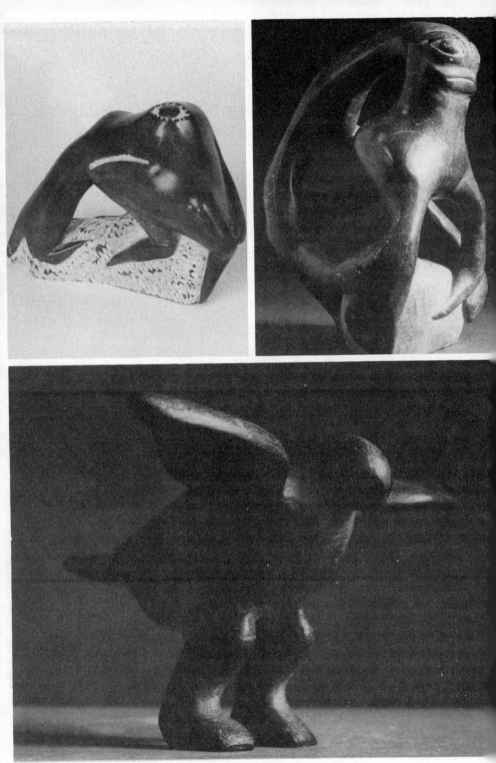

Esprits réincarnés dans la stéatite. (Ministère des Affaires culturelles et Fédération des coopératives esquimaudes)

Sculpture en stéatite de Tautialuk de Povungnituk. Homme-oiseau, 1971. (Ministère des Affaires culturelles)

1 - Sedna, déesse de la mer et les aurores boréales, sculpture de Davidealuk, Povungnituk. (Fédération des coopératives esquimaudes)

2 - Sculpture en stéatite de Davidealuk, Povungnituk. Légende de l'aigle et de l'Esquimau, 1971. (Ministère des Affaires culturelles)

b) Le bestiaire

"L'importance du règne animal dans la sculpture esquimaude tient à plusieurs facteurs. D'abord l'Esquimau tend à attribuer à tous les êtres vivants, et même aux choses, les mêmes qualités qu'aux humains. Il pense que les animaux de son univers communiquent avec lui, lui parlent et lui répondent à leur façon. Il pense qu'ils sont de la même essence universelle. Il est habitué à les apercevoir chaque jour, vivants, agressifs ou morts, et à percevoir le sens des moindres réflexes de l'ours blanc blessé, saignant, du phoque rêveur, du morse en équilibre sur la glace. Il sait que l'animal lui fournit sa viande, sa fourrure et sa corne, donc sa nourriture, sa survie, sa chaleur et ses armes de chasse et de pêche. L'animal, sa subsistance, c'est donc une partie de lui-même, l'Esquimau. Et l'Esquimau essaie même d'imaginer dans ses sculptures des animaux qu'il n'a jamais vus dans l'Arctique, mais dont il a entendu parler par les légendes ou par les étrangers.

"C'est pourquoi l'Esquimau cherche à l'aide de la pierre, cette pierre nordique vivante, transpirante, palpitante, à exprimer les sentiments de la bête à partir des mouvements de son corps, puisque aussi bien, il a passé sa vie à épier les détails de ses réactions pour la dominer." (4)

Ours sculpté, Maricourt. (Fédération des coopératives esquimaudes)

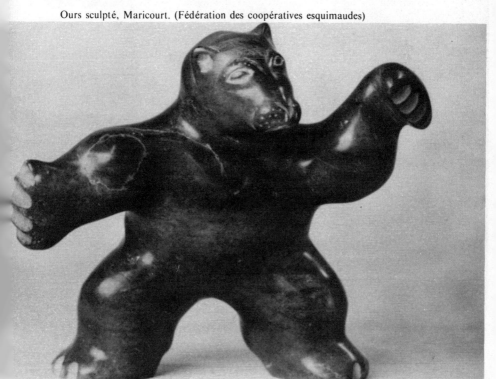

Chouette en stéatite de P. Sivuak, Povungnituk, 1971. (Ministère des Affaires culturelles)

Les oiseaux de Poste-de-la-Baleine, de Port-Nouveau-Québec et de Povungnituk vus par Davidealuk et Johny Morgan. (Ministère des Affaires culturelles et Fédération des coopératives esquimaudes)

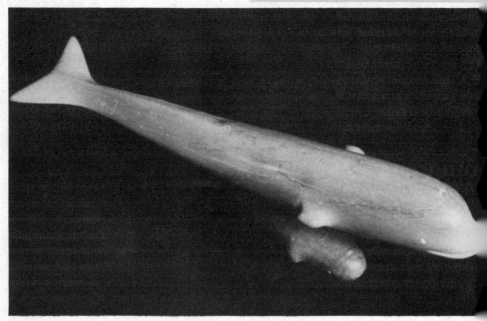

Ivoire et stéatite de Poste-de-la-Baleine. (Ministère des Affaires culturelles et Fédération des coopératives esquimaudes)

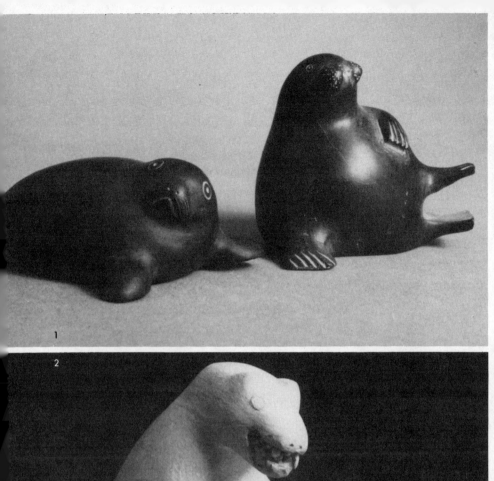

1 - Phoques en argilite de Peter et de Paulussie Nuktie de Poste-de-la-Baleine, 1966. (Collection Michel Brochu)

2 - Ours en ivoire. (Ministère des Affaires culturelles)

c) Les travaux et les jours

"Les travaux et les jours: c'est l'Esquimau qui attelle les chiens, qui conduit le traîneau...qui gratte les peaux de phoque et de caribou pour confectionner les vêtements, qui construit l'iglou ou qui chasse... tandis que sa femme allaite un enfant." (4)

Personnages de stéatite. (Ministère des Affaires culturelles)

1 - Tivi est à construire un iglou, Povungnituk, 1951. (A. Chauvel, O.M.I., ministère des Affaires culturelles)

2 - Construction d'un iglou, stéatite de Manugulu de Povungnituk, 1971. (Ministère des Affaires culturelles)

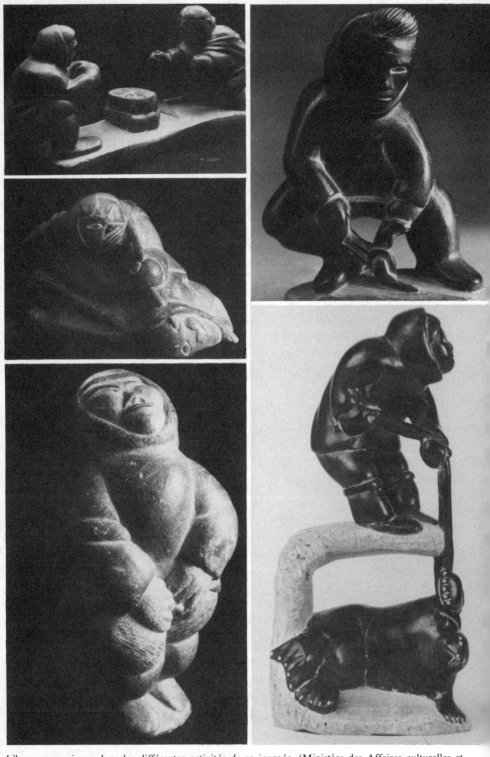

L'homme esquimau dans les différentes activités de sa journée. (Ministère des Affaires culturelles et Fédération des coopératives esquimaudes)

Le travail quotidien de la femme esquimaude: cuisine, couture, soin des enfants. (Ministère des Affaires culturelles et Fédération des coopératives esquimaudes)

1 - Vue d'hiver du poste d'Ivujivik. Au premier plan, plusieurs iglous, dix ans avant la construction des premières maisons esquimaudes en bois. (A. Chauvel, O.M.I., 1951, ministère des Affaires culturelles)

2 - Campement de chasseur, sculpture de Jimmy K. de Saglouc. (Fédération des coopératives esquimaudes)

d) Chasse et pêche

"Juste avant la chasse à Povungnituk, Kopikolik a sculpté un superbe morse en pierre. C'était là un tribut à cet animal qui pouvait lui apporter de la chance. Il cacha ce morceau pour en jouir en silence. Il s'avoua indigne et maladroit et il se fit prier pour montrer son oeuvre. Lorsqu'on lui demanda d'en sculpter un autre pareil, il devint tout interdit. Après un long silence, il s'écria: "Vous voyez que je puis sculpter un morse à sa ressemblance. Pourquoi donc en faire un autre?" Il avait prouvé qu'il peut sculpter un morse, c'est assez. Mais aussitôt qu'on lui proposa de sculpter un caribou, il se montra tout de suite inspiré. Il lui restait à prouver qu'il avait le don de sculpter un tel animal.

"Et il s'en alla en quête de la pierre voulue." (5)

Gravure de Davidealuk et sculpture de Noolookie, Povungnituk. (Fédération des coopératives esquimaudes)

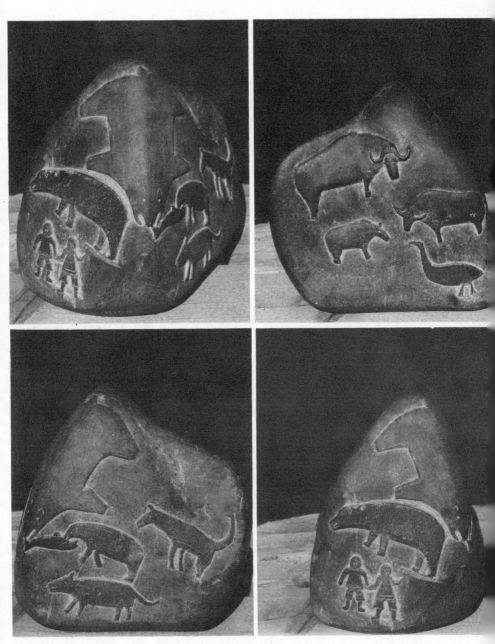

Pierre sculptée racontant une expédition de chasse. (Collection privée)

1 - Sur les eaux du détroit d'Hudson dans la région de Salluit. Des Esquimaux de Salluit hissent un morse à bord de leur bateau. (A. Chauvel, O.M.I., ministère des Affaires culturelles)

2 - Famille en umiak: stéatite, intestin de phoque, ivoire, corde. De Joe Talirulinik, Povungnituk, 1971. (Ministère des Affaires culturelles)

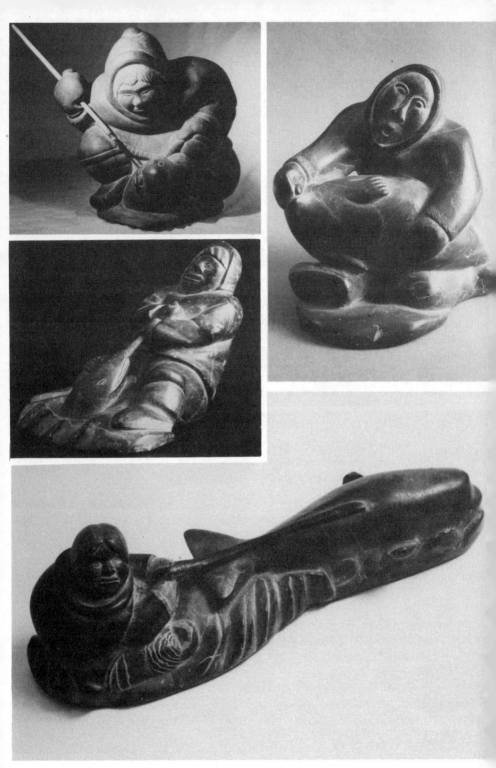

La chasse et la pêche illustrées par trois sculpteurs de Povungnituk: Kon, Twamie et Davidealuk et par Isa Smiler d'Inoucdjouac. (Ministère des Affaires culturelles et Fédération des coopératives esquimaudes)

Les deux faces d'une pierre sculptée racontent une "histoire de pêche" à Poste-de-la-Baleine. (Fédération des coopératives esquimaudes)

TECHNIQUES DE FABRICATION

a) Matériaux

Les Inuits travaillent la pierre, l'ivoire et les os des animaux qu'ils chassent. Le matériau utilisé par les sculpteurs du Nouveau-Québec dans la plupart des cas est la stéatite ou "pierre à savon": un silicate de magnésium naturel que l'on trouve dans certaines roches métamorphiques. Cette pierre nordique donne tout son cachet à la sculpture esquimaude: elle est tendre et possède une espèce d'onctuosité animale. Sans transparence comme sans éclat, elle est pourtant assez dure pour résister à l'effritement sous la taille subtile du sculpteur. Elle diffère de couleur d'un gisement à l'autre, variant du noir au vert en passant par le gris.

Nous vous présentons ici la carte des principaux gisements et vous trouverez dans les pages couleurs un montage des quatre principales tonalités que complète une infinie variation de la nature.

Les Inuits sculptent également de la serpentine (un calcaire très dur), provenant particulièrement de l'île Mansel. Pour se procurer ces matières, les Inuits partent en groupe, coupent leur pierre à même le roc, à la scie, et reviennent, leurs motoneiges pleines de pierres.

Autrefois, on sculptait beaucoup l'ivoire. Aujourd'hui, les défenses de morses se font très rares. Les objets façonnés sont petits et très coûteux, l'ivoire étant très difficile à travailler. Les Inuits du Nouveau-Québec ne sculptent pas de pièces en os de baleine. On dit que pour être utilisés efficacement, les os de baleine doivent avoir vieilli plus de 200 ans. Ce sont des Blancs qui eurent l'idée de donner ce matériau aux sculpteurs esquimaux dans les territoires du Nord-Ouest. Les sculptures d'os de baleine sont très friables, faciles à réaliser, mais difficiles à conserver.

b) Outils et modes de travail

Les Inuits employaient autrefois des outils faits de la même matière que la pièce à sculpter. Pour percer des trous, ils confectionnaient un poinçon avec un os de caribou ou un morceau d'ivoire.

Carte des pierres

Iles Belchers

PRINCIPAUX GISEMENTS CONNUS DE STÉATITE SUR LE LITTORAL

CENTRES MAJEURS DE PRODUCTION DE SCULPTURES SUR STÉATITE

CENTRES MINEURS DE PRODUCTION DE SCULPTURES SUR STÉATITE

Port Nouveau-Québec	— séatite sans unité de couleur dans la pierre — plus de quatre couleurs marbrées
Fort Chimo	— stéatite blanchâtre et jaunâtre provenant de la rivière Caniapiscau — très peu de sculpture et très petites
Maricourt	— stéatite gris pâle et tachetée
Saglouc	— stéatite grise et terne — difficile à polir — calcaire de l'île Mansel de couleur beige pâle — ivoire de défenses de morses
Ivujivik	— stéatite grise, terne, sans chaleur et difficile à polir — calcaire venant de l'île de Mansel de couleur beige
Inoucdjouac	— stéatite verte merveilleuse et facile à polir — stéatite brun pâle en petite quantité — stéatite gris foncé
Povungnituk	— stéatite traitée de deux façons: polie ou non-polie — couleur: gris moyen et foncé presque noir
Poste-de-la-Baleine	— stéatite provenant des Iles Belcher — couleur: gris pâle et vert — pierre très dure aux veines striées très prononcées.

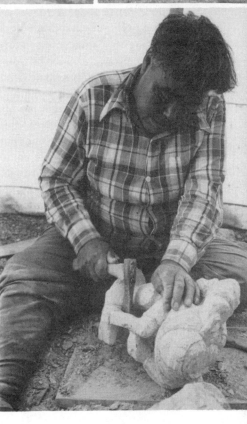

Pour polir les objets, ils les frottaient avec de la poussière de pierre et de l'huile de phoque. Ils n'utilisaient que les rares ressources de leur environnement. Quelques artistes ont gardé certaines de ces techniques, mais les avantages de la hache et de la lime sont vite apparus aux hommes du Nord. Aujourd'hui, le sculpteur esquimau dégrossit sa pierre à la hache ou à la scie en suivant les veines qui déterminent le gros de la forme qu'il précisera ensuite avec une hachette de petite taille pour créer le mouvement général de la pièce.

Pour préciser les détails les plus minimes, il se sert de râpes et de limes ainsi que de poinçons et petits canifs comme le ferait un sculpteur du Sud. Ensuite, l'Inuit utilise divers papiers de verre (du gros au fin) pour apporter le fini désiré, sauf en dessous de la pièce. Enfin, la dernière opération est celle du polissage: il utilise alors de vieux chiffons de laine ou du *duffle* et, pendant une heure ou deux, frotte la pierre pour lui donner le lustre désiré et mettre en valeur le grain ou telle veine spéciale de la pierre.

Ceux qui croient que les Inuits possèdent de beaux ateliers bien organisés... ceux-là se trompent! A Povungnituk, nous avons rencontré des groupes de deux ou trois artisans sculpteurs assis par terre autour d'un petit poêle à gaz et d'un appareil de radio, dans des huttes de toile n'ayant pas plus de 10 pieds (3 m) de diamètre et ils étaient heureux! D'autres, chez eux, sculptaient assis sur une toile en plein milieu de la cuisine, puis allaient à la coopérative vendre "à un autre Inuit qui paie comptant"... la sculpture toute fraîche créée de leurs mains. A Poste-de-la-Baleine, l'été (même si la production a plutôt lieu l'hiver), c'est assis en tailleur dans la poussière que certains artisans finissent les oeuvres qui orneront certains luxueux salons du Sud.

CRITÈRES D'AUTHENTICITÉ ET RESTAURATION

Pour protéger les Inuits et couper l'herbe sous le pied des imitateurs qui fabriquent des "sculptures esquimaudes" faites de résines et de plastique lourd, le ministère des Affaires indiennes et du Nord du Canada vient de publier une excellente brochure sur les différents critères d'authenticité du vrai produit esquimau. Nous en reproduisons ici de larges extraits afin de protéger l'acheteur qui n'est pas un expert en la matière et lui permettre d'identifier plus particulièrement les produits québécois dont la diffusion est assurée par la Fédération des coopératives du Nouveau-Québec.

1) L'authenticité garantie par l'étiquette: le chiffre 2 indique un produit du Québec

A la suggestion du gouvernement canadien agissant de concert avec les coopératives de producteurs esquimaux, une étiquette d'authenticité ornée d'un iglou symbolique est attachée aux sculptures esquimaudes originales. Cette étiquette peut être enlevée au gré du collectionneur. Elle n'est donnée qu'à un nombre strictement limité d'agences de production et d'exportateurs. La présence de l'iglou symbolique est une garantie d'authenticité.

Ces étiquettes sont attachées à la pièce. Une étiquette auto-collante est ajoutée et collée à la sculpture.

2) L'unicité des oeuvres

Chaque sculpture esquimaude est une création originale. Elle est sculptée dans la pierre, l'os ou l'ivoire par un artiste (homme ou femme) qui n'utilise que des outils manuels: une hache pour tailler, des ciseaux et des alênes pour ciseler les détails, des limes pour la finition. Il n'y a pas deux sculptures semblables. Leur valeur n'est pas définie en vertu de leur grosseur, mais de la valeur du sujet et de la finition de l'oeuvre.

Les faux, généralement faits de résine ou de plastique passés dans un même moule, peuvent être produits par centaines de modèles identiques, ce qui est un signe infaillible d'imitation. Ne vous laissez pas induire en erreur par de fausses étiquettes qui présentent certains objets comme des produits indigènes canadiens. Tout homme né au Canada est un "Canadien indigène". Recherchez l'iglou symbolique!

3) Les caractères distinctifs

Sauf dans le cas d'une exposition spéciale d'oeuvres d'un seul artiste, la plupart des détaillants offrent des sculptures créées par des artistes de différentes communautés de l'Arctique. Toutes les sculptures, même celles qui font partie d'un ensemble, présentent des caractères distinctifs. Il existe une grande variété de styles artistiques et les dimensions, la finition et la couleur de la pierre de chaque sculpture diffèrent également.

Par contre, toutes les imitations se ressemblent. Même s'il n'existe qu'un seul exemplaire de chaque "sculpture" d'imitation sur les présentoirs, ces articles ont probablement été réalisés en deux ou trois formats standard (pour faciliter l'empaquetage) et uniquement en une ou deux couleurs (car ils proviennent des mêmes lots de plastique); quant à leur finition, elle est assez uniforme. Si ces articles possèdent une étiquette, celle-ci ne sera pas ornée de l'iglou symbolique, même si elle ressemble (les imitateurs ne sont pas sots!) à l'étiquette d'authenticité.

4) La valeur du distributeur

Les coopératives esquimaudes ont pour politique de ne placer leurs produits que dans des endroits où ils peuvent être mis en valeur, c'est-à-dire dans les musées, les galeries, chez les marchands d'oeuvres d'art et dans quelques grands magasins. On trouve rarement des sculptures esquimaudes authentiques au petit magasin du coin ou dans les magasins à prix modiques.

5) La signature sur la sculpture

Regardez en dessous de la statue: la signature de l'artisan doit y figurer, ainsi que le numéro de collection ou de matricule. Souvent aussi, le numéro identifie la transaction commerciale avec la coopérative. Les caractères syllabiques bien visibles permettent en général à un expert de découvrir la provenance de la pièce et d'identifier la localité de résence de l'artiste.

6) L'équilibre

Surveillez, à l'achat, si la pièce a un bon équilibre. Selon l'endroit ou vous désirez la poser, ce détail est très important et il faut y être attentif.

7) Couleur de la pierre et fini

On croit généralement que la couleur de la pierre a un lien direct avec sa qualité. Ceci est faux. Les sculptures noires ne sont pas de meilleure qualité que les sculptures vertes. Cette différence dépend de la provenance de la pierre. Il est davantage important de surveiller le lustre et le patiné de la pierre, ainsi que sa texture et la façon dont elle a été mise en valeur par l'artisan. Un défaut dans la pierre (un courant spécial ou un ajouré) peut, s'il est bien mis en valeur, facilement devenir une qualité.

8) Sujet

En général, les sujets mythologiques sont plus rares et davantage recherchés par les collectionneurs. Le fini, la délicatesse des détails et l'équilibre général de la pièce sont autant de qualités.

9) L'étiquette

L'étiquette d'authenticité vous donne aussi:

le nom de l'artiste; l'étiquette est remplie quand le sculpteur décide de vendre son oeuvre et elle est attachée en sa présence. Souvent, le nom est donné en caractères syllabiques, ce qui est une forme d'écriture utilisée par les Inuits de l'est de l'Arctique;

la collectivité d'où provient la sculpture. Les Inuits du Canada, autrefois nomades, vivent maintenant dans de petits établissements dispersés le long de la côte des océans du Nord et de la Baie d'Hudson. Le centre de la collectivité est souvent la coopérative qui achète les oeuvres, vend la nourriture et d'autres produits essentiels et sert aussi de lieu de rassemblement lors des réunions sociales ou d'affaires;

la date de la sculpture; ceci est très important pour le collectionneur et pour établir les droits d'auteur;

une description ou le numéro de l'article (ou les deux à la fois). Le sculpteur et l'acheteur s'entendent généralement sur le nom à donner à l'oeuvre et indiquent ce nom sur l'étiquette, avec quelquefois un numéro pour les registres de la coopérative. Les animaux et les oiseaux de l'Arctique, phoque, morse, baleine, lagopède, outardes, harfang et autres sont les sujets favoris des artistes esquimaux et représentent souvent des esprits de l'ancienne religion.

RESTAURATION

Comme la stéatite est très friable, il faut la mettre à l'abri des coups qu'elle pourrait recevoir et ne pas la mettre à un endroit de l'étagère ou du présentoir où elle risquerait de tomber. Lorsqu'une sculpture est rayée, voici quelques conseils fort simples que nous ont confiés les Inuits eux-mêmes:

- gratter doucement la pièce avec un canif ou une lame jusqu'à aplanir l'endroit marqué;
- prendre du papier de verre (le plus fin) et frotter pour enlever toute protubérance;
- procéder de la même façon avec de la fine laine d'acier. Souffler sur l'endroit et essuyer avec un lainage;
- prendre une étoffe de laine épaisse et frotter jusqu'à égaliser avec le fini général de la sculpture.

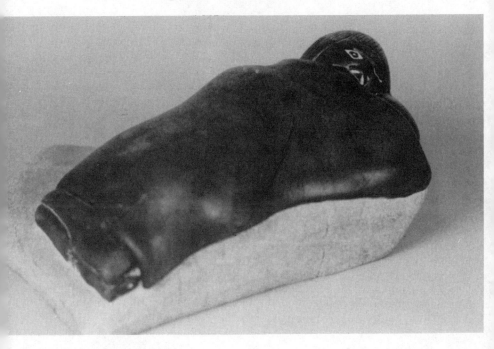

(1) SWINTON, George, *Sculpture des Esquimaux*, McClelland Stewart, Toronto.

(2) BROCHU, Michel, *Esquimaux, peuple du Québec*, Editeur du Québec, 1976.

(3) DE LALANDE, Lucien, O.M.I., *Sous le soleil de minuit*, 1958.

(4) SARRAZIN, Jean, *Montréal 76*, Album souvenir.

(5) HOUSTON, James A., *L'Art esquimau du Canada*, Gouvernement du Canada.

Figurine de Sammy Nassak, Bellin. (Collection Labbé)

Gravure

"Ne sommes-nous plus étonnés que des collections com-
plètes de gravures esquimaudes ornent les appartements
d'hôtels les mieux cotés de plusieurs grandes villes cana-
diennes, les salles d'accueil ou de réception d'institutions
d'enseignement sans compter leur large diffusion dans les
maisons de connaisseurs et collectionneurs.

"L'esquimau s'exprime non plus uniquement pour lui-
même, mais à l'intention des hommes, ses frères, qui
tenteront, quelque part dans le monde, de vibrer à l'ins-
piration du sculpteur ou du graveur de Povungnituk ou
d'ailleurs."

Alfred ROULEAU
président — Conseil de la Coopération
du Québec 1965

Alasia Audla, *Femme prenant des phoques*, 13 x 20.

UN PEU D'HISTOIRE

Les Inuits du Québec, comme ceux du Canada, ont peu cultivé l'art du dessin. Leurs traditions artisanales en ce domaine se résumaient, jusqu'en 1958, à produire des dessins gravés sur l'ivoire ou sur des os de caribou. On a retrouvé également des motifs réalisés sur les *attigi,* vêtements de peau de phoque et de caribou ainsi que sur les *umiak,* ces bateaux entièrement recouverts de peaux gravées.

"Lorsque le chasseur revenait à son iglou, nous dit Thérèse LeVallée, il enlevait l'attigi extérieur pour le faire sécher, laissant à découvert l'attigi intérieur dont on ne voyait que le cuir. Pour l'enjoliver, la femme ou l'homme gravait des dessins dans le cuir: scènes de chasse, de vie quotidienne, légendes ou thèmes mythologiques..."

A certains égards, cet art ressemblait à celui des Lapons qui, au nord de la Norvège, gravaient des motifs que leur inspiraient les paysages des contrées où ils vivaient autant que les animaux qui les habitaient, surtout le caribou (appelé "renne" en Scandinavie).

a) Au Canada

La beauté de ces gravures sur les vêtements ainsi que la découpe de motifs sur des peaux de phoque avaient frappé l'artiste James Houston lors de son voyage dans le Nord. Il avait été tellement impressionné par ce qu'il avait vu qu'il en fit faire des impressions qui furent exposées au Festival de Stratford en 1959. Cette première collection fut entièrement achetée par la Galerie nationale du Canada et le Musée d'Art moderne de New York. Décidé à promouvoir cette forme d'art, il revint dans le Nord afin d'enseigner aux Inuits les techniques de gravure. Sans jamais intervenir dans le processus de création des autochtones, il leur fournit des outils et donna à leur talent et à leur pouvoir de création la possibilité de se manifester dans ce secteur d'activité artistique.

Après quelques essais avec la technique du pochoir, Houston enseigna aux Inuits l'art de graver la pierre, cette pierre que les autochtones connaissaient bien pour y avoir taillé, jadis, leurs lampes à huile en forme de croissant de lune. C'est ainsi qu'en 1959 naissait à Cap Dorset le premier atelier de gravure esquimaude grâce à des subventions fédérales du ministère des Affaires indiennes et du Nord.

Dans ce poste éloigné où les Inuits avaient encore conservé, presque intactes, les traditions et la spontanéité de leurs aïeux, une vingtaine de familles, parmi lesquelles une dizaine d'artistes authentiques, suivirent l'enseignement de Houston.

Celui-ci, sachant que la gravure artistique était à son meilleur au Japon, fit un voyage dans ce pays et en rapporta non seulement divers papiers, mais aussi des méthodes de travail. Ces méthodes combinent le talent des sculpteurs à graver la pierre et l'habileté d'autres artisans à réaliser, sur papier, des reproductions de ces originaux.

Cette technique est fort différente de la technique traditionnelle française des dix-huit et dix-neuvième siècles où le graveur était le seul maître d'oeuvre pour toutes les laees de la réalisation.

b) Au Nouveau-Québec

En 1961, un projet d'atelier de gravure naît à Povungnituk, ce "lieu aux grottes de nombreux animaux" qui fut pendant longtemps un campement de chasse pour les Inuits de ce coin du Nord du Québec perdu sur la Baie d'Hudson.

A cette époque, les quelque cinq cents Inuits qui vivaient à Povungnituk ignoraient qu'un jour, ils seraient connus un peu partout dans le monde à cause de leurs gravures.

Le premier technicien de la gravure qui vint dans le Nord québécois fut Gordon Yearsley, puis en 1962, Victor Tinkl, un artiste d'origine tchèque, s'installa dans le village comme conseiller technique. Il y implanta définitivement un atelier de gravure et la première exposition s'est tenue au Musée des Beaux-Arts de Montréal en 1973 avec la collection de Cap Dorset des Territoires du Nord-Ouest. Quelques gravures sur pierre et des dessins au pochoir apparurent dès 1961, mais sans grande spontanéité. De 1962 à 1964, Victor Tinkl réussit à guider les Inuits sans altérer leurs concepts artistiques et à mettre en valeur la créativité esquimaude. Il suscita l'engouement du Sud pour cette forme d'expression. A toute fin utile, il est le premier responsable, comme animateur, de la renommée que le centre artistique de Povungnituk connaît aujourd'hui.

"Il est intéressant, nous dit Stuart Williams dans la préface du premier catalogue de la Fédération des coopératives, de voir dans les collections de Povungnituk, en 1962, comment l'artiste a su tirer parti de la forme et du grain de la pierre en y adaptant son dessin et en lui imprimant ainsi un certain caractère. Il s'inspire souvent de la forme même de la pierre pour accuser la trace de son dessin, dont les lignes et les courbes semblent participer au mouvement du profil de la pierre. Il ne fait qu'un emploi discret des couleurs, qui servent à relever certains éléments du dessin gravé dans le cadre formé par les contours de la pierre. Ses couleurs sont d'un rouge terreux, les verts, les bruns et les bleus".

La première collection de soixante-seize gravures fut l'oeuvre de vingt-quatre artistes, dix-neuf hommes et cinq femmes dont l'âge variait entre dix-neuf et soixante-neuf ans. Les aînés avaient contribué à faire revivre les anciennes coutumes, légendes et croyances. Povungnituk allait atteindre une renommée internationale en peu de temps.

Mais la deuxième collection de gravures, en 1963, ne fut pas aussi bien reconnue par le Conseil canadien des arts esquimaux.

"Bien que la plupart des participants, nous dit Mme Marybelle Myers, n'eussent jamais pratiqué l'art de la gravure avant ce jour, ils produisirent une intéressante série de cinquante-trois gravures qui furent présentées au Conseil canadien des arts esquimaux. Ce dernier donna son approbation pour trente-huit d'entre elles qui furent imprimées et mises en marché."

L'association des artistes de Povungnituk n'accepta pas de bonne grâce la sélection sévère du Conseil canadien. Selon elle, le Conseil ne respectait pas la personnalité de leur groupe qui ne créait pas dans l'esprit du Cap Dorset. Ils boudèrent donc jusqu'en 1972 le sceau fédéral et établirent leur propre sigle d'authenticité et leur propre norme.

Toutefois, 1970 fut une année de remise en question. La mise en marché se révélait impuissante à épuiser les stocks et de nombreux spécialistes se mirent à douter de la qualité technique des gravures produites. La réalisation, cette année-là, de petites gravures sous forme de cartes n'apporta pas non plus les résultats escomptés. Les Inuits demandèrent donc l'aide d'un spécialiste extérieur. C'est Robert A. Paterson, un artiste canadien, qui releva le défi. Au printemps de 1972, pendant six semaines, les artistes locaux et leur nouvel aide établirent les bases d'une nouvelle coopération technique et des méthodes de travail pour l'ensemble de la communauté esquimaude. Les Inuits de neuf communautés retournèrent dans leurs villages et travaillèrent à fonder leur atelier.

C'est ainsi que de nouveaux talents se révélèrent un peu partout sur les territoires et apportèrent des images nouvelles et des interprétations plus jeunes et plus variées.

Dans ce même esprit de collaboration, Chin Kok Tan, un Indonésien de Kuala Lampur, fit en 1973 un atelier de sérigraphie à Inoucdjouac. Il faut dire que cette technique en couleur ne plut pas tellement aux amateurs et qu'elle progressa lentement sur le terrain... sauf en ce qui concerne les chandails de Tivi Etook et les napperons imprimés au Poste-de-la-Baleine.

Le fait le plus significatif et le plus récent est l'apparition d'artistes de très grande valeur pouvant réaliser des collections entières et originales de gravures. Le premier, Tivi Etook, de Port-Nouveau-Québec, nous présenta en 1975, ses *Légendes susurrées à mes oreilles s'entremêlant à mes rêves.* Il s'agit d'une collection de 15 gravures où l'artiste raconte par l'image et l'écriture syllabique les souvenirs et les légendes de son enfance. En 1975, il publie *Autrefois,* un ensemble de 17 gravures où, avec la même énergie, il caricature le passé alors qu'il a ressenti la faim, la soif, la fatigue et le froid. En 1976 aussi, Peter Morgan, qui n'a d'anglais que le nom, présente lui aussi une collection de 17 gravures. Il n'a pas la force et l'énergie de Tivi, mais il a le tracé franc et la ligne sobre d'un bon documentaliste.

Les artistes esquimaux savent désormais organiser leur atelier même si des gars du Sud comme Ken Fitzpatrick, de l'Université Sir Georges Williams, sont les bienvenus pour donner "un coup de main". Désormais, les ateliers sont dirigés par des Inuits, et pour de bon semble-t-il.

Mais ceux qui s'attendent à trouver à Povungnituk ou ailleurs d'immenses ateliers, aussi structurés et organisés que peuvent l'être les usines et les manufactures du Sud, ceux-là seront bien surpris. Ces installations esquimaudes sont très simples et ne sont, en fait, que de petits ateliers de travail pouvant accommoder quelques artistes tout au plus. Tivi Etook a le sien à lui tout seul: à tout seigneur, tout honneur! Lui qui disait, en 1975:

"Le surnaturel m'a toujours intrigué, je crois que les esprits ne sont pas des êtres créés par les hommes et qu'il y en avait de très puissants autrefois. Il y avait plusieurs esprits dans le passé et ils détenaient des pouvoirs qui influençaient la vie des gens. Même si je ne veux pas croire aux esprits, ni vivre selon les anciennes moeurs alors qu'on croyait aux esprits, je pense que nous devrions révéler ces choses qui existent et transmettre les histoires que l'on raconte et qui les concernent. Ces croyances et ces histoires ne doivent pas se perdre et nos propres enfants, qui n'ont connu ni la faim ni la famine, devraient être instruits du mode de vie de leurs ancêtres. Mais moi, j'ai déjà beaucoup oublié de ce que j'ai entendu et vu. Peut-être que mes souvenirs renaîtront en faisant mes lithographies et mes dessins."

LES GRANDS THÈMES

Les scènes représentées sur les gravures esquimaudes tout comme les scènes figurant sur les sculptures peuvent être classées sous quatre grands thèmes. Nous illustrerons ces thèmes en citant quelques spécialistes et critiques d'art.

a) Mythologie et légendes

"Les Inuits ont commencé à recueillir, auprès de vieux conteurs, des légendes transmises d'iglou en iglou, au cours des siècles. Ces légendes, les hommes qui les ont entendues ont cherché à les illustrer sur la pierre avec une certaine émotion parce qu'ils savent qu'autour d'eux, beaucoup de jeunes Inuits se prennent à rêver parfois avec nostalgie au mode de vie ancestral comme à un retour aux sources d'un bonheur rude et pur. Ces légendes rappellent le temps où la vie nordique avait un sens quelque peu mystique et n'était pas seulement une question d'équilibre entre la terre gelée et la mer prise en glace, à la poursuite de ces animaux nobles et sacrés, l'ours, le phoque, le caribou, dont l'oeil presque humain est parfois perlé d'une larme quand ils vont mourir.

"Les Inuits gravent ainsi des légendes d'oiseaux, heureux comme des esprits bienveillants: *Chant d'un goéland* exprime la joie de vivre; *Plume de bec* symbolise l'oiseau portant un message de paix au-dessus du monde. Ils gravent la *Légende de la femme mariée à un oiseau* ou encore une vision qui les ramène au temps lointain de leur passé mythologique, *Au pays des songes*, où l'Esquimau endormi sur le sol pénètre dans un rêve peuplé de génies, de bêtes et d'oiseaux étranges qui entourent son sommeil." (1)

Leah Qumaluk, *Les assaillants de la nuit*, 24½ po x 36 po, gravure sur pierre, Povungnituk, 1969.

ᓚᐅᓐᓕ ᐅᐃᓪᒃ ᔅᐅᐊ ᐊᓕᐅᒃᐊᕐ   ✈

ᑕᐊᓕ ᐊᐅᒃᓕ ᓂᐊᓕᐊ ᐱᐊᓕᕐ ᑭᐱᔅᓯᓕ

1 - Noah Meeko, *La femme avec des ailes,* pochoir, 19½ po x 24½ po, orange, vert, brun, gris, tirage: 20.

2 - Daniel Inukpuk, gravure sur pierre, Inoucdjouac.

Leah Qumaluk, *Tungark tenant un goéland*, 63 cm x 39 cm, noir.

1 - Tevi Etook, *Les esprits nocturnes*, gravure sur pierre, bleu, 21½ po x 29⅜ po, 1975, tirage: 45.
2 - Lucy Meeko, gravure sur pierre, vert, noir, brun, 18½ po x 25 po, tirage: 31, Poste-de-la-Baleine.

b) Le bestiaire

"L'Esquimau possède une acuité d'observation extraordinaire: il a l'habitude de l'affût et, vivant dans un pays nu et dans un décor de Spartiate, il n'a pas la vision encombrée ni fatiguée par des objets parasites. Des bêtes qu'il connaît le mieux, l'ours, le renne, le phoque et les oies sauvages, il nous donne des images étonnantes de vérité et cela, avec une économie de moyens qui touche au prodige. D'autres animaux, par contre, qu'il a moins souvent l'occasion d'observer, le renard ou le lapin par exemple, donneront lieu à des interprétations fantaisistes ou improbables." (2)

Joe Talirunilik, *Hiboux chassant*, gravure sur pierre, 15½ x 21, 1964.

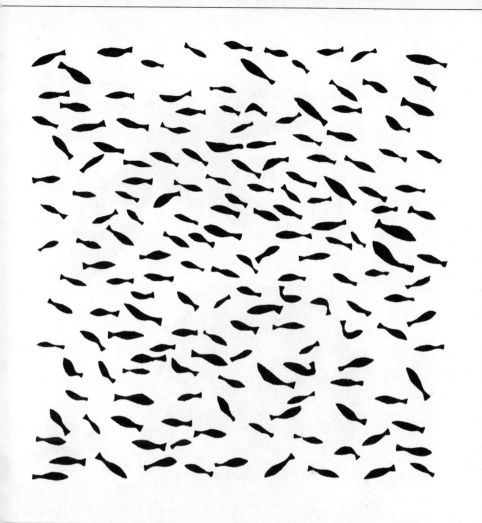

1 - Navalinga, *Lac Povungnituk,* 16½ pox15 po, pochoir, vert, turquoise, tirage: 8.
2 - Annie Mikpiga, *Morses,* gravure sur pierre, 5½ po x 6 po, Povungnituk, 1964.

Syollie Arpatuk, *Oies*, 20 po x 26 po, gravure sur pierre, Povungnituk, 1964.

3

1 - 46-1965, *Plongeon,* 25 x 28, Loon.

2 - Henry Napartuk, *Retour de l'oie au printemps,* gravure sur pierre, noir, brun, vert foncé, rouge, violet, bleu, 18½ pox25 po, tirage: 30, Poste-de-la-Baleine.

3 - Gravure du Nouveau-Québec, 1972.

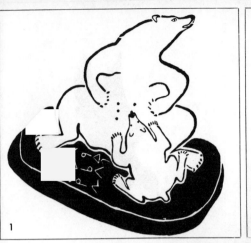

1 - Daniel Inukpuk, *Une ourse avec son ourson,* gravure sur pierre, gris, 9½ po x 13½ po, tirage: 30.

2 - Kanayook, *Loutres,* pochoir, ocre, gris, noir, turquoise, 18¼ x 18, tirage: 20, Povungnituk.

3 - Juanisialuk, *A l'affût du caribou,* brun.

c) Les travaux et les jours

   "En même temps, les lighographies se présentent comme un prodigieux documentaire qui déroulerait ses scènes et personnages, en silhouettes, à la façon des vases de l'Antiquité, nous faisant apparaître successivement les travaux et les jours, les exploits et les dangers, les combats et l'adresse respective du chasseur et des bêtes. On assiste ainsi en noir, bleu, vert, turquoise ou gris sur blanc, à la construction de l'iglou, aux parcours en traîneau à chiens, aux préparatifs de la chasse, depuis le départ de la tente ou de l'iglou et le portage du kayak sur la tête, jusqu'à la mise à l'eau de l'embarcation, à la poursuite des baleines et aux incidents redoutés ou inattendus. Ce sont alors des chasseurs surpris et attaqués par un morse, un ours se jetant sur les hommes au travail, le dépeçage du phoque ou même un Esquimau blessé par une ruade de caribou, si l'image nous entraîne à l'intérieur des terres pendant l'été." (1)

Levi Qumaluk, *Construction d'un iglou*, gravure sur pierre, noir, 24½ x 31, tirage: 45.

1 - Syollie Arpatuk, *Chien dévorant les prises,* gravure sur pierre, rouge, 13½ x 17½, tirage: 40.

2 - Joe Talirunili et Caroline Qumaluk, *Les vieux outils de jadis,* gravure sur pierre, noir, 24¾ po x 34 po, tirage: 50.

3

1 - Noah Meeko, *Séchage du poisson en été, gravure sur pierre*, 23¾ po x27⅝ po, tirage: 40, Poste-de-la-Baleine.

2 - Lucassie Echaluk, Thomassie Echaluk et Mina Weetaluktuk, *Deux femmes font de la musique avec leur gorge*, gravure sur pierre, bleu, 20⅜ po x 21⅜ po, tirage: 40.

3 - Kanayook, *Femme*, gravure sur pierre, 9 po x 19 po, Povungnituk, 1964.

d) La chasse et la pêche

"Les gravures de Povungnituk démontrent comment les Esquimaux ont survécu par la chasse. Les hommes chassent les animaux, les femmes nettoient et travaillent les peaux prises par leurs hommes. Les peaux servent à faire des vêtements. Des peaux étaient aussi utilisées comme couvertures, pour les tentes et autres articles utiles à la maison et à la chasse.

"Le chasseur esquimau portait un anorak et des pantalons fabriqués de peau de caribou. Les peaux de caribou étaient utilisées surtout pour les vêtements. Les mitaines et les bottes étaient taillées dans la peau des pattes de caribou. La peau de phoque était aussi utile aux chasseurs esquimaux et on l'utilisait pour les anoraks, les pantalons, les mitaines et les bottes. On s'en servait pour fabriquer des embarcations telles que les kayaks et les umiaks. Anciennement, les peaux d'animaux étaient utilisées par tous les Esquimaux, mais l'Esquimau a changé son mode de vie. Bien que les arts ici démontrent comment l'Esquimau a survécu grâce aux animaux et à leur peau, les peaux n'ont plus maintenant la même importance. Comme vous le verrez dans les pages suivantes, dans les arts, les chasseurs portent des vêtements de peaux d'animaux." (3)

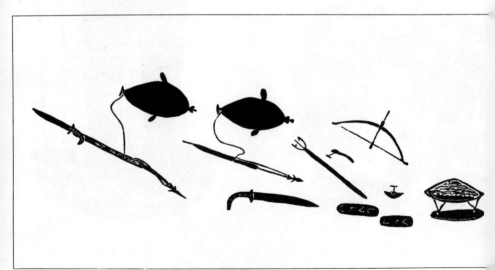

Daniel Inukpuk, *Equipement pour la chasse,* gravure sur pierre, noir, 14 po x 21½ po, tirage: 40.

(1) SARRAZIN, Jean, *Montréal 1976, Album souvenir,* 1976.

(2) DUMAS, Paul, *Gravures esquimaudes,* in Vie des Arts no 18, 1960.

(3) LEVALLÉE, Thérèse, *Catalogue 1970.*

1 - Syollie Arpatuk, *Chasseur blessé par le caribou,* gravure sur pierre, noir, 17½ po x 19¼ po, tirage: 35.

2 - Leah Qumaluk, *Femmes étranglant un chien,* gravure sur pierre, 13 x 14, 1964.

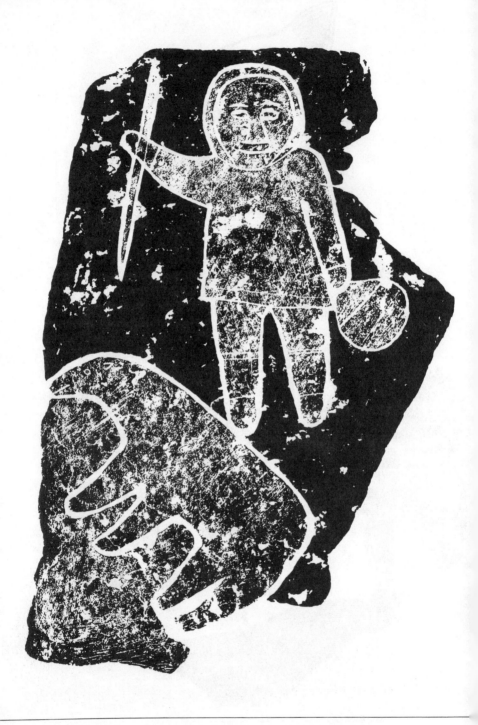

Ayagutainak, *Chasse à l'ours*, gravure sur pierre, gris, 63 cm x 52 cm.

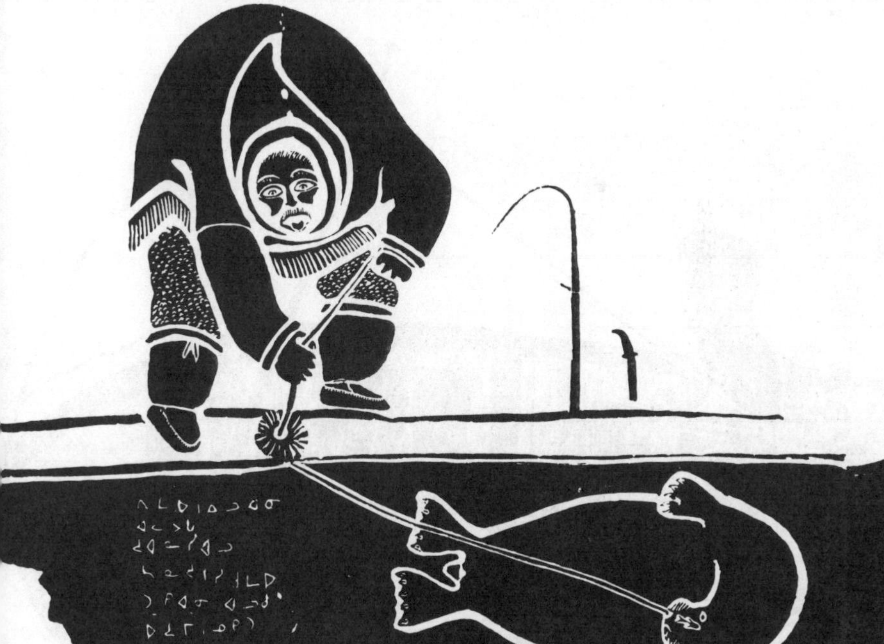

1 - Tivi Etook, *Le couteau de chasse*, gravure sur pierre, noir, 21¾ po x 29¾ po, tirage: 50.

2 - Juanisialuk, *Homme tirant un phoque barbu à travers la glace*, gravure sur pierre, 14 po x 21½ po, Povungnituk, 1964.

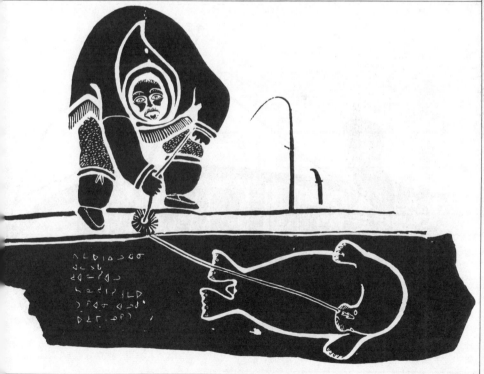

1 - Daniel Inukpuk, *La chasse en motoneige,* un Esquimau en motoneige poursuit le méchant loup, gravure sur pierre, noir, 14½ po x 21½ po, tirage: 40.

2 - Daniel Inukpuk, *Le mari et la femme,* un homme et sa femme en migration dans leur umiak n'ont pas encore aperçu la terre ferme, gravure sur pierre, noir, 17 po x 17½ po, tirage: 40.

TECHNIQUES

a) Description

Les artistes esquimaux utilisent en général deux procédés: la gravure sur pierre (tantôt en creux, tantôt en relief), et la gravure au pochoir.

Dans le premier cas, l'artiste aplanit et polit la surface d'un bloc de pierre et, le ciselant, il sculpte en bas relief les formes qu'il veut reproduire.

Pour une gravure de grandeur normale, l'Inuit choisira la pierre qu'il connaît le mieux, la stéatite, à cause de sa grande friabilité. Il coupe tout d'abord la pierre aux dimensions voulues: quatre à cinq pouces d'épaisseur (10 à 13 cm), quinze à vingt pouces de longueur (38 à 50 cm), et dix pouces de largeur (25 cm), à l'aide d'une égoïne. Il polit ensuite doucement la surface.

La plupart des artistes esquimaux gravent leur dessin directement sur la pierre, sans en faire d'esquisse préalable... et si néanmoins ils font une petite esquisse, ils délaisseront le plus souvent ce dessin original pour suivre sur la pierre l'émotion du moment.

Après cette première étape, l'artiste remet son travail aux graveurs qui, eux, s'occupent de l'impression proprement dite. La pierre est encrée, la plupart du temps en noir. Cette couleur était obtenue autrefois par le résidu de noir de fumée déposé dans le culot des lampes à l'huile et dilué avec de l'huile de phoque.

Quand les artistes employaient du rouge, ils l'obtenaient par la rouille du minerai de fer.

Aujourd'hui, les Inuits utilisent des encres commerciales dont ils enduisent la pierre avec un rouleau de caoutchouc.

Après l'encrage de la plaque, on recouvre celle-ci d'une feuille de papier de riz japonais, très fin. L'artisan frotte ensuite légèrement le dos de la feuille avec ses doigts, un petit caillou, une cuiller ou encore avec un petit bout de bois arrondi. Puis il fait sécher la feuille imprimée sur une corde à linge!

Enfin, l'artiste et le graveur apposent leur signature en caractères esquimaux sur la gravure avec un crayon de plomb. Le numéro du tirage y est également marqué, en plus du sigle de l'atelier et du Conseil canadien des Arts esquimaux, après approbation.

Les Inuits font également de la sérigraphie et du pochoir. La sérigraphie a permis d'imprimer sur tissu et sur papier un grand nombre de dessins. Le "T-shirt" de Tivi Etook réalisé en 1973 est un exemple qui s'est multiplié. Quant à l'autre technique, Houston en justifie le procédé ainsi: "Le pochoir est en quelque sorte l'héritier des techniques de découpe sur peau de phoque que les Inuits utilisent traditionnellement pour l'ornementation des vêtements. On a imaginé de se servir de l'ouverture d'une découpe pour orner et répéter une image en silhouette."

Toutes ces techniques d'impression sont actuellement enseignées dans le Nouveau-Québec par quatre spécialistes qui visitent tous les villages.

Annie Mikpigak

Annie Mikpigak, *Hibou lemming,* gravure sur pierre, Povungnituk, 1969.

1 - Annie Amamatua

2 - L'atelier de gravure à Povungnituk; Leah Qumaluk à l'oeuvre.

3 - Pierre gravée par Leah Qumaluk, Povungnituk.

1 - Impression d'une gravure.

2 - Séchage des gravures.

b) Critères d'authenticité et de qualité

1) Le Conseil canadien des arts esquimaux

En 1965 naissait officiellement le Comité d'art esquimau du Canada dont l'idée avait germé en 1961 sous la recommandation de Houston. Ce conseil, formé de douze membres, a pour mandat d'approuver et de sélectionner toutes les gravures provenant des ateliers esquimaux. Il a pour but d'aviser le ministère des Affaires indiennes du Canada sur les questions de publicité, de mise en marché, d'expositions et sur tout projet pouvant promouvoir l'art esquimau.

Les gravures approuvées par ce conseil portent ce sigle:

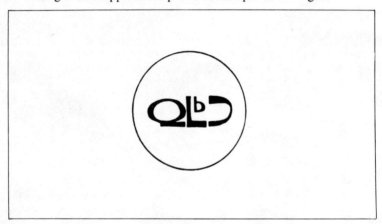

2) Un catalogue

Au Québec, la Fédération des coopératives édite, pour chaque série de gravures, un catalogue présentant la collection entière. Ce catalogue officiel signale les nouvelles productions, indique le tirage, le nom des artistes ainsi que des détails sur leur vie. Jusqu'en 1972, la Fédération identifiait toujours ses gravures avec ce sigle.

3) Le tirage

Pour chacune des gravures, trente copies sont faites et numérotées de un à trente. Après le tirage, la pierre est détruite, cassée ou aplanie en vue de réutilisation pour la gravure de nouveaux dessins.

438

4) Les sigles

Quelques ateliers ont adopté un sigle ou un symbole exclusif pour identifier leurs productions. Les ateliers les plus connus sont ceux d'Inoucdjouac, de Poste-de-la-Baleine et d'Ivujivik. Mais il en existe d'autres.

Povungnitomiut   katudziyut   igmikortut
Les Esquimaux de Povungnituk libres par leur travail

Povungnituk

Povungnituk

Inoucdjouac

Maricourt

Poste-de-la-Baleine

Ivujivik

439

c) Caractéristiques des gravures esquimaudes du Québec

— Apparition des contours de la pierre sur laquelle sont gravés les dessins. Cette coutume accentue le caractère primitif des gravures.

— Utilisation des syllabiques gravés dans la pierre elle-même. Le graveur écrit directement ses messages et explicite sa pensée en décrivant les principaux thèmes choisis.

— Expression graphique sans sophistication. On ne tente pas de faire du beau dessin détaillé ou une belle composition en soi, ce en quoi les Inuits du Cap Dorset excellent. Au Québec, l'accent est donné sur l'histoire qu'on raconte et la communication qu'on établit avec le lecteur est ouverte, sans détour ni artifice.

— Illustration des légendes et des thèmes mythologiques en très grand nombre. Comme le protestantisme dans cette région défendait de parler de leur passé mythologique, les Inuits l'ont exprimé et raconté visuellement avec conviction et insistance dans la pierre... comme pour se défouler une fois pour toutes.

Voici la liste des gravures approuvées et éditées par la Fédération. Les catalogues de 1970 et les suivants sont encore disponibles.

Liste des gravures québécoises parues

		Nombre de gravures	Nombre d'artisans	Tirage
1962	Povungnituk/Cap Dorset	76	24	30
1963	nil			
1964	Povungnituk	60	16	30
	Préface J. Rousseau			
1965	Povungnituk	51	15	30
	Préface Alfred Rouleau			
1966	Povungnituk	80	16	30
	Préface Guy Viau			
1967	nil			
1968-69	Povungnituk			
	Catalogue thématique des années 64 et 65	52	16	30
	Préface Paulosie Sivuak			

		Nombre de gravures	Nombre d'artisans	Tirage
1970	Catalogue Rétrospective 1960-1970	169	19	30
	Préface Thérèse LeVallée			
	Productions de gravures non cataloguées,			
	dont 46 produites en 1969			
1971	nil			
1972	I Nouveau-Québec/Arctic Quebec	38	10	50
	Préface George Swinton et			
	Robert Paterson			
	• Gravures d'Inoucdjouac, Poste-de-la-Baleine, Sagluc, Maricourt et			
	Povungnituk			
	II Povungnituk 1972	41	13	20 à 60
1973	I Nouveau-Québec 1973 Arctic Quebec	39	13	20 à 50
	• Gravures de Poste-de-la-Baleine, Inoucdjouac, Ivujivik, Maricourt,			
	Port-Nouveau-Québec			
	II Nouveau-Québec 1973 Arctic Quebec	40	7	29 à 46
	Préface Marybelle Myers			
	(Litho, pochoirs et sérigraphies)			
	Poste-de-la-Baleine, Ivujivik, Inoucdjouac			
1974	I Nouveau-Québec 1974 Artic Quebec	34	19	30 à 46
	Préface Marybelle Myers			
	(Litho et sérigraphies)			
	Poste-de-la-Baleine, Inoucdjouac, Povungnituk			
	II Nouveau-Québec 1974 Arctic Quebec	34	15	30 à 40
	• Gravures de Poste-de-la-Baleine, Inoucdjouac, Povungnituk, Ivujivik			
	Gravures d'ateliers catalogue de travail 21			
1975	Povungnituk 1975	37	9	40 à 55
	Nouveau-Québec 1975 Arctic Quebec	7	30	8 à 50
	Préface Marybelle Myers			
	• Gravures de Poste-de-la-Baleine, Ivujivik, Inoucdjouac			
	Tivi Etook			
	Légendes susurrées à mes oreilles			
	*s'entremêlant à mes rêve*s	15	1	31 à 50
	Préface James Houston			
	Entrevue avec Tivi Etook (lithographies)			
	Port-Nouveau-Québec			
1976	Tivi Etook, autrefois	17	1	50
	Préface Virginia J. Watt			
	(Chandails - sérigraphies - tirage 150)			

Peter Morgan	17	1	50
Préface Mary M. Craig			
Port-Nouveau-Québec			
Inoucdjouac, estampes 76	50	5	22 à 45
Préface Virginia J. Watt			
Povungnituk	42	11	30 à 50
Préface de Marybelle Myers			

LISTE DE CALENDRIERS PRODUITS
PAR LES COOPÉRATIVES

1971 *Gravures/couleurs de Povungnituk*
artistes:
Juanisialuk, Sivuak, Pelepossie,
Aviliayuk, Sheeguapik, Kanayook,
Syallie Awp, Lucassie Took, Mikpigak,
Agnutigik.

1972 *Gravures/noir de Povungnituk*
artistes:
Juanisiakik, Sinuak, Syallie Awp,
Kanayook, Talirunili.

1973 *Gravures/noir de Povungnituk*
12 gravures exceptionnelles de Juanisialuk.

1974 *Gravures/couleurs de l'atelier de Povungnituk*
artistes:
Ekaluk, Ilishuto, Annanack,
Kumalik, Lucassie, Kaitaq, Etook.

1975 *Gravures/noir de Povungnituk*
artistes:
Talirunilik, Qumaluk, Paperk,
Mikpiga, Davidialuk, Arpatuk.

1976 *Dessins esquimaux de Ivujivik et Port-Nouveau-Québec*
(lithographies de dessins faits au crayon marqueur)
artistes:
Annanack, Morgan, Etook, Qumartud, Paningina.

1977 *Dessins esquimaux d'Ivujivik et Port-Nouveau-Québec*
(lithographies de dessins faits au crayon marqueur)
artistes:
Paningina, M. Morgan, P. Morgan, B. Morgan, Etook.

442

Vannerie de faisceaux d'herbes

"C'est ainsi qu'on a réveillé les mémoires qui, à chaque nouvel effort de reconstitution du passé, ressuscitaient les anciennes méthodes. Il est évident que plus les femmes en parlaient et plus elles les mettaient en pratique, plus leurs souvenirs se précisaient."

Marybelle MYERS,
Fédération des Coopératives
du Nouveau-Québec, 1975.

De nombreuses tribus de l'Amérique du Nord excellaient autrefois dans la fabrication de récipients faits de faisceaux d'herbes tressées. Mais il en alla de la vannerie comme de nombreuses autres techniques artisanales. Les autochtones s'en désintéressèrent à l'arrivée des Européens, auprès desquels, par troc, ils prirent coutume de se procurer ces produits d'importation qui peu à peu remplacèrent les productions artisanales faites, au prix de beaucoup de travail, à partir de matières premières naturelles.

Cependant, au cours de ces dernières années, à la faveur du regain d'intérêt pour l'artisanat et les modes d'expression ancestraux des autochtones de ce continent, et après que des enquêtes effectuées auprès de personnes âgées eurent permis de retrouver des techniques oubliées, les Inuits ont recommencé à produire des pièces de vannerie de faisceaux d'herbes, principalement des paniers. Les chercheurs durent trouver les réponses aux problèmes auxquels se butaient les nouveaux artisans, problèmes relatifs surtout à la matière première traditionnellement utilisée pour ce type de travail: quel genre d'herbes utiliser? quand les cueillir? comment les préparer? les faire sécher? les tresser? etc.

Grâce aux recherches, la production de magnifiques paniers fut ainsi reprise.

MATIÈRE PREMIÈRE

De nombreuses herbes peuvent être utilisées pour ce type de vannerie. Certaines tribus utilisaient même des cosses de maïs séchées et découpées en fines lanières. Mais, pour les Inuits, la difficulté de se procurer cette matière première était d'envergure puisque les saisons sont très courtes à la latitude où ils vivent et que la cueillette est difficile.

On utilise une herbe appelée "élyme" pour fabriquer ces paniers. Cette herbe, qui ne pousse que sur le littoral de la Baie d'Hudson et non dans l'Ungava, est cueillie après la fonte des neiges. A cette époque, elle atteint à peu près un pied de hauteur et elle est encore flexible.

Les herbes doivent être coupées à ras de terre puis étendues pour le séchage sur le bord de petites rivières ou d'endroits marécageux. Le séchage au soleil jaunit les tiges, tandis que le séchage à l'ombre leur conserve une couleur légèrement verte. Il est préférable de sécher les tiges avant le tressage, car les herbes vertes ont tendance à rétrécir une fois coupées. Les paniers tressés sans que cette précaution soit prise se déforment à la longue et perdent leur solidité. Un léger trempage avant le tressage suffit à redonner aux tiges leur souplesse.

Quant aux motifs décoratifs entrelacés, ils sont réalisés avec des lanières de peau de phoque noire. Les sculptures qui ornent le couvercle en servant de poignée sont en général réalisées par les hommes et non par les femmes, même si au Poste-de-la-Baleine, Annie Niviaxie réussit des poignées sculptées admirables.

Cette vieille technique de la vannerie de faisceaux d'herbes était une ancienne tradition que les jeunes ne connaissaient pas. Elle est réapparue récemment dans le Grand Nord, à Inoucdjouac et à Poste-de-la-Baleine plus particulièrement, où Nina Napartuk anima des stages de récupération et de formation avec une vingtaine d'Inuits venus d'un peu partout qui nous valent aujourd'hui une production d'excellente tenue.

Paniers de différentes formes ornés de sculptures servant de poignées. Ces pièces uniques sont fabriquées en très petites quantités.

A — Esquimaux au travail

Les artistes esquimaux ne travaillent pas dans des ateliers, comme certains pourraient le croire. C'est dehors, au soleil, ou à la maison, par petits groupes de deux ou trois, assis par terre, qu'ils dégrossissent, taillent, liment et frottent leurs sculptures... destinées aux boutiques du Sud. (Photo Kedt; Fédération des coopératives)

B — Appliqués

Les appliqués de feutrine sur *duffle* ne sont apparus que récemment dans le Nord. Ils sont inspirés de la technique traditionnelle du décalque dans la fourrure, principalement celle du phoque: l'artisane superposait deux peaux, les découpaient, puis interchangeait les morceaux. Elle obtenait des motifs différents grâce aux variations de la couleur de la fourrure et du sens des poils. (Photo Labelle)

Habituellement, ces pièces sont de véritables murales qui représentent des scènes de la vie traditionnelle de l'Inuit: iglou, chasse au phoque, chasse au caribou et à l'ours, attelage de chiens, animaux divers du Nord, etc.

C — Poupées

La plupart des poupées esquimaudes sont produites à Inoucdjouac. Les hommes sculptent les têtes dans la stéatite et les femmes se chargent de les vêtir de peaux, de fourrures et de *duffle,* illustrant avec talent les moindres particularités des costumes traditionnels. Ces poupées sont fixées sur une base d'herbes tressées et représentent des Inuits accomplissant des tâches de la vie quotidienne ancestrale: pêche, chasse, confection de vêtements, etc. (Photo Labelle)

D — Vannerie esquimaude

La vannerie traditionnelle esquimaude est réapparue depuis peu dans le Nord grâce aux recherches des artisanes et à leur désir de revaloriser le passé.

Ces paniers sont tressés selon une ancienne technique d'enroulement d'herbes recueillies dans des endroits humides. Les décorations sont de babiche de caribou ou d'herbes teintes incorporées aux faisceaux d'herbes. Traditionnellement, la poignée était en babiche. Aujourd'hui, l'artisane ajoute à la qualité de son travail en remplaçant la babiche par une poignée sculptée dans la pierre et fixée au couvercle par de fines lanières de peau. (Collection Michel Noël)

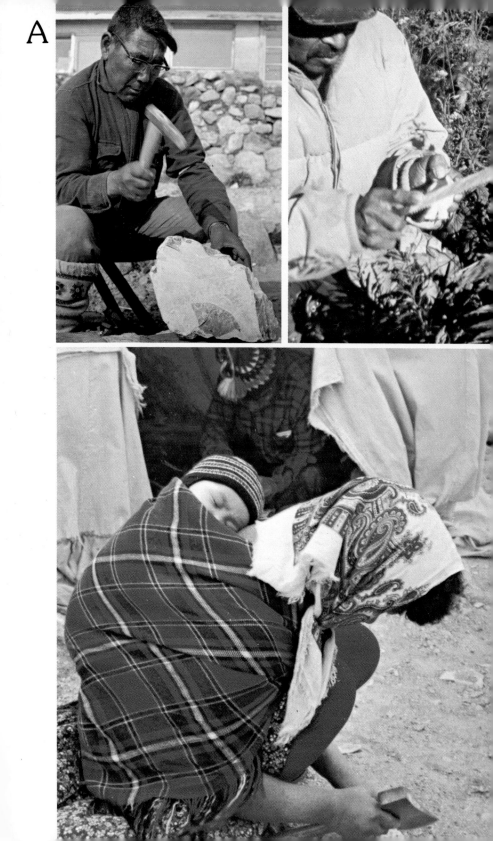

B

C

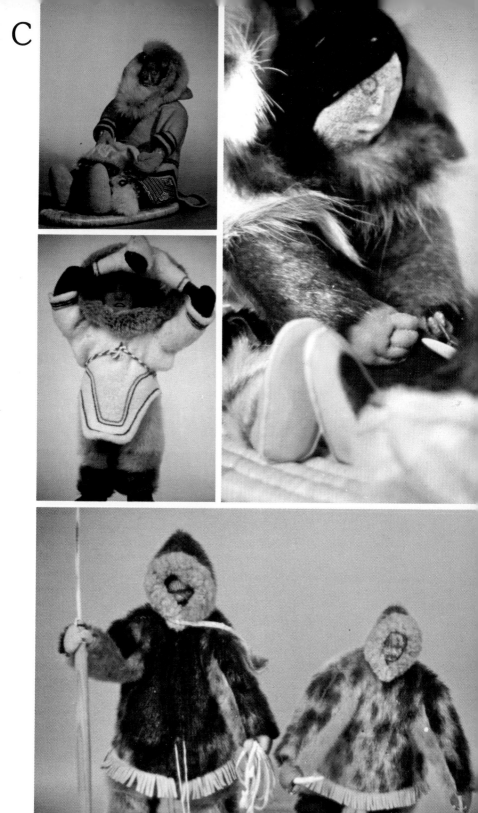

D

TECHNIQUE DE L'ENROULEMENT

La technique de fabrication de ces paniers est fort simple et ne semble, du reste, pas propre aux Inuits. On a retrouvé des paniers faits de cette façon un peu partout dans le monde. Des fouilles, particulièrement en Egypte, ont mis au jour de très vieux spécimens de nattage de boudins cousus les uns aux autres.

La technique dite de l'enroulement consiste à confectionner des boudins en réunissant des tiges d'herbes en faisceaux et en les retenant au moyen d'un ruban d'herbe ou d'une racine d'arbre. Ces faisceaux sont enroulés en colimaçon pour former le fond du panier et en spirales pour en former les parois. Les boudins, trempés dans l'eau pour acquérir une certaine flexibilité, sont cousus à l'aiguille l'un à l'autre avec un lien d'herbe ou de babiche.

On en fait des paniers, mais aussi des décors de supports pour montage décoratif.

La technique de fabrication des paniers se décompose en sept phases:

1) enrouler un faisceau d'herbes de l'épaisseur du petit doigt en lui donnant la forme d'un arc. L'enroulement se fait à partir des gros bouts des herbes;

2) donner à l'enroulement une forme de colimaçon pour faire la base du panier. Les boudins sont ensuite cousus avec des joncs;

3) tenir le travail avec la main gauche pour en mesurer l'épaisseur qu'on égalisera en entrant de nouveaux brins de jonc au fur et à mesure qu'avance le boudin;

4) ne pas attacher les fils d'enroulement, mais les bloquer;

5) selon la forme du panier, on insère dans l'enroulement, pour décorer la pièce, des fils teints de couleurs vives par des colorants naturels, ou des lanières de peau de caribou;

6) le couvercle doit être très serré, ce qui nécessite beaucoup d'habileté de la part de l'artisan;

7) autrefois, les Inuits tressaient, avec la même herbe, des anses à leurs paniers. Aujourd'hui, ils remplacent plutôt ces anneaux par de petites sculptures attachées par de la babiche de caribou.

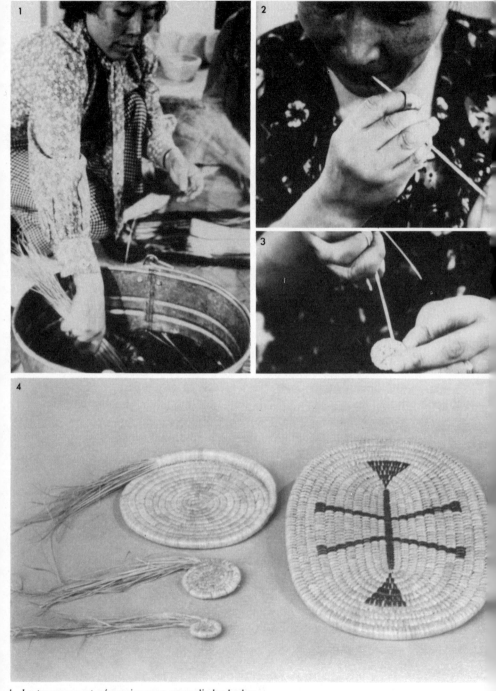

1 - Le trempage est nécessaire pour assouplir les herbes.

2 - L'artisane garde l'herbe dans sa bouche au cours de l'ouvrage afin de lui conserver sa souplesse. (Office national du film)

3 - L'enroulement commence toujours par le centre du fond du panier. (Office national du film)

4 - Illustration de différentes phases du travail par enroulement en colimaçon. (Fédération des coopératives esquimaudes)

CRITÈRES D'AUTHENTICITÉ
ET DE QUALITÉ

On jugera ces paniers à l'habileté de l'artisan et à la finition du produit qu'il propose:

— le tressage doit être ferme;

— le couvercle doit s'ajuster parfaitement sur le panier;

— les points de couture qui lient les boudins ne doivent pas être apparents (sauf dans quelques rares cas);

— le panier doit être solide, ses formes, régulières;

— le diamètre des boudins doit être constant;

— les tiges excédentaires doivent être enlevées et leurs coupes ne doivent pas paraître;

— les motifs décoratifs figurent sur les parois du panier; ils sont habituellement géométriques et faits à base d'herbes teintes ou de lanières de cuir de caribou;

— un bon panier d'herbes tressées doit pouvoir retenir l'eau pendant plusieurs heures; il ne faut pas oublier que c'était là la première utilité de ces contenants;

— plus les boudins qui composent le panier sont fins, plus ce panier demande d'habileté et de travail à l'artisan, et plus ces oeuvres sont décoratives et rares, certaines sont de véritables objets de collection;

— enfin, les poignées traditionnelles en jonc sont aujourd'hui remplacées par des sculptures qui rehaussent considérablement la valeur artistique des paniers de joncs tressés.

Les motifs sont en général exécutés avec de la babiche de caribou ou des herbes teintes intégrées aux faisceaux montés en spirale.

Arts décoratifs:
broderies,
appliqués et poupées

"Beaucoup de représentants de notre civilisation qui sont arrivés dans le pays n'ont pas compris qu'il y avait quelque chose dans leurs traditions. Leur culture a été foulée aux pieds, ridiculisée. On se moquait d'eux parce que leurs chansons... "IYAH... IYAH... IYAH..." semblaient des choses enfantines pour celui qui se croyait plus fin parce qu'il était Blanc! L'Esquimau en a ressenti une certaine honte. Il n'osait plus. (...)

"L'Esquimau souhaite que ce legs du passé ne disparaisse pas. Il sent qu'il y a quelque chose qui fait partie de son âme.

"Définitivement!"

Père André-Pierre STEINMAN, O.M.I.
in Forces, no 10, 1970.

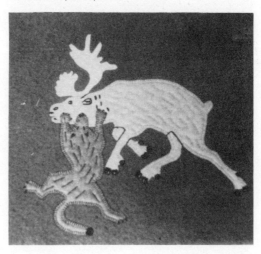

UN PEU D'HISTOIRE

La broderie, les appliqués, les poupées... c'est avant tout une affaire de femmes! Quand nous sommes entrés dans l'atelier du Poste-de-la-Baleine, elles étaient là, trois ou quatre, à tailler des morceaux de feutrine pour fabriquer des décorations murales pour le Sud.

Autrefois, les artisanes ne confectionnaient pas de décorations murales... Elles ne faisaient que des vêtements; certains d'entre eux, magnifiques, étaient réalisés en plusieurs étapes. La première consistait à apprêter les peaux en les dégraissant, en les faisant sécher et en les assemblant avec de la babiche et des tendons de caribou cousus avec des aiguilles d'os. Sans patron évidemment, les artisanes ajustaient ensuite la peau du phoque ou du caribou en essayant de n'en rien perdre et de respecter les nombreuses règles rituelles, comme nous le raconte Myrabelle Myers.

"Ainsi les franges et les autres motifs décoratifs ont une signification religieuse. Des tabous décrétaient autrefois quelles parties de la fourrure pouvaient servir aux vêtements masculins et féminins. Les pattes du caribou, par exemple, servaient à fabriquer les pantalons d'homme afin, disaient les vieux, que les hommes courent plus vite. Il est difficile de voir une intention pratique dans la coutume très stricte qui régit le sens du poil sur les kamiks en peau de phoque. Sur les bottes d'homme, le poil est posé "verticalement" alors que sur les bottes de femme, il doit être horizontal. Toute dérogation constituerait une grave entorse à la coutume."

Enfin, les femmes esquimaudes décoraient les vêtements qu'elles avaient confectionnés de broderies et d'appliqués de fourrure.

Les différentes étapes de la préparation d'une peau de phoque réalisées par l'Esquimaude: nettoyage, grattage, étirage et réparation des trous. (Fédération des coopératives esquimaudes)

1 - Le recouvrement des kayaks en peau de phoque est souvent une entreprise collective réservée aux femmes.

2 - L'agencement de peaux de phoques de différentes couleurs de fourrure permet aux femmes de confectionner des murales originales.

BRODERIES ET APPLIQUÉS DE FOURRURE

L'art de composer ces appliqués de fourrure qui ornaient autrefois les vêtements renaît dans les tapisseries modernes. Aujourd'hui, les femmes esquimaudes ne travaillent pas la pierre, mais savent tout aussi bien que leurs hommes évoquer les légendes ancestrales de ces contrées nordiques. L'Inuit dessine des objets et des formes dont elle a entendu parler et qui hantent ses croyances et ses rêves. C'est en superposant les différentes couleurs de peaux de phoques qu'elle définit, comme autrefois, des motifs aux effets saisissants et aux reliefs surprenants.

Pour faire revivre ces anciennes techniques, la Fédération des Coopératives organisait, en avril 1975, un stage d'artisanat où l'on regroupa de nombreuses Inuits sous la direction de Mina Napartuk de Poste-de-la-Baleine. A cette occasion, on évoqua des souvenirs, qui plus tard se traduisirent par de magnifiques broderies, sur des vêtements et des peaux, dont la finesse, l'équilibre et la qualité d'exécution et de composition sont remarquables et fort prisées des connaisseurs.

Décalque d'une scène de chasse sur peau de phoque. (Fédération des coopératives esquimaudes)

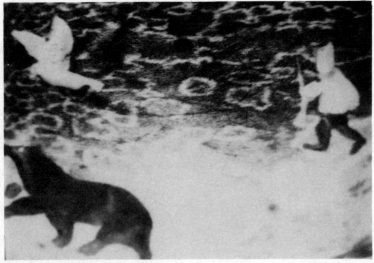

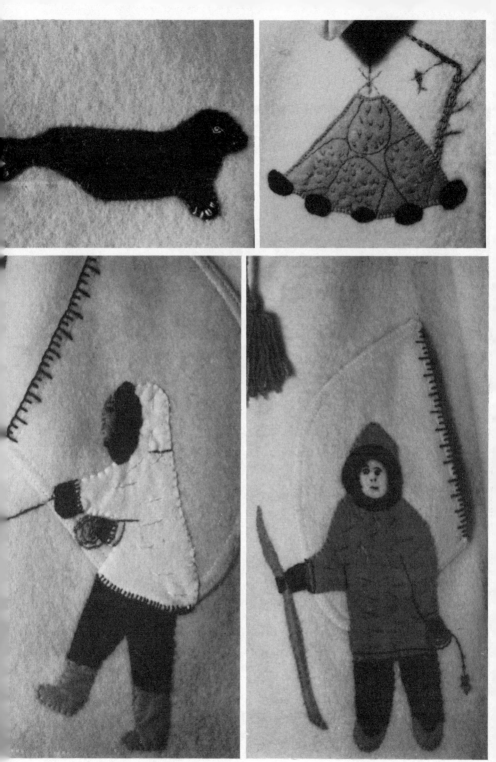

Les manteaux esquimaux en duffle sont souvent ornés d'appliqués en feutre illustrant, comme le fait la sculpture, la vie quotidienne et l'imagerie populaire.

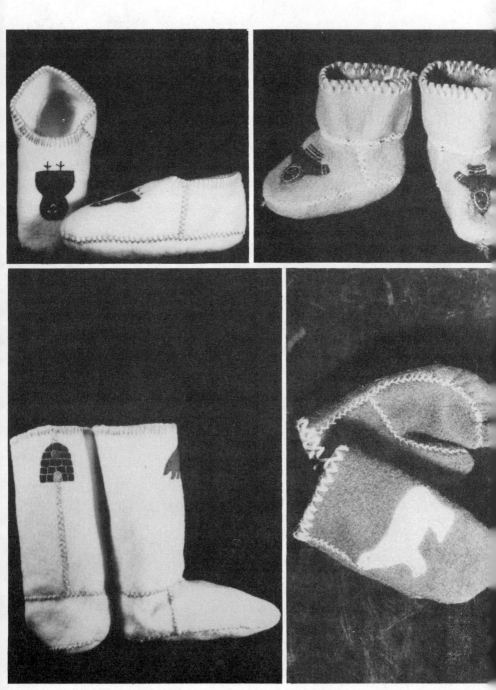

L'artisane place ses appliqués de telle sorte que celui qui porte le vêtement entre en communication directe avec la symbolique du motif.

Les Esquimaudes ont à coeur de transmettre aux plus jeunes la richesse de leur imagerie traditionnelle.

LES POUPÉES

Les enfants du monde entier se ressemblent! Ils aiment jouer "à la poupée", les petits Inuits comme les autres... Tandis que les garçons s'amusaient à reproduire des arcs, des flèches et des traîneaux, les petites filles se fabriquaient des poupées qu'elles habillaient de différentes façons.

Annie Mikpiga de Povungnituk se rappelle avoir beaucoup joué à la poupée quand elle était jeune. Il s'agissait, dit-elle, du jeu le plus répandu alors chez les enfants.

Il arrivait souvent que la confection de la poupée soit une affaire familiale, les parents aidant les enfants à fabriquer le jouet. La mère confectionnait les vêtements et le père sculptait la tête de la poupée dans de la pierre.

Ce n'est qu'en 1974 qu'il y eut un nouvel essor donné au Nouveau-Québec à la fabrication de ces poupées. Les premières *Inooyat* furent présentées dans le Sud lors d'une exposition de Arctic Canada à Toronto. Deux poupées faites par Elisabeth Inukpuk de Inoucdjouac gagnèrent alors un premier prix.

Depuis lors, plusieurs villages du Nouveau-Québec se sont mis à la tâche, chacun des artistes cherchant dans ses souvenirs d'enfance le type de poupée qui l'avait marqué. Les personnes les plus âgées furent consultées sur ce sujet et des poupées représentant différents aspects de la vie quotidienne furent créées (groupes familiaux, scènes de tannage de peaux, taille de blocs de pierre et de glace, allumage au kudlik, etc.).

Inooyat veut dire *imitation de gens*. Ces poupées ne représentent donc pas des enfants, mais bien des adultes en miniature. Ce secteur artistique produit de véritables pièces d'art, fort représentatives de la culture des Inuits.

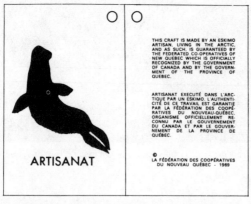

ARTISANAT

THIS CRAFT IS MADE BY AN ESKIMO ARTISAN, LIVING IN THE ARCTIC, AND AS SUCH, IS GUARANTEED BY THE FEDERATED CO-OPERATIVES OF NEW QUEBEC WHICH IS OFFICIALLY RECOGNIZED BY THE GOVERNMENT OF CANADA AND BY THE GOVERNMENT OF THE PROVINCE OF QUEBEC.

ARTISANAT EXECUTÉ DANS L'ARCTIQUE PAR UN ESKIMO. L'AUTHENTICITÉ DE CE TRAVAIL EST GARANTIE PAR LA FÉDÉRATION DES COOPÉRATIVES DU NOUVEAU-QUÉBEC, ORGANISME OFFICIELLEMENT RECONNU PAR LE GOUVERNEMENT DU CANADA ET PAR LE GOUVERNEMENT DE LA PROVINCE DE QUÉBEC.

© LA FÉDÉRATION DES COOPÉRATIVES DU NOUVEAU QUÉBEC - 1969

Etiquette d'authenticité des produits d'artisanat esquimaux de la Fédération.

On reconstitue des scènes tirées de l'histoire et de la mythologie à l'aide de groupes de poupées. (Fédération des coopératives esquimaudes)

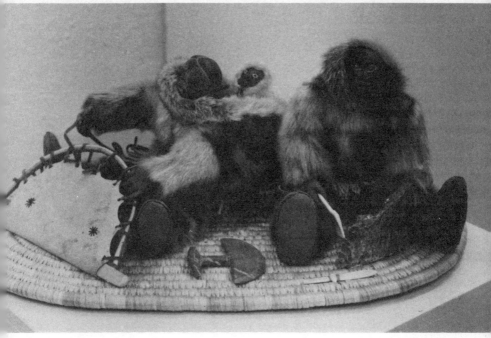

Les poupées sont habillées de peaux de caribou, de phoque et de duvet d'oiseaux aquatiques. (Fédération des coopératives esquimaudes)

Lectures suggérées

Nous tenons à souligner que de nombreux extraits ont été tirés de la bibliographie *Inuits du Nouveau-Québec* (dossier 13) préparée par le Service d'archéologie et d'ethnologie, direction générale du patrimoine, ministère des Affaires culturelles, décembre 1975.

LES INUITS: OUVRAGES GÉNÉRAUX

BROCHU, Michel, *Le 4e congrès international de la Fondation française d'Etudes nordiques,* in Actualité économique no 45, avril 1970.

BRUEMMER, Fred, *Seasons of the Eskimo: a vanishing way of life,* McClelland and Stewart, Toronto, 1972. Traduction française: Editions Perspectives, 1974.

CARPENTER, Edmund S., *The future of the Eskimos,* Canadian Forum No. 32, June 1952.

CENTRE D'ÉTUDES NORDIQUES, *Troisième conférence nordique canadienne,* Poste-de-la-Baleine, 1970, comptes rendus. Comptes rendus publiés sous la direction de Louis

Edmond Hamelin et André Cailleux, collection Nordicana no 30, centre d'Etudes nordiques, Université Laval, Québec, 1971.

MALAURIE, Jean, *Le peuple esquimau aujourd'hui et demain,* 4e congrès international de la Fondation française d'Etudes nordiques, Paris et LaHaye, Mouton, 1973.

NIPPGEN, J., *Les résultats ethnographiques de l'expédition danoise dans l'Amérique arctique,* in Revue anthropologique no 36, 1926.

PETITOT, Emile, *Etude des Esquimaux,* Congrès international des Américanistes, compte-rendu de la première session, 1, Nancy, 1875.

ROUSSEAU, Jacques, *Du bon sauvage de la littérature à celui de la réalité,* in Action universitaire, 20 juillet 1954.

ROUSSEAU, Jacques, *Origine et évolution du mot esquimau,* in Cahiers des Dix, no 20, 1955.

ROUSSEAU, Jacques, *Les Esquimaux du Canada,* in Columbia 56, sept. 1966.

SAVARD, Rémi, *Et les autres Québécois,* in Interprétation no 4, 1970.

Sur les Inuits du Québec

ANONYME, *Noël montagnais et noël esquimau,* in L'Apostolat no 33, fév. 1962.

ARCAND, Bernard, *L'IWGIA et les amérindiens du Québec,* in Recherches amérindiennes au Québec, no 3, 1973.

BOUGAINVILLE, Louis Antoine, *Notes sur les Eskimaux,* Rapport de l'archiviste de la Province de Québec, 4, 1923-24.

BROCHU, Michel, *La recherche scientifique au Nouveau-Québec pour la période 1970-1972 et rétrospective des XIXe et XXe siècles,* in Inter-Nord no 12, 1972.

BURGESSE, J., *Esquimaux in the Saguenay,* in Primitive Man no 22, Jan.-April 1949.

DORAIS, Louis-Jacques, *Le groupe INUKSIUTIT de recherche en anthropologie sociale sur les Esquimaux du Nouveau-Québec,* Atti del congresso internazionale polare Civitanova Marche, Italia, 1971.

DUQUETTE, Jean-Guy, *Types d'habitations chez les Esquimaux du Nouveau-Québec,* Annuaire du Québec 1964-65, Québec, Bureau de la statistique, 1965.

GROUPE D'ÉTUDIANTS EN SOCIOLOGIE, *Le Nouveau-Québec. Le petit peuple du peut-être dans la terre du futur,* manuscrit, Québec, Dép. de sociologie et d'anthropologie, Université Laval, 1970.

MALAURIE, Jean et ROUSSEAU, Jacques, *Le Nouveau-Québec: contribution à l'étude de l'occupation humaine,* collection Bibliothèque Arctique & Antarctique, Paris-La Haye, Mouton, 1964.

MINISTÈRE DES RICHESSES NATURELLES, Québec, *Aperçu sur le Nouveau-Québec,* articles extraits de l'Annuaire du Québec de 1964-1965, Direction générale du Nouveau-Québec, Québec, 1966.

ROUSSEAU, Jacques, *Labrador et Nouveau-Québec: le rideau se lève sur l'inconnu,* in Livre de l'année 1951, Société Grolier, Montréal, 1951.

ROUSSEAU, Jacques, *En mer avec des Esquimaux,* in Concordia no 11, nov. 1952.

ROUSSEAU, Jacques, *Dans un poste esquimau,* in Concordia no 12, oct. 1953.

ROUSSEAU, Jacques, *Ces gens qu'on dit sauvages,* Edition des 10, Montréal, 1959.

ROUSSEAU, Jacques, *Nouveau-Québec,* Encyclopédie Grolier tome 9, 1954.

ROUSSEAU, Jacques, *Les sachems délibèrent autour du feu de camp,* in Cahier des Dix no 24, Montréal, 1959.

CULTURE MATÉRIELLE

Vêtements et ornementation

en général

SALADIN D'ANGLURE, Bernard, *Sanaaq, un récit esquimau composé par Mitiarjuk.* Vol. 1, présentation, traduction libre et commentaire ethnographique. Thèse de doctorat du 3e cycle. Paris, Ecole pratique des Hautes Etudes, Ve section, 1970.

COPENHAGEN NATIONAL MUSEET ETHNOGRAFISKE SAMLING, *Arctic peoples and American Indians,* Copenahagen, 1941.

Nouveau-Québec

EAST, Ben, *Leather and meat and oil,* in The Beaver no 270, sept. 1939.

SPECK, Frank G., *Analysis of Eskimo and Indian skin dressing methods in Labrador,* in Ethnos, 1937.

SPECK, Frank G., *Eskimos Jacket Ornaments of Ivory,* in American Antiquity no 5, jan. 1940.

Habitations et ustensiles domestiques

en général

BRINTNELL, Liegh, *One ulu, many uluut,* in North, May-June 1972.

LAGUNA, Frederica, *Eskimo Lamps and Pots,* in Journal of the Royal Anthropological Institute of Great Britain and Ireland, no 70, 1940.

MARSH, D.B., *Life in a snowhouse,* in Natural History no 60, 1951.

MASON, Otis, *The Ulu or Woman's Knife of the Eskimo,* in Report of the United States National Museum, 1890.

Nouveau-Québec

PAGEAU, PIERRETTE, *Rapport préliminaire sur la construction d'un Qarmaq à Killiniq (Port Burwell, T.N.O.),* Ottawa, Musée national du Canada, Service canadien d'ethnologie, documents de recherche, 1970.

ROUSSEAU, Jacques, *L'habitation primitive du Québec nordique,* in Annuaire du Québec 1964-1965, Québec, Bureau de la statistique, 1965.

Transports, instruments

Nouveau-Québec

ANONYME, *Le fouet esquimau*, in L'Abeille no 7, 23 mai 1849. Extrait de *Rapports sur les missions du diocèse de Québec*, no 13.

ROUSSEAU, Jacques, *Modes de déplacement et communication chez les indigènes du Nouveau-Québec*, in Annuaire du Québec 1964-65, Québec, Bureau de la Statistique, 1965.

Chasse, arcs et flèches

en général

FALCK, R., *Catalogue analytique et descriptif des têtes de harpons Eskimo du Musée de l'Homme*, Paris, Musée national d'histoire naturelle, 1963.

MALVESIN-FABRE, G., *Un redresseur de flèches orné en ivoire*, in Anthropologie no 53, 1949.

Art traditionnel (musique, danse)

en général

ARTS CANADA, *The Eskimo worlds*, Arts Canada, Special Issue (December 1971-January 1972).

ARTS CANADA, *Stones, Bones and Skin*, Ritual and Shamanic Art, Arts Canada, 185, 186, 187 (December 1973-January 1974).

THE BEAVER, *Eskimo Art*, in The Beaver, Outfil 298, Autumn 1967.

EN COLLABORATION, *La sculpture chez les Inuits: Chefs-d'oeuvres de l'Arctique canadien*, University of Toronto Press, Toronto, 1971.

HOFFMAN, Walter James, *The Graphic Art of the Eskimos*, Report of the United States Natural History Museum, 1895.

LAGUNA, Frederica De, *Peintures rupestres Eskimo,* in Journal de la Société des Américanistes no 25, 1933.

SOCIÉTÉ DES AMIS DU MUSÉE DE L'HOMME, Paris, *Chefs-d'oeuvre des Arts indiens et esquimaux du Canada,* catalogue, Ottawa, Galerie nationale du Canada, 1969-1970.

Nouveau-Québec

GROUPE DE RECHERCHES INUKSIUTIIT, VEILLET, Céline et MONPETIT, Carmen. *Musique Inuit au Nouveau-Québec,* Québec, Rapport de recherches déposé au ministère des Affaires culturelles, 1973-1974.

Jeux

en général

GESSAIN, Robert, *L'Ajagaq, Bilboquet Eskimo,* in Journal de la Société des Américanistes no 41, 1952.

MARY-ROUSSELIÈRE, Guy, O.M.I., *Le jeu de ficelle esquimau,* in Eskimo no 70, déc. 1965.

Organisation socio-économique

GUEDON, Marie-Françoise, *Organisation des activités féminines dans la communauté esquimaude d'Ivujivik (Nouveau-Québec),* thèse de maîtrise, département d'Anthropologie, Université de Montréal, 1967.

SALADIN D'ANGLURE, Bernard, *L'organisation sociale traditionnelle des Esquimaux de Kangirsujuaak (Nouveau-Québec).* Collection Travaux Divers no 17, Québec, Centre d'Etudes nordiques, Université Laval, 1967.

Tradition orale

Nouveau-Québec

HAYWOOD, Charles, *A Bibliography of North American Folklore and Folksong.* Volume II — *The American Indians North of*

Mexico, including the Eskimos. 1rst Edition: N. Y., 1951. 2nd and Revised Edition, New York, Dover, 1961, Tome 2.

Changements socio-économiques

en général

FOURNIER, Louis, o.m.i., *Co-ops arctiques: quelques remarques,* in Eskimos no 65, sept. 1963.

Nouveau-Québec

ANONYME, *A Povungnituk, Ungava, des sculpteurs esquimaux fondent une coopérative,* in Apostolat no 30, 7 juillet 1959.

AUDET, Raymond, *Une caisse populaire chez les Esquimaux,* in Revue Desjardins no 28, nov. 1962.

BONENFANT, Michèle, *Fort-Chimo: un groupe d'Esquimaux en transition,* thèse de Maîtrise, département de Sociologie et d'Anthropologie, Université Laval, 1963.

BROCHU, Michel, *L'économie esquimaude au Nouveau-Québec,* in Relations, 22, 260, 261, 262, août, sept., nov. 1962.

BROCHU, Michel, *Etude préliminaire sur l'établissement d'un prix de péréquation des peaux d'animaux à fourrure au Nouveau-Québec,* in Actualité Economique no 46, 1970.

BROCHU, Michel, *Les grandes phases de l'histoire économique du Nouveau-Québec indien et esquimau,* in Action Nationale no 60, sept. 1970.

DORAIS, Louis Jacques, *Les Inuit du Québec-Labrador: distribution de la population, dialectologie, changements culturels,* in Recherches Amérindiennes au Québec no 3, 1973.

DUQUETTE, Jean-Guy, *Types d'habitation chez les Esquimaux du Nouveau-Québec,* Québec, Bureau de la statistique, Annuaire du Québec 1964-65.

INSTITUT COOPÉRATIF DESJARDINS, *Stage des Esquimaux,* Lévis, Institut coopératif Desjardins, le 31 janvier 1967.

LEJEUNE, Roger, *L'entreprise coopérative chez les Amérindiens du Nouveau-Québec,* Jean Malaurie, éd., Le peuple esquimau aujourd'hui et demain, Paris — La Haye, Mouton, 1973.

STEINMAN, André-Pierre, *Comment peut-on être esquimau en 1970?* in Forces Hydro-Québec no 10, 1970.

Art et artisanat

en général

COMITÉ CANADIEN DES ARTS ESQUIMAUX, *1962 Eskimo Graphic Art/L'art graphique des Esquimaux,* Mortimer, Ottawa, 1962.

CANADA, ministère des Affaires du Nord et des Ressources nationales, *Canadian Eskimo Art,* Ottawa, ministère des Affaires du Nord et des Ressources nationales, 1974.

DARBOIS, D. et CLARK, I. C., *Art indien et esquimau du Canada,* Poligrafa, Barcelone, 1970.

DARDEL, Geneviève, *Regards sur l'art esquimau,* in Connaissance du Monde no 40, 1962.

GRABURN, Nelson H., *Eskimo carvings and Coops: The Anthropologist as innovator,* Michael Kearney, Fieldwork book, 1970.

HOUSTON, James A., *Eskimo Sculptors,* in The Beaver, Outfit 282, June 1951.

HOUSTON, James A., *Canadian Eskimo Sculpture,* Ottawa, Department of Indian Affairs and National Resources, 1962.

HOUSTON, James A., *Eskimo Prints,* in Barre Publications Co., Massachusetts, Burn & MacEachern, 1967.

HOUSTON, James A., *Dégager la vie emprisonnée dans la pierre,* in La sculpture chez les Inuits: chefs-d'oeuvre de l'Arctique canadien, Toronto, 1971.

LARMOUR, W.T., *La sculpture esquimaude contemporaine,* Ottawa, ministère des Affaires indiennes et du Nord canadien.

LARMOUR, W. T., *Inunnit: L'art des Esquimaux du Canada,* Ottawa, ministère des Affaires indiennes et du Nord canadien, 1967, (traduction française par Jacques Brunet).

Montréal, MUSÉE DES BEAUX-ARTS, *Cultures du soleil et de la neige. L'art des indiens et des Esquimaux du continent américain.* Musée des Beaux-Arts, Montréal, 1973.

SWINTON, George, *Sculpture esquimaude,* La Presse, Montréal, 1976.

SWINTON, George, *La sculpture contemporaine chez les Esquimaux du Canada,* in La sculpture chez les Inuits: chefs-d'oeuvre de l'Arctique canadien, Toronto, 1971.

Nouveau-Québec

BROCHU, Michel, *Esquimaux, peuple du Québec,* catalogue sur exposition d'art et d'objets d'usage courant des Esquimaux du Nouveau-Québec, été 1966, Québec, ministère des Affaires culturelles, 1966.

BROCHU, Michel, *Maricourt, haut-lieu de la sculpture esquimaude du Nouveau-Québec,* in Vie des Arts, 1966.

MONETTE, Luc, *1960 Povungnituk 1970,* édition Beaudoin d'Anjou, Atelier Optima pour la Fédération des Coopératives du Nouveau-Québec, Québec, janvier 1970.

ROUSSEAU, Jacques, *La Guilde de Povungnituk, dynamique et diversifiée...,* catalogue de la Société coopérative de Povungnituk, Povungnituk, Nouveau-Québec, 1964.

SALADIN D'ANGLURE, Bernard (équipe Inuksiutiit), *Art Inuit du Nouveau-Québec (Taivitialuk et son oeuvre sculptée).* Réalisé par l'équipe Inuksiutiit avec la collaboration de Raivitialuk Alasuaq et Jimmy Innarulik Mark, Québec, rapport déposé au ministère des Affaires culturelles, 1973.

SOLIER, René de, *Povungnituk,* in Vie des Arts no 63, été 1971.

PÉRIODIQUES

Journal de la Société des Américanistes (semestriel)
Musée de l'Homme
Place Trocadéro
Paris XVIIe — France

Recherches amérindiennes au Québec (4 à 5 numéros par année)
417 rue Saint-Pierre, suite 30
Montréal, P.Q.

*La Revue canadienne de Sociologie et
d'Anthropologie* (trimestrielle)
Boîte Postale 878
Station "A"
Montréal, P. Q. H3C 2V8

Revues ou journaux traitant des Inuits

The beaver
Hudson Bay House
77 Main Street
Winnipeg, R3C 2R1

The drum
P.O. Box 1969
Inuvik
T.N.O.

Eskimo
Churchill
Manitoba, R0B 0E0

Inuttitut
Eskimology section
Dept. of Indian Affairs and Northern Development
400 Laurier ouest
Ottawa, Ontario

The messenger
Eskimo Point
T.N.O.

The mocassin telegraph
Regina Friendship Centre
1770 Quebec Street
Regina
Saskatchewan

News of the North
P.O. Box 68
Yellowknife
T.N.O.

Nord/North
Ministère des Affaires indiennes
Ottawa, Ontario

Tukisiviksat
Government of the Northwest Territories
Yellowknife
T.N.O.

Revues ou journaux édités par des autochtones

Bulletins of the Indian — Eskimo Association of Canada
277 Victoria Street
Toronto 2, Ontario

Inuit Monthly
Inuit Tapirisat of Canada
Royal Trust Building
Suite 409
116 Albert Street
Ottawa

Newletters of the Eskimo — Indian Association of Canada
14408, 118e Avenue
Edmonton, Alberta

The Midnight Sun
Igloolik
T.N.O.

Takralik
Association des Inuits du Nord québécois
505 Dorchester Ouest
Montréal

Tsautit
Eskimo Point
T.N.O.

Tundra Time
Eskimo Indian Aleut Publishing Co.
P.O. Box 1287
Fairbanks
Alaska 99707
E.-U.

A voir

EXPOSITIONS

Expositions permanentes accessibles au public

— Musée national de l'Homme
Immeuble Century
360 Lisgar
Ottawa, Ontario K1A O
Un montage de la vie des Inuits du cuivre. Présentation de la chasse au loup marin, des techniques de transport... kayaks... etc.
A voir avec les enfants.

— Musée McCord
690 rue Sherbrooke ouest
Montréal, Québec
Fort intéressante présentation des objets "artefacts" utilisés et réalisés par les Inuits. Un musée à visiter en entier.

— Guilde canadienne des Métiers d'art
2025 rue Peel
Montréal, Québec
Exposition permanente d'oeuvres des Inuits du Canada.

—Centrale d'Artisanat du Québec
1450 rue Saint-Denis
Montréal, Québec
Expo-vente permanente d'oeuvres des Inuits du Québec seulement.

— Royal Ontario Museum
Toronto, Ontario
Nombreuses collections amérindiennes canadiennes. Collections d'intéressantes affiches.

— Musée du Poste-de-la-Baleine
Nouveau-Québec
Collection de nombreuses pièces regroupées dans l'ancienne église anglicane.

A l'étranger

— University of Alaska Museum
  Fairbanks
  Alaska 99701
  E.-U.

— Musée d'Ethnographie (Esquimaux du Groenland)
  Copenhague

Collections spéciales et itinérantes

— Collection de la Banque Toronto-Dominion
  Collection réalisée en 1967. Le catalogue présente 234
  oeuvres, sculptures et gravures.

— Collections du Musée national de l'Homme
  Le musée possède la plus vaste collection au monde des Inuits du Canada et du Québec. Ces collections sont entreposées au Service d'ethnologie du Musée, à Bells Corner,
  Ottawa. Elles peuvent être accessibles aux chercheurs.

— Collection Michel Brochu
  Cette collection est entreposée au Service d'archéologie du
  ministère des Affaires culturelles du Québec. Elle a été con-
  stituée en mars 1967 dans douze postes esquimaux du
  Québec.
  Le catalogue de l'exposition de 1965 est intitulé *Esquimaux,
  peuples du Québec.*

— Collection "de la Fédération"
  Cette collection achetée en 1965 de la Fédération des
  coopératives du Nouveau-québec est entreposée au Service
  d'archéologie et d'ethnographie du ministère des Affaires
  culturelles du Québec.

— Collection permanente et itinérante du ministère des Affaires indiennes et du Nord, Ottawa.

Objets exécutés à partir de 1950: harpons, lampes, vêtements, racloirs, etc.

Le catalogue d'exposition est intitulé *Visages radieux.*

— Collection Rothmans

La collection permanente de sculptures esquimaudes Rothmans comprend une quarantaine d'oeuvres: sculptures en pierre à savon et os de baleine et tapisseries. Le catalogue d'exposition s'intitule *Art/Inuit/Art.*

— Glenbow Foundation

Alberta Institute

902 - 11th Avenue S. W.

Calgary, Alberta

Cette collection présente des oeuvres d'art esquimau et indien.

Collections esquimaudes

Collections esquimaudes insérées dans la collection du Service canadien d'ethnologie, Musée de l'Homme, Ottawa.

Ont contribué à ces collections:

— Dr Arima
— Asen Baliki
— R. Bell
— Capitaine Bernard
— Lieutenant Burwash
— M. Jenness (1913-1916)
— M. Kidston (1930)
— François Mercier
— Dr Rousseau
— Dr Stefansson
— David Zimmerley
— Canadian Arctic Producer
— Canadian Guild of Craft

ORGANISMES

Principaux organismes québécois et canadiens engagés dans une recherche scientifique sur les Inuits.

- Arctic Institute of North America (AINA)
  1020 avenue des Pins ouest
  Montréal, P.Q.
  Organisme multidisciplinaire: sciences humaines, sciences naturelles et sciences de la terre.

- Arctic Research and Training Centre in Rakin Inlet
  voir Institute for Northern Studies
  University of Saskatchewan
  Saskatchewan

- Boreal Institute
  University of Alberta
  Alberta
  Organisme de recherche, d'enseignement et d'édition.

- Bureau de Recherches scientifiques sur le Nord
  (Northern Science Research Group)
  Ministère des Affaires indiennes et du Nord canadien
  Ottawa, Ontario
  Organisme gouvernemental de recherche, support financier pour d'autres organismes, publication.

- Centre de recherche en Anthropologie à l'Université d'Ottawa
  Université Saint-Paul
  Ottawa, Ontario
  Organisme d'enseignement, de recherche et de publication.

— Centre d'Etudes nordiques
Université Laval
Québec
Organisme de recherche, d'enseignement et d'édition; publie
deux collections: *Nordica, Travaux* et *Documents.*

— Centre d'Etude et de Recherche nordiques de
l'Université McGill
Université McGill
Montréal
Organisme de recherche, d'enseignement et d'édition.
Récemment déménagé à Edmonton, Alberta.

— Centre de Recherche Arctique
Ecole des Hautes Etudes commerciales
(affiliée à l'Université de Montréal)
5255 avenue Decelles
Montréal, Québec
Recherche appliquée, publication, documentation; une
collection rare, celle des coupures de presse de Gardner.

— Centre for Settlement Studies
University of Manitoba
Manitoba
Organisme de recherche et d'enseignement.

— Collège Manitou
(extension de "Native North American Studies Institute")
Ecowi
Cté Labelle, Québec
Organisme d'enseignement et de recherche.

— Commission Scolaire du Nouveau-Québec
2900 Chemin des Quatre-Bourgeois

Sainte-Foy
Québec
Organisme d'enseignement et de recherche.

— Committee on Arctic and Alpine Research
University of British Columbia
Vancouver, B. C.
Organisme de recherche, d'enseignement et d'édition.

— Committee on Arctic and Subarctic Research
University of Toronto
Toronto, Ontario
Organisme de recherche multidisciplinaire, principalement
les sciences de la terre et la biologie.

— Committee for Northern Studies
University of London
London, Ontario
Organisme de recherche et d'enseignement.

— Direction générale du Nouveau-Québec
Ministère des Richesses Naturelles
1530 boul. de l'Entente
Québec, P.Q.
Organisme gouvernemental, administration, recherche, aide
financière à d'autres organismes, publications.

— Groupe Inuksiutiit
Département d'Anthropologie
Université Laval
Québec, P.Q.
Organisme de recherche, d'enseignement, de publication.

— Groupe de Recherches nordiques

Département d'Anthropologie
Université de Montréal
Montréal, P.Q.

— Institute for Northern Studies
University of Saskatchewan
Saskatoon, Saskatchewan
Organisme de recherche, d'enseignement et de publication.

— Institute of Social and Economic Research
Memorial University of Newfoundland
Newfoundland
Organisme de recherche, de publication et d'enseignement.

— Musée National de l'Homme
Ottawa, Ontario
Organisme gouvernemental, recherche, musée, expositions, support financier à des organismes ou chercheurs, publications.

— Northern Studies Committee
University of Manitoba
Manitoba
Organisme multidisciplinaire, support financier à d'autres organismes.

— Northern Quebec Inuit Association
Association des Inuits du Nord québécois
505 boul. Dorchester ouest
Montréal, P.Q.
Organisme autochtone engagé dans la recherche scientifique.

— Service d'Archéologie et d'Ethnologie
Ministère des Affaires culturelles
6 rue de l'Université
Québec, P.Q.

Organisme gouvernemental, conservation, mise en valeur, diffusion des biens culturels amérindiens, recherche, aide financière.

— UQAM (Université du Québec à Montréal)
Montréal, Québec
Organisme de recherche, d'enseignement et de publication.

Organismes étrangers

— Centre d'Etudes arctiques de l'Ecole des Hautes Etudes
de la Sorbonne
6 rue de Tournon
Paris (6e)

— Fondation française d'Etudes nordiques
Hôtel des Sociétés savantes
190 rue Beauvoisine
76000 Rouen
France

Associations autochtones au service des Inuits du Nouveau-Québec et du Labrador

— Association des Inuits du Nord québécois
(Northern Quebec Inuit Association)
Fort-Chimo
Nouveau-Québec
ou
505 boul. Dorchester ouest
Montréal, P.Q.

— La Fédération des Coopératives esquimaudes
du Nouveau-Québec
880 avenue Bégin
Ville Saint-Laurent
Montréal, P.Q.

— Indian and Eskimo Association of Canada
277 Victoria Street,
Toronto 2, Ontario
M5V 1W2
maintenant connue sous le nom de:
Canadian Association in Support of the Native People
14408, 118e Avenue
Edmonton, Alberta

— Inuit Tapirisat of Canada
Royal Trust Building,
Suite 409
116, Albert Street
Ottawa, Ontario

— Labrador Inuit Association
Nain
Labrador

En terminant, il serait juste de souligner enfin la contribution exceptionnelle de Louis-Edmond Hamelin, fondateur du Centre de Recherches des Etudes nordiques de l'Université Laval. Cet homme qui a parlé de la "nordicité" en inventant le mot, a fait connaître "notre Nord" au monde entier avec raffinement et précision, ce qui faisait dire au géographe Daniel Noin de la Sorbonne que ce Québécois était un des rares chercheurs dans le domaine qui avait su allier le sens de la créativité à la recherche scientifique pure.

Où en sommes-nous aujourd'hui? Louis-Edmond Hamelin répondait lui-même dans *Forces*:

"Le Nord n'est plus un "inconnu dans la maison". Pour un chercheur, connaître le Nord n'est plus exclusivement une affaire d'études sur le terrain: les oeuvres publiées ou manuscrites constituent nécessairement un point de départ et même un compagnon de route. L'*Arctic Bibliography* en est à son 14e volume; pour sa part, le Centre d'études nordiques de l'Université Laval

488

a publié une quarantaine d'ouvrages. Le document risque même de submerger le documenté!"

Ajoutons, à la pile de documents disponibles, la récente publication de la direction du Patrimoine du ministère des Affaires culturelles intitulée *Inuits du Nouveau-Québec,* qui nous a beaucoup aidés, au chapitre des lectures suggérées, dans le présent ouvrage.

FILMOGRAPHIE

Films répertoriés par l'Office national du Film (O.N.F.)

bureau-chef: 3155 Côte-de-Liesse, Ville Saint-Laurent, Qué.

téléphone: (514) 333-3333

Annanacks (Les) réalisé par Crawley Films Ltd pour l'ONF, 29 mn 13 s, couleur, ONF 16 mm: 106C 0264 033. Au début de 1959, les quelque cent cinquante Inuits de Port-Nouveau-Québec mouraient de faim. Une équipe du gouvernement les rencontra et avec eux, sur place, chercha de nouvelles façons de subsister.

Comment construire votre iglou, réalisé par Douglas Wilkinson, 10 mn 26 s, couleur, ONF 16 mm: 106C 0250 018.

Esquimaux, réalisation Gilles Blais, production Marc Beaudet. 57 mn 51 s, couleur, ONF 16 mm: 106C 0271 006. Ce film nous permet de nous former une opinion sur l'Inuit et la vie moderne à laquelle il vient d'être associé.

Kénojouak, artiste esquimau, réalisé avec la collaboration du ministère du Nord canadien et des Ressources nationales. Réalisation: John Feeney. Adaptation française: Gilles Hénault. 19 mn 49 s, couleur, ONF 35 mm: 105C 0264 017 - 16 mm: 106C 0264 017.

La légende du corbeau, réalisé par Crawley Films Ltd pour la Cie Imperial Oil Ltd, 1957. Tourné en collaboration avec la Canadian Handcraft Guild, le ministère des Affaires du Grand Nord et des collectionneurs d'objets d'art esquimaux. Directeur de production: Judith Crawley. 14 mn, couleur, 16 mm: 106C 0257 017. Voici l'histoire du méfait qui entraîna chez le corbeau la perte de la parole.

Le hibou et le corbeau - une légende eskimo, réalisateur: Co Hoedeman — producteur: Pierre Moretti. Une co-production de l'ONF et du ministère des Affaires indiennes et du Nord. 6 mn 39 s, couleur, ONF 35 mm: 105C 0273 589 - 16 mm: 106C 0273 589. Narration en français. Ce film d'animation s'adresse aux enfants des écoles, aux adultes et à ceux qu'intéresse l'ethnologie.

Le hibou et le lemming - une légende eskimo, réalisateur: Co Hoederman - producteur: Pierre Moretti. Une co-production de l'ONF et du ministère des Affaires indiennes et du Nord canadien, 5 mn 59 s, couleur, ONF 35 mm: 105C 0271 049 - 16 mm: 106C 0271 049. Ce film d'animation recrée l'atmosphère d'un folklore en voie de disparition.

Pierres vives, réalisation: John Feeney - production Tom Daly. 33 mn, couleur, ONF 16 mm: 106C 0258 027. La sculpture esquimaude est une véritable révélation; elle est l'expression simple et poétique d'un génie bien particulier. (Prix: New York, Hollywood, Locarno).

Netsilik Eskimos (série) — une série de 9 films comprenant 21 parties d'une durée d'une demi-heure chacune. Ces films ont été produits grâce aux subventions de la National Science Foundation et de la Ford Foundation des Etats-Unis par l'Education Development Center Inc., de Cambridge, au Massachusetts, en collaboration avec l'Office national du film du Canada.

Bien que les titres principaux soient en anglais, ces films sont sonores et sans commentaire; le langage n'impose donc aucune restriction quant à leur utilisation.Ces films nous révèlent la vie traditionnelle des Inuits avant l'arrivée des Blancs. Ils sont utiles à l'étudiant, en général, ainsi qu'à ceux qui font des études plus poussées, notamment en anthropologie économique, technologie des primitifs, cultures aborigènes d'Amérique du Nord, culture dans les régions circompolaires.

Voici quelques titres:

At the Caribou Crossing Place: Part 1 - 30 mn 15 s, couleur, ONF mm: 16 mm: 106C 0167 125.

At the Caribou Crossing Place: Part 2 - 29 mn 21 s, couleur, ONF 16 mm: 106C 0167 126.

At the Autumn River Camp: Part 1 - 26 mn 18 s, couleur ONF 16 mm: 106C 0167 131.

At the Autumn River Camp: Part 2 - 33 mn 6 s, couleur, ONF 16 mm: 106C 0167 132.

At the Winter Sea Ice Camp: Part 1 - 35 mn 40 s, couleur, ONF 16 mm: 106C 0167 201.

At the Winter Sea Ice Camp: Part 2 - 36 mn 16 s, couleur, ONF 16 mm: 106C 0167 202.

At the Winter Sea Ice Camp: Part 3 - 30 mn 16 s, couleur, ONF 16 mm: 106C 0167 203.

At the Winter Sea Ice Camp: Part 4 - 34 mn 40 s, couleur, ONF 16 mm: 106C 0167 204.

At the Spring Sea Ice Camp: Part 1 - 26 mn 40 s, couleur, ONF 16 mm: 106C 0167 139.

At the Spring Sea Ice Camp: Part 2 - 26 mn 36 s, couleur, ONF 16 mm: 106C 01647 140.

At the Spring Sea Ice Camp: Part 3 - 26 mn 35 s, couleur, ONF 16 mm: 106C 0167 141.

Building a Kayak: Part 1 - 32 mn 20 s, couleur, ONF 16 mm: 106C 0167 129.

Building a Kayak: Part 2 - 32 mn 46 s, couleur, ONF 16 mm: 106C 0167 130.

(Les) Récits de Tuktu - série de 13 films - réalisation: Laurence Hyde - production David Bairstow. La bande originale a été réalisée par l'Education Development Center, Inc., Cambridge, Massachusetts, Etats-Unis.
Ces films d'aventures polaires, pour enfants, dont Tuktu est le personnage principal, sont des montages faits à partir de documentaires retraçant la vie des Inuits Netsilik de Pelly Bay, au nord du Cercle arctique, avant que ceux-ci n'adoptent la civilisation de l'homme blanc.

En voici quelques-uns:

Tuktu et l'arc magique - 14 mn 16 s, couleur, ONF 16 mm: 106C 0268 035.

Tuktu et le grand kayak - 14 mn 16 s, couleur, ONF 16 mm: 106C 0267 039.

Tuktu et le palais de glace - 14 mn 13 s, couleur, ONF 16 mm: 106C 0267 149.

Tuktu et les épreuves de force - 14 mn 18 s, couleur, ONF 16 mm: 106C 0267 040.

Tuktu et les grands secrets - 14 mn 18 s, couleur, ONF 16 mm: 106C 0268 034.

Tuktu et les jeux d'intérieur - 14 mn 18 s, couleur, ONF 16 mm: 106C 0267 041.

Tuktu et ses beaux habits neufs - 14 mn 13 s, couleur, ONF 16 mm: 106C 0268 036.

Village arctique, réalisation: John Feeney - production: Tom Daly. 20 mn 8 s, couleur, ONF 16 mm: 106C 0260 015. La vie quotidienne dans un petit poste, tout près du Cercle arctique, se déroule sous nos yeux.

Films répertoriés dans le catalogue de productions OFQ 1975

Ministère des Affaires culturelles. Ces films sont distribués par l'Office du Film du Québec, 360 rue McGill, Montréal, téléphone: (514) 873-2234 et à Québec, au 1601 ouest, boul. Hamel, téléphone: (418) 643-5168.

Katak et Kuktuk, réalisation: Richard Lavoie - production OFQ, 1971, commandité par le ministère de l'Education. 23 mn 50 s, couleur, 16 mm: 7701.
Katak et Kuktuk se racontent.

La maternelle esquimaude de Fort-Chimo, réalisation: Richard Lavoie - production OFQ, 1966, commandité par le ministère des Richesses naturelles. 14 mn 35 s, couleur, 16 mm: 6685.

Poste-de-la-Baleine, réalisation: Richard Lavoie — production OFQ, 1968, commandité par le ministère des Richesses naturelles. 28 mn 36 s, 16 mm: 7048.
Ce document nous présente une équipe de jeunes ouvriers esquimaux qui font l'apprentissage de la construction d'une maison.

Matériel distribué par la Société Secas,
400 rue Notre-Dame est, Montréal
Tél.: (514) 849-2428

Tiré de la série *Les Esquimaux du Canada:*

Les chiens de trait esquimaux — ONF — 10 diap. (505C 0359 028)

Comment construire un igloo — ONF — 10 diap. (505C 0369 029)

L'Esquimau moderne du Canada (1) — ONF — 10 diap. (505C 0367 001)

L'Esquimau moderne du Canada (2) — ONF — 10 diap. (505C 0367 002)

L'Esquimau primitif (1) — ONF — 10 diap. (505C 0363 001)

L'Esquimau primitif (2) — ONF — 10 diap. (505C 0363 002)

Etook, production Explo-Mundo - 56 mn, couleur, 16 mm. Deux familles font connaissance... c'est le début d'une aventure qui mène à la découverte de deux modes de vie bien différents.

SYMBOLES GRAPHIQUES DES TECHNIQUES

Volume I	Volume II	Volume III

Volume I	Volume II	Volume III
bois sculptés	céramique	écorce de bouleau
jouets	émaillerie	vannerie de frêne
mobilier	ferronnerie	artisanat perlier
teintures	verrerie	fourrures
fléché	étain	vêtement
récupération	orfèvrerie	broderie o piquants o porc-épic
batik	bougies	broderie a crins d'orignal
macramé	poupées	raquettes
tissage	cuir	sculpture
tapisserie	papier	gravure
	gravure	vannerie o faisceaux d'herbes
	reliure	arts décoratifs

Répertoire d'informations générales [*]

1. Ouvrages généraux
2. Mémoires et études
3. Collections de livres
4. Revues, bulletins, périodiques
5. Catalogues d'exposition
6. Documents audio-visuels
7. Guides d'artisans
8. Assistance technique
9. Enseignement et demandes de bourses
10. Organismes des provinces canadiennes

[*] Toutes les informations contenues dans ce répertoire ont été recueillies avant le 1er janvier 1977. En vue d'une réédition, l'auteur invite les lecteurs à lui faire parvenir toute information supplémentaire sur le sujet chez l'éditeur, au 955 rue Amherst, Montréal, P.Q.

Ouvrages généraux

ANGUS, Alexandre David, *Old Quebec in the Days before our Day,* Montréal, Louis Covier, 1949.

ANQUETIL, Jacques, *La main et la machine,* Robert Morel, Paris, 1972.

BARBEAU, Marius, *Anciens orfèvres de Québec,* Mémoires de la Société Royale du Canada, vol. 29, section 1, 1935, pp. 113-125.

BARBEAU, Marius, *Au Coeur du Québec,* Ed. du Zodiaque, Montréal, 1934.

BARBEAU, Marius, *L'Ecole des Arts et Métiers de Mgr de Laval,* Art Populaire Canada, Montréal.

BARBEAU, Marius, *Maîtres artisans de chez-nous,* Ed. du Zodiaque, Montréal, 1942.

BARBEAU, Marius, *Québec où survit l'ancienne France,* Librairie Garneau, Québec, 1937.

BARBEAU, Marius, *Saintes Artisanes,* 1. Les Brodeuses, Cahier d'Art Arca, volume 2, Fides, Montréal, 1938.

BARBEAU, Marius, *Trésor des Anciens Jésuites,* Imprimeur de la Reine, Ottawa, 1957.

BARBEAU, Marius et PRICE, Arthur, *J'ai vu Québec,* Librairie Garneau, Québec, 1957.

BOISMENU, Léo, S.S.S., *Nos vieux manoirs,* Desjardins, Montréal, 1936.

BOUCHARD, Georges, *Les petites industries féminines à la campagne,* Secrétariat de l'Ecole Sociale Populaire, Montréal, 1927.

CHANDIEU, Georges, *L'artisanat dans l'économie future,* Ed. de l'Institut d'Etudes Corporatives et Sociales, Paris, 1943.

CHANDIEU, Georges, *L'artisanat producteur d'hommes et d'ouvrages de qualité,* Ed. Casterman, Paris, 1946.

COATES, Hazal A., *A Quebec Mosaic: Story of Quebec and its Craft,* Granby, 1967.

CODEX CANADIENSIS, *Les raretés des Indes,* Maurice Chamonal, Paris. (Document inconographique du XVIIIe siècle attribué au Jésuite Louis Nicolas.)

CONGRÈS D'ART RELIGIEUX, *L'art religieux contemporain au Canada,* Québec, 1952.

CONSEIL NATIONAL D'ESTHÉTIQUE INDUSTRIELLE, *Formes utiles dans la vie canadienne,* Information Canada, Ottawa, 1956.

D'AMBOISE, Gérald et DE FONTGALLAND, Eric H., *La planification et le contrôle dans les petites entreprises,* Conférence à l'Université Laval, Québec, 1971.

DAWSON, Nora Clare Elizabeth, *La vie traditionnelle à Saint-Pierre* (Ile d'Orléans), Archives de folklore, Québec, P.U.L., 1960.

DIDEROT, Denis, *Encyclopédie ou Dictionnaire raisonné des sciences, des arts et des métiers* par une société de gens de lettres. Mis en ordre et publié par M. Diderot - partie mathématique par M. D'Alembert, Briasson, Paris, 1751-1765, 17 vol.

DOCUMENTATION FRANÇAISE, *Métiers, mines et manufactures du XVIe au XVIIIe siècle.* Documents sur les métiers, le compagnonnage et les industries.

DOYON-FERLAND, Madeleine, *Les arts populaires,* Esquisses du Canada français, Montréal, 1967, pp. 186-208.

FALARDEAU, Edith, *Bibliographie, artisanat du Canada Français, 1900-1950,* Québec, 1956.

FALARDEAU, Emile, *Artistes et artisans du Canada,* Montréal, 1940-46, 5 v.

FAUTEUX, J.N., *Essai sur l'industrie au Canada sous le Régime français,* Québec, 1927, 2 vol.

FRÉGAULT, Guy, *La civilisation en Nouvelle-France,* Montréal, 1944.

FURETIÈRE, Antoine, *Dictionnaire Universel* contenant généralement tous les mots français tant vieux que modernes et les termes des sciences et des arts, Paris, 1727, 4 t.

GAGNÉ, Mme Charles, *Pages d'histoire des Cercles de fermières (1915-1965),* Ministère de l'Agriculture, 1965.

GAUVREAU, Jean-Marie, *Artisans du Québec,* Ed. du Bien public, Trois-Rivières, 1946.

GAUVREAU, Jean-Marie, *Artisans du Québec,* Ed. du Bien public, Montréal, 1940.

GAUVREAU, Jean-Marie, *Evolution et tradition des meubles canadiens,* Société Royale du Canada, Ottawa, 1944.

GAUVREAU, Jean-Marie, *La petite industrie en regard de l'enseignement spécialisé.* Conférence du 21 avril 1950.

GAUVREAU, Jean-Marie, *L'école du meuble,* revue technique, Montréal, juin 1943. Brochure de 12 pages.

GAUVREAU, Jean-Marie, *L'établissement des Jeunes,* L'Artisanat, Oeuvre des Traits, no 329.

GOSSELIN, Mgr Amédée, *L'instruction au Canada sous le régime français, 1635-1760,* Québec, 1911.

JASMIN, Claude, *Les Artisans créateurs,* Collection du Cep, no 2, Ed. Lidec, Montréal, 1967.

LAMY, Laurent et Suzanne, *La renaissance des métiers d'art au Canada français,* Ministère des Affaires culturelles, Québec, 1967.

LEFEBVRE, Serge, *Les arts d'artisanat,* no 1, les Studios d'artisanat pratique, 1959, vol. IV.

LEHMAN, Henri, *A propos de l'exposition "Chefs-d'oeuvre des arts indiens et esquimaux du Canada",* Objets et Mondes: La Revue du Musée de l'Homme, no 9, pp. 193-214, 1969.

LESSARD, Michel et MARQUIS, Huguette, *Encyclopédie de la maison québécoise,* Ed. de l'Homme, Montréal, 1972.

LESSARD, Michel et MARQUIS, Huguette, *Encyclopédie des antiquités du Québec,* Ed. de l'Homme, Montréal, 1971.

LESSARD, Michel et MARQUIS, Huguette, *L'art traditionnel au Québec,* Ed. de l'Homme, Montréal, 1975.

MEIER, John, *Bibliographie internationale des Arts et Traditions populaires,* Lausanne, 1950.

MINISTÈRE DES AFFAIRES CULTURELLES, Musée du Québec, *Profil de la sculpture québécoise XVIIIe - XIXe siècles,* Québec, 1969.

MORISSET, Gérard, *A bâtons rompus,* in Technique, déc. 1953, pp. 657-661.

MORISSET, Gérard, *Coup d'oeil sur les Arts en Nouvelle-France,* Québec, 1941.

MORISSET, Gérard, *Généalogie et petite histoire: l'école des Arts & Métiers de Saint-Joachim,* Mémoires de la société de généalogie du Canada Français, pp. 67-73, avril-juin 1965.

MORISSET, Gérard, *Les Arts au temps de Garneau,* Société Historique de Montréal, 1945, pp. 415-421.

MORISSET, Gérard, *Trésors d'art de la province,* Revue Française, fév. 1953, no 43, pp. 35 à 40.

MORISSET, Gérard, *Une dynastie d'artisans, les Baillargé,* in La Patrie, 13 août 1950.

PALARDY, Jean, *Les meubles anciens du Canada français,* Arts et Métiers graphiques, Paris, 1963.

PALARDY, Jean, *Les meubles anciens du Canada français,* Le Cercle du Livre de France Ltée, Montréal, 1971.

ROBERT, Guy, *Ecole de Montréal,* Centre de Psychologie et de Pédagogie, Montréal, 1964.

ROY, Antoine, *Les lettres, les sciences et les arts au Canada sous le régime français,* Essai de contribution à l'histoire de la civilisation canadienne, Paris, 1930.

ROY, Pauline, *La nature et l'artisanat,* Ed. de l'Homme, Montréal, 1975.

ROY-SMITH, Paulette, *La Coopérative des Arts domestiques,* in Ensemble, janvier 1946, vol. VII, no 1, p. 12.

SÉGUIN, Robert-Lionel, *Ethnologie québécoise,* collection "Les cahiers du Québec", Ed. HMH Ltée., 1972.

SÉGUIN, Robert-Lionel, *La civilisation traditionnelle de l'habitant au XVIIe et au XVIIIe siècles,* Fides, Ottawa, 1967.

SÉGUIN, Robert-Lionel, *Les jouets anciens du Québec,* Ed. Leméac, Montréal, 1969.

SÉGUIN, Robert-Lionel, *Les moules du Québec,* Musée National du Canada, Bulletin no 188, Ministère du Nord et des Ressources nationales, Ottawa, 1963.

SIMARD, Cyril, *Artisanat québécois,* tome 1, Ed. de l'Homme, Montréal, 1975.

SIMARD, Cyril, *Artisanat québécois,* tome II, Ed. de l'Homme, Montréal, 1976.

SIMARD, Cyril, *Concept, artisanat, design,* in Culture vivante, no 25, pp. 3-7.

TESSIER, Mgr Albert, *Canadiennes,* Fides, Montréal, 1946, Vingt-six conférences prononcées à Radio-Collège.

TURCOT, Henri, *La petite industrie de la laine au Canada Français,* Imprimeur du Roi, Ottawa, 1928.

VAILLANCOURT, Emile, *Une maîtrise d'art en Canada (1800-1823),* Ducharme, Montréal, 1920.

VIAU, Guy, *L'artisanat,* in Collège et Famille, vol. III, no 1, Montréal, 1944, pp. 43-46.

VIAU, Guy, *Réflexions sur l'artisanat au pays du Québec,* Cité Libre, no 32, décembre 1960.

WALSH, W.H., *L'importance de l'industrie des Métiers d'Art,* in L'Artisan, juin 1970.

Encyclopédies

Ateliers: encyclopédie de loisirs et de travaux pratiques, Ed. S.L. Publications, Londres, 1975.

Time-Life: The Family Creative Workshop, encyclopédie de loisirs et de travaux pratiques, Plenary Publications, New-York, 1975.

De fil en aiguille: encyclopédie de loisirs et de travaux pratiques, Ed. S.T.E.P., Paris 16e, 1971.

Encyclopédie ou Dictionnaire raisonné des sciences, des arts et des métiers, Samuel Faulche et Compagnie, Libraires et Imprimeurs, Neufchatel, 1765, 35 t.

Encyclopedia Canadiana, Ed. Grolier, Ottawa, 1958.

Ethnologie générale: Encyclopédie de la Pléiade, Ed. Gallimard, Paris, 1968.

Grande Encyclopédie, inventaire raisonné des sciences, des lettres et des arts, Paris, Société anonyme de la Grande Encyclopédie, (s. d.), 31 vol.

Mémoires
et études

AGENCE DE COOPÉRATION CULTURELLE ET TECHNIQUE, Compte-rendu analytique, séminaire sur l'artisanat, Monastri, Tunisie, 14-19 déc. 1970.

AGENCE DE COOPÉRATION CULTURELLE ET TECHNIQUE, Enquête sur l'artisanat des pays membres, Paris, juin 1972.

ASSOCIATION PROFESSIONNELLE DES ARTISANS DU QUÉBEC (APAQ), Mémoire soumis à l'hon. Pierre Laporte, ministère des Affaires culturelles, sur l'artisanat provincial, 1965.

ASSOCIATION PROFESSIONNELLE DES ARTISANS DU QUÉBEC (APAQ), Mémoire soumis au gouvernement du Québec, 1970.

BERNIER, Louise, *L'évolution de l'artisanat dans la province de Québec.* Mémoire présenté à l'Institut de Pédagogie familiale d'Outremont, Montréal, mai 1961, 51 pp.

CADRIN, LANTHIER & GAGNÉ, Mesdames, *Cercles des Fermières de la province de Québec,* Mémoire soumis à l'enquête royale des arts en 1949.

CENTRE DE RECHERCHE INDUSTRIELLE DU QUÉBEC, *Assistance technique et financière aux métiers d'art.*

Tour d'horizon des programmes gouvernementaux et des services pouvant aider les entreprises de diverses façons.

DESCHÊNES, Jean-Paul, *L'Artisan, un défi?*, Communication à l'Association professionnelle des Artisans du Québec, novembre 1965.

DEHAYE, Pierre, *Les difficultés des Métiers d'art*, la Documentation française, Paris, 1976. Etude commandée par le Président de la République au Directeur des Monnaies et Médailles. On peut également obtenir le rapport des annexes.

GAUVREAU, Jean-Marie et RIOU, Paul, *Le rôle économique, social et culturel de l'artisanat*, Mémoire de la Société Royale du Canada, tome XLVII, troisième série, section 1, Ottawa, juin 1953.

GAUVREAU, Jean-Marie, *L'artisanat du Québec*, Mémoire de la Société royale du Canada, tome XLIII, troisième série, section 1, Ottawa, juin 1949.

GODBOUT, Jacques, *Pour un ministère de la culture*, in Liberté, mars/avril 1967, 60 pp.

GUTERSOHN, *Conférence sur l'artisanat des pays européens devant les réalités économiques*, Institut suisse des recherches pour les arts et métiers, Paris, 1954, 28 pp.

L'ALLIER, Jean-Paul, *Pour l'évolution de la politique culturelle*. Livre vert du ministère des Affaires culturelles du Québec, mai 1976, pp. 150-157.

LAPORTE, Pierre, *Livre blanc du ministère des Affaires culturelles du Québec*, novembre 1965.

LECLERC, Yvon & NADEAU, Michel, *L'industrie des métiers d'art au Québec*, Formart, 1972.

MÉTIERS D'ART DU QUÉBEC - 1975-1976

Projet de planification quinquennale - coordination: Gaétan LÉVESQUE

Tome I	*Les métiers d'art du Québec et l'histoire*, par André LABERGE et Lucie BARASH
Tome II	*Le secteur artisanal dans certains pays étrangers* par Jan CZECH et Claude LUSSIER

Tome III	*Aspects de la formation professionnelle* par René-Guy CHEDANNE
Tome IV	*Analyse quantitative des caractéristiques de la clientèle des métiers d'art* par Michel TÉTRAULT et Linda COLLIER
Tome V	*La croissance de l'industrie des métiers d'art du Québec* par Camille BRONSARD, Hertel LABIB et Pierre-Yvon OUELLET
Tome VI	*L'avenir des métiers d'art au Québec* par Pierre-André JULIEN, Daniel LEMONDE, Daniel LATOUCHE - I.N.R.S. Urbanisation
Tome VII	Annexes: —*Histoire des corporations des métiers du Moyen-Age jusqu'à la Révolution française* par Suzanne ALIX —Annexe statistique
Tome VIII	*Artisanat et société* par Gaétan LÉVESQUE et Suzanne ALIX

Les volumes IX et X sont en préparation, l'un signé par Gaétan Lévesque, responsable de la recherche, et l'autre par Jean Michel, président de Métiers d'Art 1976-77.

Rapport Parent, Commission royale d'enquête sur l'enseignement dans la province de Québec, 5 volumes plus un index analytique, 1963/1966, Ministère de l'Education du Québec.

Rapport Rioux, Commission royale d'enquête sur l'enseignement des arts, 4 tomes, 1972, Editeur officiel du Québec.

Rapport du Tribunal de la Culture, revue Liberté, no 101, décembre 1975, Montréal.

Rapports de la Commission royale d'enquête sur l'avancement des arts, des lettres et des sciences au Canada, 1949/1951, Imprimeur de la Reine, Ottawa, 1951.

SAINT-ACHILLAS, Soeur, *Bibliographie analytique sur l'artisanat canadien 1945-1962,* Québec, 1962, 197 pp.

SAVARD, Félix-Antoine, *Mémoire sur l'artisanat dans Charlevoix,* octobre 1961.

SIMARD, Cyril, *Artisanat-Design,* recherche en collaboration avec la Faculté d'Aménagement de l'Université de Montréal. Document de travail sur l'artisanat des dix régions économiques du Québec. Vol. I, concepts, 276 pp. Vol. II, annexes. Montréal, 1972.

Collections
de livres

3

COLLECTION PANORAMA dirigée par Jacques de Roussan, publiée par Lidec; comporte plusieurs brochures de 36 pages, contenant un court texte et une quinzaine d'illustrations:

—*Kittie Bruneau,* par Jacques de Roussan, 1967

—*Normand Hudon,* par Jacques de Roussan, 1967

—*Gaston Petit,* par Jacques de Roussan, 1967

—*Richard Lacroix,* par Jacques de Roussan, 1967

—*Philip Surrey,* par Jacques de Roussan, 1968

—*Réal Arsenault,* par Jacques de Roussan, 1968

—*Marc-Aurèle Fortin,* par H. de Jouvencourt, 1968

—*Jacques Hurtubise,* par Laurent Lamy, 1970

—*Mario Merola,* par Jacques de Roussan, 1970

COLLECTION INITIATION AUX MÉTIERS D'ART DU QUÉBEC publiée par les Editions Formart; une première série en 1972 et une deuxième en 1973, comprenant une brochure de 32 pages, de format moyen, accompagnée d'un dépliant de quarante photographies en couleurs qui analysent les différentes étapes de l'initiation:

COLLECTION STUDIO dirigée par Guy Robert, publiée par les Presses de l'Université du Québec en 1971. L'éditeur a décidé d'arrêter cette collection de format moyen après cinq titres seulement. Deux volumes portent sur des peintres:

—*Jacques de Tonnancour,* par Jacques Folch-Ribas, 96 pages, 53 illustrations dont 8 en couleurs.

—*Albert Dumouchel,* par Guy Robert, 96 pages, 66 illustrations dont 8 en couleurs.

COLLECTION DE PETITES MONOGRAPHIES publiées par l'Association des Sculpteurs du Québec de 1970 à 1973:

—*Michel Aubin,* 79 pages, 36 illustrations accompagnées de commentaires et notes par Guy Robert.

—*Germain Bergeron, aède à la ferraille,* 82 pages, 74 illustrations, étude thématique et notes par Guy Robert.

—*Jacques Besner,* 63 pages, 24 illustrations, 1 page de présentation par Paul Gladu et notes en français et en anglais.

—*Marcel Braitstein,* 85 pages, 35 illustrations, 2 pages de présentation par Jean Simard et notes en français et en anglais.

—*Armand Filion,* 85 pages, 36 illustrations, texte de présentation de 8 pages de René Chicoine, notes.

—*André Fournelle,* 89 pages, 45 illustrations, texte et notes de 16 pages de François Gagnon.

—*Gord Smith,* 85 pages, 34 illustrations, texte de 2 pages de George Waddington et notes en anglais et en français.

—*Pierre Heyvaert,* 80 pages, 35 illustrations, texte de 4 pages et notes en français et en anglais.

—*Ethel Rosenfield,* 90 pages, 37 illustrations, texte de 5 pages de Robert Ayre en anglais et en français.

—*Yves Trudeau,* 91 pages, 33 illustrations, texte de 15 pages de Guy Robert et notes en français et en anglais.

FONDS D'ARCHIVES ET COLLECTIONS

—Archives nationales du Québec, Québec et Montréal

—Archives publiques du Canada, Ottawa

—Archives du Séminaire de Québec

—Bibliothèque municipale de Montréal, Salle Gagnon

—Centre de documentation de l'inventaire des biens culturels, Direction générale du patrimoine, ministère des Affaires culturelles, Québec

—Centre de recherche en civilisation matérielle, Université du Québec à Trois-Rivières

—Collection Baby, Bibliothèque centrale de l'Université de Montréal

—Musée Mc Cord, Montréal

—Archives de folklore de l'Université Laval, Québec

Revues, bulletins, périodiques

Ateliers, publication du Musée d'art contemporain, Cité du Havre, Montréal, Québec.

Canada Crafts, publiée bimestriellement par G.P. Page Publications Limited, 333 King Street West, Toronto, Ontario.

Craftsman, publié par Ontario Crafts Council, 346 Dundas Street West, Toronto, Ontario.

Decormag, publiée par Les Publications Décormag Inc., 181 est, rue Saint-Paul, Vieux-Montréal. Chroniques régulières.

La Revue des Fermières, publiée cinq fois dans l'année par les Editions Pénélope, Chomedey, Québec.

L'ébauche, publiée par les Artisans de Saint-Jean-Port-Joli inc.

L'écornifleux, revue des artisans de l'Est du Québec. Publication bimestrielle de la Corporation des créateurs artisans de l'Est du Québec, B.P. 425, Rimouski, Québec.

Signe, revue de l'Association des Métiers d'art du Québec, 4547 rue Saint-Denis, Montréal, Québec, publiée 10 fois par an. Organe de liaison des artisans du Québec.

Vie des Arts, revue trimestrielle publiée par la Société La Vie des Arts, 360 rue McGill, Montréal, Québec.

Vision, publiée trimestriellement par l'Association des Professeurs d'Arts plastiques du Québec, C.P. 424, Station Youville, Montréal, Québec.

Bulletin d'information de l'Association de la Ceinture fléchée, 1010 rue Tassé, Ville Saint-Laurent, Québec.

Bulletin de nouvelles du Conseil Canadien de l'Artisanat, 46 rue Elgin, Ottawa, Canada.

Bulletin Arts de la Conférence Canadienne des Arts, 3 rue Church, suite 47, Toronto, Ontario.

Bulletin trimestriel de la Centrale d'artisanat du Québec, 1450 Saint-Denis, Montréal, Parution 1972, 1973, 1974, 1975.

Catalogues d'exposition

Agence de coopération culturelle et technique, *Exposition internationale d'artisanat,* 400 objets venus de quatre continents, témoignant de la richesse des pays francophones, Paris, 1971.

Buhler, A. et autres, *Chefs-d'oeuvre des arts indien et esquimau du Canada,* Paris, Musée de l'Homme, 1969.

Concours de métiers d'art 1974, Design Canada - Information Canada 74.

Exposition rétrospective de l'art au Canada français, Québec, 1952.

Jean Dallaire rétrospective, Musée du Québec, Ministère des Affaires Culturelles, 1968.

L'art populaire vivant, courtepointes, pointes folles, Ministère des Affaires culturelles et Métiers d'art du Québec, Editeur du Québec, 1976.

Les Arts au Canada français, dix-huit photographies de l'art au Canada français, exposition tenue en 1947 au Albany Institute of History, Albany Institute of History and Art, Albany.

Festival international de Vancouver, *Les arts au Canada français,* Vancouver Art Gallery, 1959.

Métiers d'art I, exposition au Centre culturel canadien à Paris, juin 1973: Chiasson - Desmarais - De Passillé-Sylvestre - Perrier - Wolfe.

Métiers d'art II, exposition au Centre culturel canadien à Paris, juin 1976: Doucet-Saïto - Enid LeGros - Carole Simard-Laflamme - Jacques Troalen et six autres Canadiens.

Musée McCord, *Images du sport dans le Canada d'autrefois,* montage d'images des arts et métiers du Canada reflétant divers aspects du jeu et du divertissement, McGill-Queen's University Press, Montréal et Londres, 1976.

Octavio Paz et le World Crafts Council, *Hommage aux mains,* artisanat contemporain mondial au Congrès international à Toronto en 1972, Ed. McClelland and Stewart Ltd., Toronto, 1974.

Trésors de Québec, la Galerie nationale du Canada, Ottawa; musée du Québec, Québec, 1965.

The Arts of French Canada, 1613-1870, The Detroit Institute of Arts, 1946.

Métiers d'art du Québec, différents catalogues publiés à l'occasion des salons des Métiers d'art.

Documents audio-visuels

6

---

1 — OFFICE DU FILM DU QUÉBEC
à Montréal:
Service de la distribution
360 rue Mc Gill
Tél.: (514) 873-2234

à Québec:
Service de la distribution
1601 boul. Hamel ouest
Tél.: (418) 643-5160

A) FILMS D'ARCHIVES
a.1 répertoriés

Films répertoriés dans le catalogue "Les Archives de l'Office du film du Québec" préparé par Antoine Pelletier, service de la distribution, février 1976 - Ministère des Communications, direction générale du cinéma et de l'audiovisuel.

Les documents énumérés sont accessibles pour visionnement et ce, uniquement aux bureaux de l'Office du film du Québec:

à Québec: 1601, boul. Hamel, Québec (418) 643-5160

à Montréal: 360, rue McGill, Montréal (514) 873-2234

La petite industrie chez les indiens, 1942, réalisation Louis-Roger Lafleur, o.m.i.

Ecoles de bonheur, (vers. angl. Training for Life), 1954, réalisation Fernand Rivard pour Delta Films; script: Mgr Albert Tessier; conseiller technique: Monique Bureau.

L'Ecole de papeterie de la province de Québec, (vers. angl. The School of Paper Making of the Province of Quebec), 1955, réalisation Tony Essex pour Associated Screen Studios.

L'Ecole des textiles de la province de Québec, (vers. angl. The Textile School of the Province of Quebec), 1955, réalisation Henri Michaud pour Oméga Productions Inc.

Femmes dépareillées, 1948, réalisation Section de production de l'O.F.Q. et Service de·l'enseignement ménager. Commentaires: l'abbé Albert Tessier.

Institut des Arts Graphiques de la province de Québec, 1960, réalisation Henri Michaud.

Le canot d'écorce, (vers. angl. Birch Bark Canoe) 1946, Maurice Montgrain pour Associated Screen News.

De fil en étoffe, (vers. angl. From Yarn to Cloth), 1953, réalisation Henri Michaud pour Oméga Productions.

Pays des belles fourrures, (vers. angl. Land of Beautiful Furs), 1956, réalisation Fernand Rivard pour Nova Films.

Dentelles de métal, (fer forgé) réalisation et montage: Michel Régnier pour Nova Films - production: Office du film du Québec. Commandité par le ministère de l'Industrie et du Commerce. 14 mn 30 s, couleur, 1960. (AQ-5268). Les forges de St-Césaire et des Trois-Rivières sont renommées pour les magnifiques créations de leurs artisans, (catalogue édition 67/page 221).

Feux et couleurs (Céramique), réalisation: Michel Régnier pour Nova Films - production: Office du film du Québec. Commandité par le ministère de l'Industrie et du Commerce. 15 mn, couleur, 1960. (AQ-5101), (catalogue édition 67/page 221). Plusieurs artistes québécois nous entraînent dans un monde coloré, univers infini des formes.

Magie des fibres, réalisation: Henri Michaud pour Oméga Production - production: Office du film du Québec. 13 mn, couleur, 1953 (AQ-5297), (catalogue édition 56-57/pages 300-1). Histoire du textile.

Meuble et décor, réalisation: Pierre Dumas pour Nova Films - production: Office du film du Québec. Commandité par le ministère de l'Industrie et du Commerce. 14 mn 30 s, couleur, 1960 (AQ-6182), (catalogue édition 67/page 285).
Série: Les arts - Perspectives sur le travail de quelques ébénistes du Québec.

Prises de vues d'artisans québécois, 15 mn 30 s, couleur c1960 (A-8030).
Différents artisans à l'oeuvre: sculpture sur bois, petite forge, forge, modelage de la glaise, peinture, tissage au crochet.

Quebec Handicrafts/L'artisanat du Québec, réalisation: Wilfrid E. Belleau - production: Office du film du Québec. 10 mn, couleur, 1958 (A-865).
Illustration de divers travaux d'artisanat du Québec.

Sortilège du feu, réalisation: Pierre Dumas pour Nova Films - production: Office du film du Québec. Commandité par le ministère de l'Industrie et du Commerce. 15 mn, couleur, 1960 (AQ-5103), (catalogue édition 67/page 211).
L'émail doit sa renaissance dans le Québec à la sensible artiste qu'est Mme Françoise Desrochers-Drolet.

Tapis et tableaux, réalisation: Henri Michud pour Oméga Production Inc. - production: Office du film du Québec. Commandité par le ministère de l'Agriculture. 19 mn, couleur, 1953 (AQ-5299), (catalogue édition 56-57/page 301).
Variété de tapis et tableaux véritables petits chefs-d'oeuvre de notre artisanat.

Vocation des mains, (vers. angl. The Hands are Sure) réalisation: Ross Pitt Taylor pour Associated Screen News Ltd - production: Office du film du Québec. Commandité par les ministères de l'Industrie et du Commerce, de l'Agriculture, du Tourisme et Les Arts Domestiques. 31 mn 50 s, couleur, 1943 (A-5154), (catalogue édition 56-57/page 274).
C'est toute une revue de produits indigènes et de beaux travaux de l'artisanat domestique que nous offre ce film.

a.2 non encore catalogués

Le lin du Canada —une partie traite de la culture, une autre de l'utilisation.

La peau d'orignal (vers. franc.) et

Moose Skin (vers. angl.) — les usages multiples de la peau d'orignal chez les Algonquins, en haut de la Gatineau.

Saint-Jean-Port-Joli (vers. franc. et angl.) — La vie et l'oeuvre de Médard Bourgault.

Les indiens du Haut Saint-Maurice — Divers travaux d'artisanat des Têtes de Boule, indiens de la famille des Algonquins.

Vers la compétence (vers. franc.) et

Destination: Competence (vers. angl.) — Un coup d'oeil sur les écoles d'enseignement spécialisé de la province de Québec vers 1955.

B) FILMS DISTRIBUÉS

Céramique et Poterie d'Art - Québec, réalisation: André Bélanger - production Office du film du Québec, 1971. Commandité par le ministère de l'Education, Service général des moyens d'enseignement.

L'habileté manuelle des artisans modeleurs est bien illustrée dans ces films et des notes pédagogiques les accompagnent.

Série comprenant: *

Le modelage - exécution en colombins — 3 mn 23 s, couleur, super 8 mm et 16 mm - no du cat. 1414.

Le modelage - exécution par évidement - 3 mn 56 s, couleur, super 8 mm et 16 mm - no du cat. 1415.

Le modelage - exécution par amincissement avec les doigts - 3 mn 6 s, couleur, super 8 mm et 16 mm - no du cat. 1416.

Le modelage - exécution par plaques assemblées I - 3 mn 51 s, couleur, super 8 mm et 16 mm - no du cat. 1417.

Le modelage - exécution par plaques assemblées II - 3 mn 41 s, couleur, super 8 mm et 16 mm - no du cat. 1418.

Le modelage - jeux de texture - 3 mn 10 s, couleur, super 8 mm et 16 mm - no du cat. 1419.

---

* Le format super 8 mm est réservé à la vente. Toutes les demandes doivent être adressées à: Sial Ltée, 9470 boul. Lalande, Pierrefonds, Québec.

Faire hurler les murs —Réalisation: Jean Saulnier, production Office du Film du Québec, 1972. Film 16 mm: 1-7684, 21 mn 50 s, couleur. Ce film montre à l'oeuvre Jordi Bonnet pendant les travaux de la célèbre murale du Grand Théâtre de Québec.

L'artisanat... à l'est du Québec - Réalisation: Michel Vallée - production: ONF, 1972, commandité par le ministère des Affaires culturelles, Office de développement de l'est du Québec. Film 16 mm: 1-7697, 16 mn 50 s, couleur. Projet conjoint des gouvernements québécois et canadien pour la relance des métiers d'art.

La grande chanson —Production Cinémas. Film 16 mm: 4-6324, 30 mn, N & B. A l'atelier de l'Argile Vivante, à Beloeil, les artisans potiers Jacques Garnier, Pierre Garnier, Benoît Fauteux et André Lafleur vous révèlent les secrets de leur art.

Jean-Gauguet Larouche, sculpteur —Réalisation: Jean-Louis Freund. Film 16 mm: 4-7295, 20 mn, N & B. A Val Menaud, dans le Saguenay, un jeune sculpteur travaille pierres, métaux et ciment.

Sculpture décorative - le bronze —Production Institut pédagogique national. Film 16 mm: 4-1229, 10 mn, couleur. Les problèmes de composition compte tenu des impératifs fonctionnels.

Sèvres —Réalisation: Henri Pialat, production Crecifilms. Film 16 mm: 4-6903, 10 mn, couleur. Une visite à la célèbre manufacture nous permet de voir porcelaines translucides, biscuits marmoréens, décorations en grès de choix.

Technique de l'émail —Film 16 mm: 4-7320, 11 mn, couleur.

---

2 — OFFICE DE RADIO-TÉLÉDIFFUSION DU QUÉBEC (RADIO-QUÉBEC)
Service de la distribution
1000 rue Fullum, Montréal
Tél.: (514) 873-4611

Documents audio-visuels catalogués en 1975 par l'Editeur officiel du Québec, produits et distribués par l'Office de Radio-Télédiffusion du Québec.

Mobilier d'Art - Québec - réalisation Luc Chartier et Claude Laffond - production: Musée du Québec, 1974. Commandité par le ministère des Affaires culturelles.

Les collections rassemblées par le Musée du Québec dans le domaine de l'ethnologie québécoise sont les plus importantes au Canada.

Luc Chartier a réalisé seize séries de dix diapositives illustrant les pièces choisies. Un texte explicatif accompagne chacune des séries.

Ethnologie québécoise (série):

Les chaises	*113-DI
Les fauteuils	*114-DI
Les berceuses	*115-DI
Les bancs-lits	*116-DI
Les berceaux et les chaises d'enfant	*117-DI
Les armoires	*118-DI
Les buffets	*119-DI
Les coffres	*120-DI
Les tables	*121-DI
Les bancs et tabourets	*122-DI
Les jouets	*123-DI
Les coqs	*124-DI
Les buffets à deux corps	*125-DI
Les commodes	*126-DI
Les encoignures	*127-DI
Les bureaux et les secrétaires	*128-DI

* Document réservé à la vente.

M. Gaston Bergeron, Ville de Laval - Ruban magnétoscopique, 26 mn 21s, couleur (2-0579-02). Rencontre avec la famille Bergeron; M. Bergeron est l'auteur d'un cirque sculpté sur bois et d'immenses statues en plexiglass.

Mme Paule Marmen-Gaudreau de St-Léonard - Ruban magnétoscopique, 26 mn 20 s, couleur (2-0579-03). Mme Gaudreau fait de la sculpture.

M. Jules Lamy de Yamachiche - Ruban magnétoscopique, 26 mn 20 s, couleur (2-0579-05). Les Lamy apportent une attention toute spéciale à la décoration de leur ferme.

520

M. Alfred Garceau, Grand'Mère - Ruban magnétoscopique, 26 mn 20 s, couleur (2-0579-06). M. Garceau fait des statuettes lui rappelant des personnages qu'il a connus.

M. Pierre Corriveau, St-Gérard-des-Laurentides - Ruban magnétoscopique, 26 mn 21 s, couleur (2-0579-07). M. Corriveau, âgé de 84 ans, décore son terrain d'animaux et d'oiseaux qu'il "gosse".

Mlle Gemma de Grâce, Montréal - Ruban magnétoscopique (2-0579-15), 28 mn 20 s, couleur. Rencontre avec Mlle de Grâce, peintre sur porcelaine.

M. & Mme Nora Gélinas, St-Mathieu - Ruban magnétoscopique, 26 mn 20 s, couleur (2-0579-08). Mme Gélinas a bâti de petites maisonnettes.

M. Albert Giroux, Ste-Anne-de-la-Pérade - Ruban magnétoscopique, 26 mn 19 s, couleur (2-0579-09). M. Giroux est sculpteur et tailleur de pierre.

D'or et de... - Production institut pédagogique national. Film 16 mm:4-7064, 40 mn couleur. Présentation de différentes reliures anciennes et modernes, création de la maquette (dessin).

Tapisseries d'art - Réalisation: Boris Zatouroff - Tadié-Cinéma Production. Film 16 mm: 4-5002, 20 mn, N & B. L'histoire de la tapisserie nous est racontée à travers les chefs-d'oeuvre anciens.

Technique du vitrail - Production: Institut pédagogique national. Film 16 mm: 4-6924, 22 mn couleur. L'artiste verrier au travail.

Terres de feu - Réalisation: Gérard Samson. Film 16 mm: 4-7374, 31 mn couleur. Le travail du potier-céramiste.

L'Ecole Boulle - Réalisation: Jean Masson - Production: Compagnie française de films. Film 16 mm: 4-7459, 16 mn, N & B. La frontière entre l'artisan, le technicien ou le poète n'est pas nettement définie. Ce qui est sûr, c'est l'harmonie de la tête et des mains.

Artisan - Artiste - Ruban magnétoscopique (2-0518-01), 13 mn 25 s, couleur. La différence entre les deux fonctions.

La bijouterie - Ruban magnétoscopique (2-0518-02), 13 mn 25 s, couleur. Hans Gehrig et sa technique de bijoutier.

L'émaillerie - Ruban magnétoscopique (2-1518-03), 13 mn 25 s, couleur. Micheline de Passillé-Sylvestre et Yves Sylvestre expliquent leur technique d'émaillage.

L'orfèvrerie - Ruban magnétoscopique (2-0518-04), 13 mn 25 s, couleur. Jean-Guy Monette explique sa technique d'orfèvrerie.

Le fer forgé - Ruban magnétoscopique (2-0518-05), 13 mn 25 s, couleur. Marcel Juneau explique sa technique de ferronnier d'art.

La coulée à cire perdue - Ruban magnétoscopique (2-0518-06), 13 mn 25 s, couleur. Bernard Chaudron explique sa technique de bijouterie, par coulée à cire perdue.

Céramique et poterie I - Ruban magnétoscopique (2-0518-07), 13 mn 25 s, couleur. Maurice Savoie explique sa technique de céramiste.

Céramique et poterie II - Ruban magnétoscopique (2-0518-08), 13 mn 25 s, couleur. Louise Doucet-Saïto explique sa technique du tour - poterie.

Céramique et poterie III - Ruban magnétoscopique (2-0518-09), 13 mn 25 s, couleur. Alain et Michèle Tremblay, céramistes, nous expliquent leur technique de poterie. Tour - four - émail.

Céramique et poterie IV - Ruban magnétoscopique (2-0518-10), 13 mn 20 s, couleur. Visite de l'industrie. Scénes tournées à la Céramique de Beauce.

Céramique I - Ruban magnétoscopique (2-0581-06), 13 mn 20 s, couleur. Comment faire de la céramique avec de la glaise liquide et des moules.

Céramique II - Ruban magnétoscopique (2-0581-07), 13 mn 20 s, couleur. Comment faire des céramiques avec de la glaise plastique sur un tour.

Matières premières - Ruban magnétoscopique (2-0518-11), 13 mn 20 s, couleur. Entrevue avec Gaétan Beaudin et historique de la compagnie qu'il a fondée, Sial.

Le bois I - Ruban magnétoscopique (2-0518-12), 13 mn 20 s, couleur. Léo Gervais, sculpteur animalier, explique sa technique et fait sur place un oiseau sculpté.

Le bois II - Ruban magnétoscopique (2-0518-13), 13 mn 20 s, couleur. Entrevue de Jean-Julien Bourgault, à St-Jean-Port-Joli, sculpteur traditionnel.

Le bois III -Ruban magnétoscopique (2-0518-14), 13 mn 20 s, couleur. Nicole Bourgault nous explique comment s'est formé "La Vastringue".

La courtepointe - Ruban magnétoscopique (2-0518-15), 13 mn 20 s, couleur. Entrevue à Baie-St-Paul avec Mme Georges Ferland, artisane.

La catalogne - Ruban magnétoscopique (2-0518-16), 13 mn 20 s, couleur. Trois artisanes de Baie-St-Paul nous expliquent la technique de la catalogne, du tapis tressé et du tapis crocheté.

Les ceintures fléchées - Ruban magnétoscopique (2-0518-17), 13 mn 20 s, couleur. Suzanne Galaise nous donne un aperçu de la technique de la fabrication de la ceinture fléchée.

Le macramé - Ruban magnétoscopique (2-0518-18), 13 mn 20 s, couleur. Denise Bossé explique la technique du macramé.

Le tissage - Ruban magnétoscopique (2-0518-19), 13 mn 20 s, couleur. Véronique Arsenault, tisserande, explique la façon de monter un métier à tisser.

La tapisserie - Ruban magnétoscopique (2-0518-20), 13 mn 20 s, couleur. Denise Beaudin explique ce qu'est la tapisserie sculpturale.

Le batik - Ruban magnétoscopique (2-0518-21), 13 mn 20 s, couleur. Gail Lamarche explique la technique du batik.

Artisanat et design - Ruban magnétoscopique (2-0518-22), 13 mn 20 s, couleur. Cyril Simard de la Centrale d'artisanat et Laurent Lamy, professeur d'art et designer, expliquent le rôle du design moderne dans l'artisanat.

Les poupées - Ruban magnétoscopique (2-0518-23), 13 mn 20 s, couleur. Mme Line Desjardins, artisane spécialisée dans la poupée québécoise, explique sa technique.

Le cuir - Ruban magnétoscopique (2-0518-24), 13 mn 20 s, couleur. Jean-Charles Aubin, artisan sandalier, nous explique sa technique.

La reliure - Ruban magnétoscopique (2-0518-25), 13 mn 20 s, couleur. Pierre Ouvrard, artisan relieur, nous explique sa technique.

Les métiers d'art et l'avenir - Ruban magnétoscopique (2-0518-26), 13 mn 20 s, couleur. MM. P. Garnier, Yvon Leclerc et R. Derouin discutent de l'avenir des métiers d'art.

Le macramé - Ruban magnétoscopique (2-0580-01), 13 mn 28 s, couleur. Dans la catégorie "Tricot et Crochet", le document porte sur les noeuds de base.

Crochetage sur toile - Ruban magnétoscopique (2-0580-02), 13 mn 20 s, couleur. Dans la catégorie "Broderie et tapisserie", le document porte sur la préparation de la toile, le choix des laines et la formation des boucles.

Pièces murales - Ruban magnétoscopique (2-0580-03), 13 mn 20 s, couleur. Dans la catégorie "Broderie et tapisserie", on traite de pièces murales aux points lancés.

Fils tendus - Ruban magnétoscopique (2-0580-04), 13 mn 20 s, couleur. Dans la catégorie "Broderie et tapisserie", on explique le montage et l'exécution. Illustration des points: gobelin, sumac et leno.

Banderoles - Ruban magnétoscopique (2-0580-05), 13 mn 20 s, couleur. Dans la catégorie "Broderies et tapisserie", on va de la source d'inspiration à l'exécution.

Haute lice - Ruban magnétoscopique (2-0580-06), 13 mn 20 s, couleur. Dans la catégorie "Broderie et tapisserie", on décrit le métier, le carton. Illustration des points: sumac, gobelin et leno.

Basse lice - Ruban magnétoscopique (2-0580-07), 13 mn 20 s, couleur. Dans la catégorie "Broderie et tapisserie", on traite de tissage libre.

Vêtement et courtepointe - Ruban magnétoscopique (2-0580-08), 13 mn 20 s, couleur. Dans la catégorie "Objets décoratifs et fonctionnels", on voit la confection d'une jupe.

Les poupées de chiffon - Ruban magnétoscopique (2-0580-091), 13 mn 20 s, couleur. Confection d'un patron et réalisation d'une poupée.

Le travail du cuir - Ruban magnétoscopique (2-0580-10), 13 mn 20 s, couleur. En confectionnant un sac, on illustre les cinq étapes du travail du cuir.

Les abat-jour vieillots - Ruban magnétoscopique (2-0580-11), 13 mn 20 s, couleur. Confection d'un abat-jour tailleur.

La frivolité - Ruban magnétoscopique (2-0580-12), 13 mn 20 s, couleur. Dans la catégorie "Tricot et crochet", on fait place à la frivolité: historique et illustration.

Macramé 2 - Ruban magnétoscopique (2-0580-13), 13 mn 20 s, couleur. Dans la catégorie "Tricot et crochet", on traite du macramé.

Tapisserie à points comptés - Ruban magnétoscopique (2-0580-14), 13 mn 20 s, couleur. Illustration du point de Hongrie.

La relance des métiers d'art - Réalisation: Christian Verbert- production: Communication Québec, Région de l'Est, 1973. Film 16 mm, 14 mn 30 s, couleur. Ce film met en relief le développement de l'artisanat: production et vente de pièces artisanales. Disponible sur vidéocassette ¾ po.

Rénovation de vieux meubles - Ruban magnétoscopique (2-0581-03), 13 mn 20 s, couleur.

Les meubles anciens du Québec - Ruban magnétoscopique (2-0503-12), 55 mn 20 s, couleur. Propos de Gérard Lavallée, directeur de la galerie d'art Kébec du Collège de Saint-Laurent.

La sculpture traditionnelle - Ruban magnétoscopique (2-0503-12), 55 mn 20 s, couleur. Propos sur la sculpture religieuse au Québec avec M. Gérard Lavallée, directeur du musée d'art Kébec, du Collège de Saint-Laurent; visite de ce musée.

3 — FILMOGRAPHIE DE MGR ALBERT TESSIER

Plus de soixante-douze films réalisés par ce grand précurseur du cinéma moderne québécois sont répertoriés dans le livre *Filmographie d'Albert Tessier* de René Bouchard, tiré de la collection Documents filmiques du Québec, Editions du Boréal Express Ltée, 1973. Il a été l'un des fondateurs, avec O.A. Bériau, des instituts familiaux de la Province de Québec. A ce titre, ces films revêtent une grande importance sur le plan national.

Pour consultation, l'on conseille de se rendre à la Cinémathèque de l'Université du Québec à Trois-Rivières.

Voici quelques titres qui éveilleront des souvenirs et des contributions importantes pour le développement des arts domestiques et de l'artisanat:

Artisanat familial, production, distribution, réalisation: Albert Tessier, 16 mm; N & B et couleur; muet - durée 10 mn 54 s, c1939-1942.

Baie d'Hudson, production et réalisation: Albert Tessier, 16 mm; couleur; muet - durée 35 mn 8 s 1950.

Don Bosco (Institut Saint-Jean-Bosco), réalisation: Albert Tessier, production: Frères des Ecoles Chrétiennes - N & B et couleur; muet - durée 44 mn 15 s, 1942.

Ecoles de bonheur, scénario et texte Albert Tessier en collaboration avec Monique Bureau et l'abbé Carignan - production: Delta Films - distribution: Office du Film du Québec. 16 mm; couleur; sonore - durée 35 mn, 1954.

Ecoles ménagères régionales (1ère partie), production, distribution, réalisation: Albert Tessier. 16 mm; N & B et couleur; muet - durée 12 mn 31 s, 1942.

Femmes dépareillées, production, distribution, réalisation: Albert Tessier. 16 mm; couleur; muet - durée 11 mn 56 s, c1942.

Hommage à notre paysannerie, production, distribution, réalisation: Albert Tessier. 16 mm; N & B et couleur; muet - durée 25 mn 35 s, 1938.

Quatre artistes canadiens, production, distribution, réalisation: Albert Tessier. 16 mm; N & B et couleur; muet - durée 14 mn 58 s, c1938-1948.

L'Ile-aux-Coudres, réalisation: Albert Tessier - production et distribution: Province de Québec. 16 mm; N & B et couleur; muet - durée 12 mn 54 s, 1939.

L'Ile-d'Orléans, reliquaire d'histoire, réalisation: Albert Tessier - production et distribution: Province de Québec. 16 mm; N & B et couleur; muet - durée 11 mn 50 s, 1939.

Les Bourgault, production, distribution, réalisation: Albert Tessier. 16 mm; N & B et couleur; muet - durée 13 mn 5 s, 1940.

Parki-Parka, un mois à la Baie-d'Hudson, images et textes: Mgr Albert Tessier - montage: Fernand Rivard - production: Editions du Bien Public - distribution: Office du Film du Québec. 16 mm; couleur; sonore - durée 26 mn 27 s, 1951.

Pour aimer ton pays, textes et images: Albert Lozeau et Albert Tessier - production, distribution, réalisation: Albert Tessier. 16 mm; couleur; muet - durée 13 mn, 1942.

Tavibois, production et réalisation: Albert Tessier. 16 mm; couleur; muet - durée 51 mn 34 s.

4 — DOCUMENTS AUDIO-VISUELS DISTRIBUÉS PAR BRAULT ET BOUTHILLIER LTÉE
700 rue Beaumont, Montréal
Tél.: (514) 273-9186

COLLECTION FLEUR DE LYS AU QUÉBEC, distribuée par Brault et Bouthillier ltée, Montréal.

BÉDARD, Rodrigue, CLOUTIER, Nicole, DUMOUCHEL, Jacques et RACINE, Yolande:

L'architecture traditionnelle, introduction à l'architecture montréalaise, éd. Brault et Bouthillier ltée, Montréal, 1973. 5 textes et jeu de 37 diapositives.

L'orfèvrerie traditionnelle, Fer-blanc, étain et argenterie, éd. Brault et Bouthillier ltée, Montréal, 1973. 5 textes et jeu de 21 diapositives.

Le mobilier traditionnel, éd. Brault et Bouthillier ltée, Montréal, 1973. 5 textes et jeu de 27 diapositives.

Les instruments d'artisanat, éd. Brault et Bouthillier ltée, Montréal, 1973. 5 textes et jeu de 34 diapositives.

5 — MATÉRIEL AUDIO-VISUEL DISTRIBUÉ PAR SECAS
400 rue Notre-Dame est, Montréal
Tél.: (514) 849-2428

Le travail des métaux - Outillage à main - Productions IVAC

AIE-N1   Outils de traçage et instruments de vérification - 20 diap.

AIE-N2   Organes de serrage et scies à métaux - 10 diap.

AIE-N3   Limes et burins - 15 diap.

AIE-N4   Marteaux et outillage du forgeron - 10 diap.

AIE-N5   Alésage et filetage - 15 diap.

La faïencerie I - ALB-N60 - Production IVAC - 15 diap.

La faïencerie II - ALB-N61 - Production IVAC - 15 diap.

Propriétés du verre - applications - ALF-N2 - Production IVAC - film en boucle Super 8 mm en cassette Technicolor - 3 mn 4s.

Verres soufflés et coulés - ALF-N3 - Production IVAC - film en boucle Super 8 mm en cassette Technicolor - 3 mn 58 s.

Métiers des cuirs et peaux - AMA-N44 - Production Diapofilm - 30 diap.

L'Habitation de Port-Royal: les artisans (505C 0371 003) - Production ONF - 10 diap.

Meubles anciens d'esprit Louis XV (505C 0367 015) - Production ONF - 10 diap.

Meubles anciens d'esprit Louis XIII (505C 0367 016) - Production ONF - 10 diap.

Le barattage (307C 0266 778) - Production ONF - film en boucle Super 8 mm.

Le filage (307C 0266 776) - Production ONF - film en boucle Super 8 mm.

Le forgeron (307C 0270 120) - Production ONF - film en boucle Super 8 mm.

Le lin (307C 0266 777) - Production ONF - film en boucle Super 8 mm.

Arts et métiers d'autrefois (1) (505C 0366 017) - ONF - 10 diap.

Arts et métiers d'autrefois (2) (505C 0366 018) - ONF - 10 diap.

Les bannières de Norman Laliberté (505C 0372 019) - ONF - 10 diap.

Les métiers (CAE - N7) - Production SEPT - 24 diap.

Tapisserie française (Livre de Lumière) (DAA-N61) - Production SEPT - 60 diap.

Les reliures de Paul Bonet (Livre de Lumière) (DAA-N63) - Production SEPT - 72 diap.

Trois métiers rares: le paludier, le cordier, le granitier (DAF-N14) - Production Diapofilm - 6 diap., niveau élémentaire.

Les vieilles maisons du Québec (DAG-N11) - Production Radio-Marie - 40 diap., sans texte d'accompagnement, niveaux élémentaire et secondaire.

Métiers d'art (DAG-N107) - Production Radio-Marie - 40 diap. sans texte d'accompagnement.

---

6 — MATÉRIEL AUDIO-VISUEL DISTRIBUÉ PAR L'ÉDITEUR OFFICIEL DU QUÉBEC
à Montréal:
310 rue Ste-Catherine O.
Tél.: (514) 873-6101

à Ste-Foy
Place Ste-Foy
Tél.: (418) 643-8035

à Hull:
662 boul. St-Joseph
Tél.: (819) 770-0111

Initiation aux métiers d'art du Québec - Production Formart - 30 titres de 40 diapositives chacun avec brochure d'accompagnement. Ces titres sont listés dans la bibliographie générale au sous-titre "Collections".

---

7 — OFFICE NATIONAL DU FILM DU CANADA
Pour les films réalisés et distribués par l'Office national du film du Canada, consulter les chapitres traitant des Indiens et des Esquimaux.

Bureau central:
Case postale 6100
Montréal H3C 3H5
Tél.: (514) 333-3333

Bureaux régionaux:
550 ouest, rue Sherbrooke
Montréal, H3A 1B9
Tél.: (514) 283-4753 (bureau)
　　　(514) 283-4685 (cinémathèque)

72 rue Cartier
Chicoutimi, G7J 3P7
Tél.: (418) 543-0711

2 Place Québec
Boul. St-Cyrille est
Québec, G1R 2B5
Tél. (418) 694-3176
        (418) 694-3852

124 rue Vimy
Rimouski, G5L 3J6
Tél.: (418) 723-2613

315 ouest rue King
Sherbrooke, J1H 1R2
Tél.: (819) 565-4915 (bureau)
        (819) 565-4931 (cinémathèque)

Edifice Pollack
140 rue St-Antoine
Trois-Rivières G9A 5N6
Tél.: (819) 375-5714 (bureau)
        (819) 375-5811 (cinémathèque)

---

8 — DIVERS

A) Films produits par l'Université du Québec à Trois-Rivières et distribués par l'entremise de la cinémathèque de l'Université Laval de Québec.

Armand Selx, faiseur de violon — Réalisation: Léo Plamondon, production: Université du Québec à Trois-Rivières. 16 mm, 42 mn, 10 s, couleur, 1973. Monsieur Selx fabrique, lors du tournage de ce film son dix-neuvième violon.

Emile Asselin, forgeron — Réalisation: Léo Plamondon, production: Université du Québec à Trois-Rivières. 16mm, 29mn, 20 s, couleur, 1974. Ce film nous démontre une partie de la journée de travail de Monsieur Asselin.

Jean Perron, sellier — Réalisation: Léo Plamondon, production: Université du Québec à Trois-Rivières. 16 mm, 47 mn, couleur, 1975. Ce sellier de St-Alban de Portneuf fabriquait des harnais, des licous, des brides, etc. Son atelier est encore le lieu de rendez-vous des vieux du village.

Eugène Dionne, ferblantier — Réalisation: Léo Plamondon, production: Université du Québec à Trois-Rivières. 16 mm, 30 mn, couleur, 1975. Fabrication de tasses, d'entonnoirs, de chaudières d'eau d'érable et réparation d'articles ménagers.

La pêche à l'anguille — Réalisation: Léo Plamondon, production: Université du Québec à Trois-Rivières. 16 mm, 31 mn, couleur, 1975. La famille Saint-Pierre de St-André de Kamouraska utilise toujours des méthodes traditionnelles pour la pêche à l'anguille.

Les souliers de boeuf — Réalisation: Léo Plamondon, production: Université du Québec à Trois-Rivières. 16 mm, 29 mn, couleur, 1975. Monsieur Robert Michaud, cordonnier, fabrique des souliers avec du cuir de boeuf.

Emile Asselin, charron — Réalisation: Léo Plamondon, production: Université du Québec à Trois-Rivières. 16 mm, 38 mn, 6 s, couleur, 1975. Démonstration de la fabrication d'une roue.

Les métiers de la laine — (à venir)

B) VIDÉOGRAPHES

Préparés dans le cadre du programme "Art et Culture" des Jeux Olympiques 1976.

L'on peut se procurer des copies de ces titres en s'adressant au Vidéographe, 1604 rue Saint-Denis, Montréal (Tél.: 842-9786).

Cette série s'intitule *Pour le plaisir de faire*

La poterie, réalisation: Jacques Savoie - 55 mn couleur.

Le bois, réalisation: Pascal Gélinas - 55 mn couleur.

Du bel ouvrage, réalisation: Lina Gagnon - 60 mn couleur.

Flécher de toutes laines, 20 mn couleur.

Pour obtenir un catalogue général sur les films d'art du monde entier, s'adresser à:

Centre canadien du film sur l'art
C.P. 8457
Ottawa, Ontario
K1G 3H8

Guides
d'artisans

De Varennes, Marie Therrien, *Les Artisans de la Côte Nord, de Tadoussac à Blanc-Sablon,* Ed. Chicoutée, 1976.

Ministère des Affaires culturelles du Québec, *Répertoire des organismes québécois du développement culturel,* Editeur Officiel du Québec, 1976.

Payette, Jean-Pierre, *Le guide des artisans créateurs du Québec,* Ed. La Presse, 1974.

Artisans du Québec: localisation et identification - Rapport provincial, août 1973. Réalisé par un groupe: Nicole Beaulieu, Francine Bédard, Ginette Bédard, Claire Casgrain, Jean Casgrain, Carmel Charland, Michel Dubé, Françoise Forget, Yvon Leduc, Marie-France Perrault, à l'intérieur de Perspective-Jeunesse.

Métiers d'art des Cantons de l'Est, *Avec nos mains,* répertoire des artisans des Cantons de l'Est, Sherbrooke, 1975.

On peut également consulter les différents catalogues publiés à l'occasion des Salons des Métiers d'art du Québec. Consulter les associations régionales à ce sujet.

Regroupements

1
Région de la Gaspésie et du Bas St-Laurent

Association des Artisans de la Ville de Percé
Boîte postale 92
Percé, Qué.

Au Vieux Métier
Sayabec
Cté Matapédia, Qué.

Cativa Artisanat
112, rue Joly
Rivière-du-Loup, Qué.

Centre Art Mico
St-Gabriel
Cté Rimouski, Qué.

Centre Artisanal de la Matapédia
Boîte postale 336
Causapscal
Cté Matapédia, Qué.

Comité des Artisans de St-Yvon à Madeleine
Petite Vallée
Qué.

Commission Régionale d'Expansion Artisanale Inc.
448, rue St-Jérôme
Matane, Qué.

Compagnie des Artisans de Gaspé
Boîte postale 238
Gaspé, Qué.

Coopérative d'Artisanat des Iles
Cap-aux-Meules
Iles de la Madeleine, Qué.

Coopérative Le Manigo
Boîte postale 412
Rivière-au-Renard, Qué.

Corporation des Artisans créateurs de l'Est du Québec
129, rue St-Germain ouest
Boîte postale 425
Rimouski, Qué.

La Barge Inc.
Paspébiac
Cté Bonaventure, Qué.

La Cale de l'Artisan
Boîte postale 334
Rimouski, Qué.

La Chat - E - Laine
Marsoui
Cap Chat
Cté Matane, Qué.

Le Héronnière
Carleton
Cté Bonaventure, Qué.

La Saumonnière
Centre d'Artisanat de St-Alexis de Matapédia
St-Alexis
Cté Matapédia, Qué.

Le Centre Communautaire et Artisanal
97, rue Amyot
Rivière-du-Loup
Qué.

Les Ateliers Plein Soleil
1422 boul. Jacques-Cartier
Mont-Joli, Qué.

Val Artisanat
Amqui
Cté Matapédia, Qué.

2
Région Saguenay Lac St-Jean

Artisans du Saguenay Lac-Saint-Jean
a/s Adam Lapointe
Université du Québec
Chicoutimi

Coopérative d'Artisans du Lac St-Jean Ouest Inc.
614, 8ième Rue
St-Prime, Qué.

La Chaouinière Enr.
328, rang Ste-Famille
Chicoutimi, Qué.

Kiosque d'Artisanat d'Albanel
304, rue de l'Eglise
Albanel, Qué.

3
Région de Québec

Association des Artisans de St-Jean-Port-Joli Inc.
St-Jean-Port-Joli
Qué.

Centrale d'Artisanat du Québec
2700, boul. Laurier
Place Laurier
Québec, Qué.

Centre d'Art et d'Artisanat Sieur de Chavigny
Maison des Habitants
Deschambault
Cté Portneuf, Qué.

Chambre de commerce de Frampton
(Projet artisanal)
a/s Mme Estelle Turcotte
Beauce-Nord

Coopérative artisanale de Charlevoix Ouest
Place de l'Eglise
Baie St-Paul
Cté Charlevoix, Qué.

Coopérative des Artisans au Pays de Menaud
Place Charlevoix
La Malbaie
Cté Charlevoix, Qué.

Corporation des Artisans Indiens du Québec
2435, rue Watt, local 8
Parc Colbert
Ste-Foy, Qué.

Corporation des Artisans de Québec*
7, rue Notre-Dame
Québec, Qué.

Créativités Beauceronnes
Notre-Dame-des-Pins
Route 23
Cté de Beauce, Qué.

Le Comptoir coopératif des Artisans de Québec
(FLAQUE)
a/s Luc Archambault
1156, rue Saint-Jean
Québec

---

* Cette association organise un salon annuel, généralement en décembre.

Les Artisans du Sud de Dorchester
St-Zacharie
Cté de Beauce, Qué.

L'Atelier de Céramique Julien
909, boul. Pie XII
Ste-Foy, Qué.

Papeterie Saint-Gilles
Saint-Joseph-de-la-rive
Charlevoix

4
Région Mauricie-Bois-Francs

Métiers d'Art des Bois-Francs*
1215, rue Hébert
Boîte postale 7
St-Wenceslas, Qué.

Mouvement socio-culturel de La Tuque
(Section artisanat)
a/s Maurice Gilbert
Rue Saint-Eugène
La Tuque

---

* Cette association organise un salon annuel, généralement en décembre.

5
Région des Cantons de l'Est

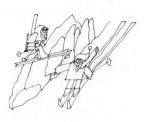

Association des artisans et artistes de Cowansville
116, rue Pine
Cowansville

Association des Artisans de l'Estrie
North Hatley
Qué.

Association des Métiers d'Art des Cantons de l'Est*
Route Rurale 2
Waterville, Qué.

Centre d'Art de Stanstead
79, rue Dufferin
Stanstead, Qué.

Coopérative de Production artisanale Aux doigts agiles
1198, rue Beaugrand
Acton Vale, Qué.

Les artisans de Granby
401, rue Notre-Dame
Granby

6
Région de Montréal

* Cette association organise un salon annuel, généralement en décembre.

Association des Artisans de la Ceinture Fléchée
du Québec Inc.
1010, Tassé
Ville St-Laurent
Qué.

Association des Artisans du Richelieu
128, 6ième Avenue
Richelieu, Qué.

Centrale d'Artisanat du Québec
1450, rue St-Denis
Montréal 129, Qué.

Coopérative artisanale de St-Henri
517, rue Ste-Marguerite
Montréal, Qué.

Coopérative des Artisans de Val-David
1437, 1er Rang
Val David, Qué.

Coopérative des Artisans des Grands Brûlés
571, Charbonneau
St-Jovite, Qué.

Coopérative l'Empreinte
130, rue St-Paul Est
Montréal, Qué.

Fédération des Coopératives Nouveau-Québec
880, rue Bégin
Ville St-Laurent, Qué.

Fil d'Ariane Inc.
130, rue Du Port
Montréal, Qué.

Guilde canadienne des Métiers d'Art
2025, rue Peel
Montréal, Qué.

L'Apache (L'Association Coopérative des Artistes
et Artisans de St-Hyacinthe)
650, rue Ste-Anne
St-Hyacinthe, Qué.

Les Artisans du meuble québécois
88, rue St-Paul Est

Montréal, Qué.
Métiers d'Art du Québec
4547, rue St-Denis
Montréal, Qué.

7
Région de l'Outaouais

L'Association Coopérative d'Artisanat du Comté
de Labelle
Lac-des-Ecorces
Cté Labelle, Qué.

Service communautaire de Gatineau
(Section artisanat)
a/s Louise Prud'homme
Ville de Gatineau

Wadub Handicrafts
324, rue Principale Sud
Maniwaki, Qué.

8
Région Abitibi-Témiscamingue

Centre d'Artisanat du Nord-Ouest Québécois
839, 3ième Avenue
Val D'Or, Qué.

La Galerie des Artisans d'Amos
25, 1ère Avenue Est
Amos, Qué.

La Guilde d'Art et d'Artisanat de Noranda
15, rue Gatineau
Noranda, Qué.

Les Mains Agiles
Lacorne
Abitibi Ouest, Qué.

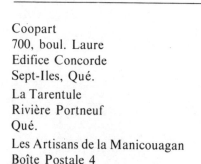

9
Région de la Côte-Nord

Coopart
700, boul. Laure
Edifice Concorde
Sept-Iles, Qué.

La Tarentule
Rivière Portneuf
Qué.

Les Artisans de la Manicouagan
Boîte Postale 4
Baie Comeau, Qué.

10
Région du Nouveau-Québec

Corporation des Artisans Indiens du Québec
2435, rue Watt, Local 8
Parc Colbert
Ste-Foy, Qué.

Fédération des Coopératives Nouveau-Québec
880, rue Bégin
Ville St-Laurent, Qué.

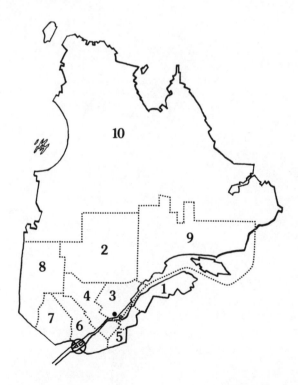

Assistance
technique

8

Assistance technique

Information générale:

Ministère des Affaires culturelles du Québec
955, Chemin St-Louis
Québec, P.Q.
G1S 1C8

Sources d'approvisionnement

Services extérieurs
Ministère de l'Industrie et du Commerce
Ottawa, Ontario
K1A OH5

Normes et spécialisation des produits

Bureau de normalisation du Québec
Ministère de l'Industrie et du Commerce
Place Youville
Québec, P.Q.

Organisation des entreprises

Service de consultation de la petite et moyenne entreprise
Place Youville, Québec
ou
Place Ville-Marie, Montréal

On peut obtenir des informations dans les services de ce ministère dans les villes suivantes: Québec, Montmagny, Chicoutimi, Victoriaville, Trois-Rivières, Sherbrooke, St-Jérôme, Longueuil, Hull, Rouyn, Rimouski, New-Carlisle, Hauterive.

Adaptation des produits et recherches

Le Centre de recherche industrielle du Québec (CRIQ)
Complexe Scientifique
555, boul. Henri IV - C.P. 9038
Ste-Foy
Québec 10, P.Q.

Information sur le design

Service Design Canada
Direction générale du conseiller en esthétique industrielle
Ministère de l'Industrie et du Commerce
Ottawa, Ontario
K1A OH5

Service d'enquête, d'étude et de promotion commerciales

Direction du Commerce
Ministère de l'Industrie et du Commerce
Maison du Commerce
1080, Côte du Beaver Hall
Montréal 128, P.Q.

Consultations offertes aux artisans

Centrale d'Artisanat du Québec
1450, rue St-Denis
Montréal, P.Q.
Téléphone: (514) 849-9415
Boutique Place Laurier
2700, boulevard Laurier
Québec, P.Q.

Renseignements pour les exportateurs et foires à l'étranger

Directeur de l'Information
Services extérieurs
Ministère de l'Industrie et du Commerce
Ottawa, Ontario
K1A OH5

Assistance aux expositions

Programme d'aide aux expositions
Service de Promotion des arts plastiques
Ministère des Affaires culturelles du Québec
955, Chemin St-Louis
Québec, P.Q.
G1S 1C8
Tél.: (418) 643-2159

Aide à l'industrie (équipement et construction)

Québec
Société de développement industriel du Québec (S.D.I.)
1126, chemin St-Louis
Place Sillery
Québec, P.Q.
G1S 1E5
Tél.: (418) 643-6573

Montréal
S.D.I.
800, Place Victoria
Bureau 4205
Montréal, P.Q.
H4Z 1E8
Tél.: (514) 873-4375

Service de mise en marché

Direction générale de l'industrie - Biens de consommation
Secteur industries culturelles
Ministère de l'Industrie et du Commerce
1, Place Ville-Marie
Montréal, P.Q.

H3B 3Y1
Tél.: (514) 873-3548

Service du commerce extérieur

Ministère de l'Industrie et du Commerce du Québec
1, Place Ville-Marie
Montréal 113, P.Q.

Aide à la petite industrie (financement)

Banque d'Expansion Industrielle
Ministère de l'Industrie et du Commerce du Québec
Place Ville-Marie
Montréal 113, P. Q.

Film et audiovisuel

Voir section 6 (Audio-visuel)

Développement culturel régional

Direction
Ministère des Affaires culturelles
1180, rue Berthelot (3e étage)
Québec, P.Q.
G1R 3G3

Bureaux régionaux
RÉGION DU BAS ST-LAURENT/GASPÉSIE
Ministère des Affaires culturelles
337, rue Moreault, suite s-15
Rimouski, P.Q.
G5L 1P4
RÉGION DU SAGUENAY/LAC ST-JEAN
Ministère des Affaires culturelles
534 est, Jacques-Cartier
Chicoutimi, P.Q.
G7H 5B5
RÉGIONS DE QUÉBEC - OUTAOUAIS - DE LA
CÔTE-NORD - DU NOUVEAU-QUÉBEC
Ministère des Affaires culturelles
1180, rue Berthelot (3e étage)

Québec, P.Q.
G1R 3G3
RÉGION DE LA MAURICIE/BOIS-FRANCS
Ministère des Affaires culturelles
2275, boulevard des Récollets
Trois-Rivières
G8Z 3X6
RÉGION DES CANTONS DE L'EST
Ministère des Affaires culturelles
740, rue Galt ouest
Sherbrooke, Qué.
J1H 1Z3
RÉGION DE MONTRÉAL
Ministère des Affaires culturelles
100, rue Notre-Dame est
Montréal, P.Q.
H2Y 1C1
RÉGION DE L'ABITIBI-TÉMISCAMINGUE
Ministère des Affaires culturelles
1, 9ième Rue
Noranda, P.Q.
J9X 2B1

Conseillères en économie familiale dans la province de Québec (autrefois conseillères en artisanat au ministère de l'Agriculture)

Alma

Nellie Bois
801, Pont Taché Nord
Alma, Lac St-Jean
Tél.: (418) 662-6486

Beauce

Rose-Hélène Coulombe
C.P. 459
St-Joseph de Beauce, P.Q.
GOS 2VO
Tél.: (418) 397-6825

Buckingham

Alberta Wells
30, rue Principale
Buckingham, P.Q.
J8L 1J4
Tél.: (819) 986-8541

Cap-de-la-Madeleine

Célyne Rouleau
91, boul. St-Louis
Cap-de-la-Madeleine, P.Q.
Tél.: (819) 375-4761

Châteauguay

Yvette Servant
187, rue Boileau
Châteauguay-Centre, P.Q.
J6J 4Z4
Tél.: (514) 692-8288

Dorion

Françoise Lévesque
168, boul. Harwood
C.P. 34
Dorion, P.Q.
J7V 5V8
Tél.: (514) 455-3359

L'Assomption

Cécile Noël
C.P. 1040
L'Assomption, P.Q.
JOK 1GO
Tél.: (514) 589-5651

Nicolet

Nicole Verville-Brochu
460, boul. Fréchette
C.P. 1090
Nicolet, P.Q.
Tél.: (819) 293-4535

Rimouski

Gabrielle Martin
337, rue Moreault
Rimouski, P.Q.
G5L 1P4
Tél.: (418) 723-7818

Rouyn

Berthe Saint-Georges
C.P. 756
Rouyn, P.Q.
Tél.: (819) 762-8538

Sherbrooke

Irène Caron
4260, boul. Bourque
Rock Forest
Sherbrooke, P.Q.
Tél.: (819) 563-7080

Ste-Foy

Gaétane Gagnon
2700, boul. Laurier
(Village Normand)
Ste-Foy, P.Q.
G1V 2L8
Tél.: (418) 643-9757

St-Hyacinthe

Huguette Lavallée-Poirier
Jeanne Bernard
C.P. 40, I.T.A.
St-Hyacinthe, P.Q.
Tel.: (514) 773-7401

Autres sources d'information

Association des Architectes de la Province de Québec
1825, boul. Dorchester ouest
Montréal, P.Q.
H3H 1R4

Association des Designers industriels du Québec
1191, Union
Montréal, P.Q.
H3B 3C3

Association internationale des Critiques d'Art
Section canadienne
788, av. Wilder
Montréal, P.Q.
H2V 2Y5

Association des Photographes professionnels de la Province
de Québec
1455, rue Peel
Montréal, P.Q.
H3A 1T5

Centre de Conception graphique - GRAFF
848, rue Marie-Anne est
Montréal, P.Q.
H2J 2A9

Fédération des Centres culturels de la Province de Québec
3100, rue St-Donat
Montréal, P.Q.
H1L 5L2

Media Gravures et Multiples
276, rue Sherbrooke ouest
Montréal, P.Q.
H2X 1Y1

Société des Artistes professionnels du Québec
4545, rue St-Denis
Montréal, P.Q.
H2X 3K3

Société des Décorateurs ensembliers du Québec
84, rue Notre-Dame ouest
Montréal, P.Q.
H2Y 1S6

Enseignement et demandes de bourses

Enseignement

Voici la liste des institutions qu'il faut contacter pour obtenir les informations concernant les cours d'artisanat qui se donnent au Québec. A cause de leur grand nombre et surtout des fréquents changements concernant professeurs, techniques, endroits et coûts, il est impossible de fournir des informations à jour dans ce genre d'ouvrage.

L'expérience et la pratique aidant, nous vous invitons à vous informer dans les endroits suivants-c'est la seule et unique façon, en tout temps, d'avoir la juste information:

— **Institutions publiques**
• secondaire professionnel (polyvalentes)
• collégial (CEGEP)
• universitaire
• éducation aux adultes (référer à votre commission scolaire)

— **Institutions et ateliers privés**
• professionnel (ex.: Centre des arts visuels, Montréal; Poterie Bonsecours, Montréal)

- professionnel et socio-culturel (ex.: Association de la Ceinture fléchée, Ville-Saint-Laurent et Québec)
- socio-culturel (ex.: centres culturels et Services des parcs et loisirs municipaux)

— **Autres informations**
- les différentes associations d'artisans (en particulier pour les cours privés: voir Guide d'artisans)
- les bureaux régionaux du ministère des Affaires culturelles (voir Assistance technique)
- la Centrale d'artisanat du Québec, à Montréal et à Québec

De nombreux artisans ou groupes d'artisans ou coopératives donnent des cours privés et spécialisés. Les organismes déjà mentionnés pourront vous fournir toutes ces informations à leur sujet.

Demandes de bourses

Pour obtenir des formules d'inscription et des renseignements, vous informer aux adresses suivantes:

Aide à la création et recherche

Service d'aide à la Création et à la Recherche
Ministère des Affaires culturelles du Québec
955, Chemin St-Louis
Québec, P.Q.
G1S 1C8

Travail libre/perfectionnement/voyage

Conseil des Arts du Canada
Service des bourses
Boîte Postale 1047
Ottawa, Ontario
51P 5V8

Stage en France

Office Franco-Québécois pour la Jeunesse
290, Place d'Youville
Montréal 125, P.Q.

Organismes des provinces canadiennes

Différents organismes fédéraux et des provinces canadiennes

Conseil Canadien de l'Artisanat
46, rue Elgin, local 16
Ottawa - K1P 5K6
Téléphone: 613/235-8200

Section du Développement de l'Art et de l'Artisanat
Direction de l'Exploitation
Ministère des Affaires Indiennes et du Nord
400, avenue Laurier ouest
Ottawa - K1A OH4

Division des articles de Loisirs et d'Artisanat
Direction des Textiles et des Produits de Consommation
Ministère de l'Industrie et du Commerce
112, rue Kent
Ottawa - K1A OH5

Planification et Développement des Programmes
Direction générale des Arts et de la Culture
Secrétariat d'Etat

66, rue Slater
Ottawa - K1A OM5

Alberta

Director, Visual Arts & Crafts Division
Department of Culture
Government of Alberta
C.N. Tower, 11th Floor
Edmonton, Alberta

International Marketing Branch
Department of Industry & Commerce
10015, 103rd Avenue
Edmonton, Alberta
T5J OH4

Colombie-Britannique

Trade and Industry Counsellor
Department of Industrial Development, Trade and Commerce
Box 10111, Suite 450
700, West Georgia Street
Vancouver, B.C.
V7Y 1C6

Executive Director
B.C.Cultural Program
Department of the Provincial Secretary
466, Superior Street
Victoria, B.C.

Vancouver Guild of Fabric Arts
4424, 2nd Ave, W.
Vancouver, B.C.

Ile-du-Prince-Edouard

Prince Edward Island Craftsman Council
Box 1573
Charlottetown, P.E.I.

Director, Handcraft Training Centre
188, Upper Prince Street
Charlottetown, P.E.I.

Handcrafts Division
Department of Industry & Commerce
P.O. Box 2000
Charlottetown, P.E.I.
C1A 7N8

Manitoba

Ministry of Tourism, Recreation & Cultural Affairs
Government of Manitoba
200, Vaughan Street
Winnipeg, Manitoba

Department of Industry and Commerce
210 - 185, Carleton Street
Winnipeg, Manitoba

Nouveau-Brunswick

Director, Handcrafts
Department of Tourism
Box 1030
Fredericton, N.B.

N.B. Craftsmen's Association
R.R. no. 6
Fredericton, N.B.

Nouvelle-Ecosse

Handcraft Branch
Department of Education
1895, Granville Street
Halifax, Nova Scotia

Department of Recreation
Box 864
Bank of Montreal Tower
Halifax, Nova Scotia
B3J 2V2

N.S. Designer Craftsmen
Box 3355 (SO)
Halifax, Nova Scotia

Ontario

Crafts Consultant

Ministry of Culture and Recreation
Cultural Unit
801 Bay Street, 2nd Floor
Toronto, Ontario
M7A 2R9

Manager
Consumer Marketing Section
Domestic Marketing Branch
Ontario Trade and Travel Centre
145 King Street West
Toronto, Ontario
M5H 1J8

Ontario Crafts Council
346 Dundas Street West
Toronto, Ontario

Ontario Hooking Craft Guild
54 Moreltrey
Georgetown, Ontario

Québec

Ministère des Affaires culturelles
Gouvernement du Québec
955, Chemin St-Louis
Québec, P.Q.
G1S 1C8

Centrale d'Artisanat du Québec
1450, rue St-Denis
Montréal, P.Q.
H2X 3J8

Centre de documentation de la
direction du Patrimoine
Ministère des Affaires culturelles du Québec
6, rue de l'Université
Québec, P.Q.
G1R 5A6

Haut-Commissariat à la Jeunesse,
aux Loisirs et aux Sports
Complexe "G", 9e étage

Hôtel du Gouvernement
Québec, P.Q.
G1A 1J4

Saskatchewan

Saskatchewan Arts Board
200, Lakeshore Drive
Regina, Saskatchewan

Saskatchewan Crafts Council
P.O. Box 294
La Ronge, Saskatchewan

Industry and Commerce
7th Floor
Power Building
Regina, Saskatchewan

Terre-Neuve

Newfoundland & Labrador Craft
Development Council
144, Duckworth St.
St. John's, Newfoundland

Craft Supervisor
Confederation Building
Department of Rural Development
St. John's, Newfoundland

Supervisor
Department of Vocational Education
St. John's, Newfoundland

Department of Recreation & Rehabilitation
Goose Bay
Labrador

Territoires du Nord-Ouest

Government of Northwest Territories
Yellowknife
N.W.T. - XOE 1HO

Yellowknife Guild of Crafts
Box 1946
Yellowknife, N.W.T.

Yukon Craft Guild
5112, 5th Avenue
Whitehorse
Yukon Territory

Index technique

561

Achevé d'imprimer sur les presses de
L'IMPRIMERIE ELECTRA *
pour
LES EDITIONS DE L'HOMME LTÉE

* Division du groupe Sogides Ltée

Ouvrages parus
chez les Éditeurs du groupe Sogides

Ouvrages parus aux
ÉDITIONS
DE L'HOMME

ART CULINAIRE

Art d'apprêter les restes (L'),
   S. Lapointe, **4.00**
Art de la table (L'), M. du Coffre, **$5.00**
Art de vivre en bonne santé (L'),
   Dr W. Leblond, **3.00**
Boîte à lunch (La), L. Lagacé, **4.00**
101 omelettes, M. Claude, **3.00**
Cocktails de Jacques Normand (Les),
   J. Normand, **4.00**
Congélation (La), S. Lapointe, **4.00**
Conserves (Les), Soeur Berthe, **5.00**
Cuisine chinoise (La), L. Gervais, **4.00**
Cuisine de maman Lapointe (La),
   S. Lapointe, **3.00**
Cuisine de Pol Martin (La), Pol Martin, **4.00**
Cuisine des 4 saisons (La),
   Mme Hélène Durand-LaRoche, **4.00**
Cuisine en plein air, H. Doucet, **3.00**
Cuisine française pour Canadiens,
   R. Montigny, **4.00**
Cuisine italienne (La), Di Tomasso, **3.00**
Diététique dans la vie quotidienne,
   L. Lagacé, **4.00**
En cuisinant de 5 à 6, J. Huot, **3.00**
Fondues et flambées de maman Lapointe,
   S. Lapointe, **4.00**
Fruits (Les), J. Goode, **5.00**

Grande Cuisine au Pernod (La),
   S. Lapointe, **3.00**
Hors-d'oeuvre, salades et buffets froids,
   L. Dubois, **3.00**
Légumes (Les), J. Goode, **5.00**
Madame reçoit, H.D. LaRoche, **4.00**
Mangez bien et rajeunissez, R. Barbeau, **3.00**
Poissons et fruits de mer,
   Soeur Berthe, **4.00**
**Recettes à la bière des grandes cuisines
   Molson,** M.L. Beaulieu, **4.00**
Recettes au "blender", J. Huot, **4.00**
Recettes de gibier, S. Lapointe, **4.00**
Recettes de Juliette (Les), J. Huot, **4.00**
Recettes de maman Lapointe,
   S. Lapointe, **3.00**
Régimes pour maigrir, M.J. Beaudoin, **4.00**
Tous les secrets de l'alimentation,
   M.J. Beaudoin, **2.50**
Vin (Le), P. Petel, **3.00**
Vins, cocktails et spiritueux,
   G. Cloutier, **3.00**
Vos vedettes et leurs recettes,
   G. Dufour et G. Poirier, **3.00**
Y'a du soleil dans votre assiette,
   Georget-Berval-Gignac, **3.00**

DOCUMENTS, BIOGRAPHIE

Architecture traditionnelle au Québec (L'),
   Y. Laframboise, **10.00**
Art traditionnel au Québec (L'),
   Lessard et Marquis, **10.00**
Artisanat québécois 1. Les bois et les
   textiles, C. Simard, **12.00**

Artisanat québécois 2. Les arts du feu,
   C. Simard, **12.00**
Acadiens (Les), E. Leblanc, **2.00**
Bien-pensants (Les), P. Berton, **2.50**
Ce combat qui n'en finit plus,
   A. Stanké,-J.L. Morgan, **3.00**

Charlebois, qui es-tu?, B. L'Herbier, 3.00

Comité (Le), M. et P. Thyraud de Vosjoli, 8.00

Des hommes qui bâtissent le Québec, collaboration, 3.00

Drogues, J. Durocher, 3.00

Epaves du Saint-Laurent (Les), J. Lafrance, 3.00

Ermite (L'), L. Rampa, 4.00

Fabuleux Onassis (Le), C. Cafarakis, 4.00

Félix Leclerc, J.P. Sylvain, 2.50

Filière canadienne (La), J.-P. Charbonneau, 12.95

Francois Mauriac, F. Seguin, 1.00

Greffes du coeur (Les), collaboration, 2.00

Han Suyin, F. Seguin, 1.00

Hippies (Les), Time-coll., 3.00

Imprévisible M. Houde (L'), C. Renaud, 2.00

Insolences du Frère Untel, F. Untel, 2.00

J'aime encore mieux le jus de betteraves, A. Stanké, 2.50

Jean Rostand, F. Seguin, 1.00

Juliette Béliveau, D. Martineau, 3.00

Lamia, P.T. de Vosjoli, 5.00

Louis Aragon, F. Seguin, 1.00

Magadan, M. Solomon, 7.00

Maison traditionnelle au Québec (La), M. Lessard, G. Vilandré, 10.00

Maîtresse (La), James et Kedgley, 4.00

Mammifères de mon pays, Duchesnay-Dumais, 3.00

Masques et visages du spiritualisme contemporain, J. Evola, 5.00

Michel Simon, F. Seguin, 1.00

Michèle Richard raconte Michèle Richard, M. Richard, 2.50

Mon calvaire roumain, M. Solomon, 8.00

Mozart, raconté en 50 chefs-d'oeuvre, P. Roussel, 5.00

Nationalisation de l'électricité (La), P. Sauriol, 1.00

Napoléon vu par Guillemin, H. Guillemin, 2.50

Objets familiers de nos ancêtres, L. Vermette, N. Genêt, L. Décarie-Audet, 6.00

On veut savoir, (4 t.), L. Trépanier, 1.00 ch.

Option Québec, R. Lévesque, 2.00

Pour entretenir la flamme, L. Rampa, 4.00

Pour une radio civilisée, G. Proulx, 2.00

Prague, l'été des tanks, collaboration, 3.00

Premiers sur la lune, Armstrong-Aldrin-Collins, 6.00

Prisonniers à l'Oflag 79, P. Vallée, 1.00

Prostitution à Montréal (La), T. Limoges, 1.50

Provencher, le dernier des coureurs des bois, P. Provencher, 6.00

Québec 1800, W.H. Bartlett, 15.00

Rage des goof-balls (La), A. Stanké, M.J. Beaudoin, 1.00

Rescapée de l'enfer nazi, R. Charrier, 1.50

Révolte contre le monde moderne, J. Evola, 6.00

Riopelle, G. Robert, 3.50

Struma (Le), M. Solomon, 7.00

Terrorisme québécois (Le), Dr G. Morf, 3.00

Ti-blanc, mouton noir, R. Laplante, 2.00

Treizième chandelle (La), L. Rampa, 4.00

Trois vies de Pearson (Les), Poliquin-Beal, 3.00

Trudeau, le paradoxe, A. Westell, 5.00

Un peuple oui, une peuplade jamais! J. Lévesque, 3.00

Un Yankee au Canada, A. Thério, 1.00

Une culture appelée québécoise, G. Turi, 2.00

Vizzini, S. Vizzini, 5.00

Vrai visage de Duplessis (Le), P. Laporte, 2.00

ENCYCLOPEDIES

Encyclopédie de la maison québécoise, Lessard et Marquis, 8.00

Encyclopédie des antiquités du Québec, Lessard et Marquis, 7.00

Encyclopédie des oiseaux du Québec, W. Earl Godfrey, 8.00

Encyclopédie du jardinier horticulteur, W.H. Perron, 8.00

Encyclopédie du Québec, Vol. I et Vol. II, L. Landry, 6.00 ch.

ESTHETIQUE ET VIE MODERNE

Cellulite (La), Dr G.J. Léonard, **4.00**
Chirurgie plastique et esthétique (La),
  Dr A. Genest, **2.00**
Embellissez votre corps, J. Ghedin, **2.00**
Embellissez votre visage, J. Ghedin, **1.50**
Etiquette du mariage, Fortin-Jacques,
  Farley, **4.00**
Exercices pour rester jeune, T. Sekely, **3.00**
Exercices pour toi et moi,
  J. Dussault-Corbeil, **5.00**
Face-lifting par l'exercice (Le),
  S.M. Rungé, **4.00**
Femme après 30 ans (La), N. Germain, **3.00**

Femme émancipée (La), N. Germain et
  L. Desjardins, **2.00**
Leçons de beauté, E. Serei, **2.50**
Médecine esthétique (La),
  Dr G. Lanctôt, **5.00**
Savoir se maquiller, J. Ghedin, **1.50**
Savoir-vivre, N. Germain, **2.50**
Savoir-vivre d'aujourd'hui (Le),
  M.F. Jacques, **3.00**
Sein (Le), collaboration, **2.50**
Soignez votre personnalité, messieurs,
  E. Serei, **2.00**
Vos cheveux, J. Ghedin, **2.50**
Vos dents, Archambault-Déom, **2.00**

LINGUISTIQUE

Améliorez votre français, J. Laurin, **4.00**
Anglais par la méthode choc (L'),
  J.L. Morgan, **3.00**
Corrigeons nos anglicismes, J. Laurin, **4.00**
Dictionnaire en 5 langues, L. Stanké, **2.00**

Petit dictionnaire du joual au français,
  A. Turenne, **3.00**
Savoir parler, R.S. Catta, **2.00**
Verbes (Les), J. Laurin, **4.00**

LITTERATURE

Amour, police et morgue, J.M. Laporte, **1.00**
Bigaouette, R. Lévesque, **2.00**
Bousille et les justes, G. Gélinas, **3.00**
Berger (Les), M. Cabay-Marin, Ed. TM, **5.00**
Candy, Southern & Hoffenberg, **3.00**
Cent pas dans ma tête (Les), P. Dudan, **2.50**
Commettants de Caridad (Les),
  Y. Thériault, **2.00**
Des bois, des champs, des bêtes,
  J.C. Harvey, **2.00**
Ecrits de la Taverne Royal, collaboration, **1.00**
Exodus U.K., R. Rohmer, **8.00**
Exxoneration, R. Rohmer, **7.00**
Homme qui va (L'), J.C. Harvey, **2.00**
J'parle tout seul quand j'en narrache,
  E. Coderre, **3.00**
Malheur a pas des bons yeux (Le),
  R. Lévesque, **2.00**
Marche ou crève Carignan, R. Hollier, **2.00**
Mauvais bergers (Les), A.E. Caron, **1.00**

Mes anges sont des diables,
  J. de Roussan, **1.00**
Mon 29e meurtre, Joey, **8.00**
Montréalités, A. Stanké, **1.50**
Mort attendra (La), A. Malavoy, **1.00**
Mort d'eau (La), Y. Thériault, **2.00**
Ni queue, ni tête, M.C. Brault, **1.00**
Pays voilés, existences, M.C. Blais, **1.50**
Pomme de pin, L.P. Dlamini, **2.00**
Printemps qui pleure (Le), A. Thério, **1.00**
Propos du timide (Les), A. Brie, **1.00**
Séjour à Moscou, Y. Thériault, **2.00**
Tit-Coq, G. Gélinas, **4.00**
Toges, bistouris, matraques et soutanes,
  collaboration, **1.00**
Ultimatum, R. Rohmer, **6.00**
Un simple soldat, M. Dubé, **4.00**
Valérie, Y. Thériault, **2.00**
Vertige du dégoût (Le), E.P. Morin, **1.00**

LIVRES PRATIQUES – LOISIRS

Aérobix, Dr P. Gravel, **3.00**
Alimentation pour futures mamans,
  T. Sekely et R. Gougeon, **4.00**

Améliorons notre bridge, C. Durand, **6.00**
Apprenez la photographie avec Antolne
  Desilets, A. Desilets, **5.00**

Arbres, les arbustes, les haies (Les),
  P. Pouliot, 7.00
Armes de chasse (Les), Y. Jarrettie, 3.00
Astrologie et l'amour (L'), T. King, 6.00
Bougies (Les), W. Schutz, 4.00
Bricolage (Le), J.M. Doré, 4.00
Bricolage au féminin (Le), J.-M. Doré, 3.00
Bridge (Le), V. Beaulieu, 4.00
Camping et caravaning, J. Vic et
  R. Savoie, 2.50
Caractères par l'interprétation des visages,
  (Les), L. Stanké, 4.00
Ciné-guide, A. Lafrance, 3.95
Chaînes stéréophoniques (Les),
  G. Poirier, 6.00
Cinquante et une chansons à répondre,
  P. Daigneault, 3.00
Comment amuser nos enfants,
  L. Stanké, 4.00
Comment tirer le maximum d'une mini-
  calculatrice, H. Mullish, 4.00
Conseils à ceux qui veulent bâtir,
  A. Poulin, 2.00
Conseils aux inventeurs, R.A. Robic, 3.00
Couture et tricot, M.H. Berthouin, 2.00
Dictionnaire des mots croisés,
  noms propres, collaboration, 6.00
Dictionnaire des mots croisés,
  noms communs, P. Lasnier, 5.00
Fins de partie aux dames,
  H. Tranquille, G. Lefebvre, 4.00
Fléché (Le), L. Lavigne et F. Bourret, 4.00
Fourrure (La), C. Labelle, 4.00
Guide complet de la couture (Le),
  L. Chartier, 4.00
Guide de la secrétaire, M. G. Simpson, 6.00
Hatha-yoga pour tous, S. Piuze, 4.00
8/Super 8/16, A. Lafrance, 5.00
Hypnotisme (L'), J. Manolesco, 3.00
Information Voyage, R. Viau et J. Daunais,
  Ed. TM, 6.00
Interprétez vos rêves, L. Stanké, 4.00

J'installe mon équipement stéréo, T. I et II,
  J.M. Doré, 3.00 ch.
Jardinage (Le), P. Pouliot, 4.00
Je décore avec des fleurs, M. Bassili, 4.00
Je développe mes photos, A. Desilets, 6.00
Je prends des photos, A. Desilets, 6.00
Jeux de cartes, G. F. Hervey, 10.00
Jeux de société, L. Stanké, 3.00
Lignes de la main (Les), L. Stanké, 4.00
Magie et tours de passe-passe,
  I. Adair, 4.00
Massage (Le), B. Scott, 4.00
Météo (La), A. Ouellet, 3.00
Nature et l'artisanat (La), P. Roy, 4.00
Noeuds (Les), G.R. Shaw, 4.00
Origami I, R. Harbin, 3.00
Origami II, R. Harbin, 3.00
Ouverture aux échecs (L'), C. Coudari, 4.00
Parties courtes aux échecs,
  H. Tranquille, 5.00
Petit manuel de la femme au travail,
  L. Cardinal, 4.00
Photo-guide, A. Desilets, 3.95
Plantes d'intérieur (Les), P. Pouliot, 7.00
Poids et mesures, calcul rapide,
  L. Stanké, 3.00
Tapisserie (La), T.-M. Perrier,
  N.-B. Langlois, 5.00
Taxidermie (La), J. Labrie, 4.00
Technique de la photo, A. Desilets, 6.00
Techniques du jardinage (Les),
  P. Pouliot, 6.00
Tenir maison, F.G. Smet, 3.00
Tricot (Le), F. Vandelac, 4.00
Vive la compagnie, P. Daigneault, 3.00
Vivre, c'est vendre, J.M. Chaput, 4.00
Voir clair aux dames, H. Tranquille, 3.00
Voir clair aux échecs, H. Tranquille et
  G. Lefebvre, 4.00
Votre avenir par les cartes, L. Stanké, 4.00
Votre discothèque, P. Roussel, 4.00
Votre pelouse, P. Pouliot, 5.00

LE MONDE DES AFFAIRES ET LA LOI

ABC du marketing (L'), A. Dahamni, 3.00
Bourse (La), A. Lambert, 3.00
Budget (Le), collaboration, 4.00
Ce qu'en pense le notaire, Me A. Senay, 2.00
Connaissez-vous la loi? R. Millet, 3.00
Dactylographie (La), W. Lebel, 2.00
Dictionnaire de la loi (Le), R. Millet, 2.50
Dictionnaire des affaires (Le), W. Lebel, 3.00
Dictionnaire économique et financier,
  E. Lafond, 4.00

Divorce (Le), M. Champagne et Léger, 3.00
Guide de la finance (Le), B. Pharand, 2.50
Initiation au système métrique,
  L. Stanké, 5.00
Loi et vos droits (La),
  Me P.A. Marchand, 5.00
Savoir organiser, savoir décider,
  G. Lefebvre, 4.00
Secrétaire (Le/La) bilingue, W. Lebel, 2.50

PATOF

Cuisinons avec Patof, J. Desrosiers, 1.29

Patof raconte, J. Desrosiers, 0.89
Patofun, J. Desrosiers, 0.89

SANTE, PSYCHOLOGIE, EDUCATION

Activité émotionnelle (L'), P. Fletcher, 3.00
Allergies (Les), Dr P. Delorme, 4.00
Apprenez à connaître vos médicaments,
R. Poitevin, 3.00
Caractères et tempéraments,
C.-G. Sarrazin, 3.00
Comment animer un groupe,
collaboration, 4.00
Comment nourrir son enfant,
L. Lambert-Lagacé, 4.00
Comment vaincre la gêne et la timidité,
R.S. Catta, 3.00
Communication et épanouissement
personnel, L. Auger, 4.00
Complexes et psychanalyse,
P. Valinieff, 4.00
Contact, L. et N. Zunin, 6.00
Contraception (La), Dr L. Gendron, 3.00
Cours de psychologie populaire,
F. Cantin, 4.00
Dépression nerveuse (La), collaboration, 4.00
Développez votre personnalité,
vous réussirez, S. Brind'Amour, 3.00
Douze premiers mois de mon enfant (Les),
F. Caplan, 10.00
Dynamique des groupes,
Aubry-Saint-Arnaud, 3.00
En attendant mon enfant,
Y.P. Marchessault, 4.00
Femme enceinte (La), Dr R. Bradley, 4.00
Guérir sans risques, Dr E. Plisnier, 3.00
Guide des premiers soins, Dr J. Hartley, 4.00

Guide médical de mon médecin de famille,
Dr M. Lauzon, 3.00
Langage de votre enfant (Le),
C. Langevin, 3.00
Maladies psychosomatiques (Les),
Dr R. Foisy, 3.00
Maman et son nouveau-né (La),
T. Sekely, 3.00
Mathématiques modernes pour tous,
G. Bourbonnais, 4.00
Méditation transcendantale (La),
J. Forem, 6.00
Mieux vivre avec son enfant, D. Calvet, 4.00
Parents face à l'année scolaire (Les),
collaboration, 2.00
Personne humaine (La), Y. Saint-Arnaud, 4.00
Pour bébé, le sein ou le biberon,
Y. Pratte-Marchessault, 4.00
Pour vous future maman, T. Sekely, 3.00
15/20 ans, F. Tournier et P. Vincent, 4.00
Relaxation sensorielle (La), Dr P. Gravel, 3.00
S'aider soi-même, L. Auger, 4.00
Soignez-vous par le vin, Dr E. A. Maury, 4.00
Volonté (La), l'attention, la mémoire,
R. Tocquet, 4.00
Vos mains, miroir de la personnalité,
P. Maby, 3.00
Votre personnalité, votre caractère,
Y. Benoist-Morin, 3.00
Yoga, corps et pensée, B. Leclerq, 3.00
Yoga, santé totale pour tous,
G. Lescouflar, 3.00

SEXOLOGIE

Adolescent veut savoir (L'),
Dr L. Gendron, 3.00
Adolescente veut savoir (L'),
Dr L. Gendron, 3.00
Amour après 50 ans (L'), Dr L. Gendron, 3.00
Couple sensuel (Le), Dr L. Gendron, 3.00
Déviations sexuelles (Les), Dr Y. Léger, 4.00
Femme et le sexe (La), Dr L. Gendron, 3.00
Helga, E. Bender, 6.00
Homme et l'art érotique (L'),
Dr L. Gendron, 3.00
Madame est servie, Dr L. Gendron, 2.00

Maladies transmises par relations
sexuelles, Dr L. Gendron, 2.00
Mariée veut savoir (La), Dr L. Gendron, 3.00
Ménopause (La), Dr L. Gendron, 3.00
Merveilleuse histoire de la naissance (La),
Dr L. Gendron, 4.50
Qu'est-ce qu'un homme, Dr L. Gendron, 3.00
Qu'est-ce qu'une femme, Dr L. Gendron, 4.00
Quel est votre quotient psycho-sexuel?
Dr L. Gendron, 3.00
Sexualité (La), Dr L. Gendron, 3.00
Teach-in sur la sexualité,
Université de Montréal, 2.50
Yoga sexe, Dr L. Gendron et S. Piuze, 4.00

SPORTS (collection dirigée par Louis Arpin)

ABC du hockey (L'), H. Meeker, 4.00
Aikido, au-delà de l'agressivité,
M. Di Villadorata, 4.00
Bicyclette (La), J. Blish, 4.00

Comment se sortir du trou au golf,
Brien et Barrette, 4.00
Courses de chevaux (Les), Y. Leclerc, 3.00

Devant le filet, J. Plante, **4.00**
D. Brodeur, **4.00**
Entraînement par les poids et haltères,
F. Ryan, **3.00**
Expos, cinq ans après,
D. Brodeur, J.-P. Sarrault, **3.00**
Football (Le), collaboration, **2.50**
Football professionnel, J. Séguin, **3.00**
Guide de l'auto (Le) (1967), J. Duval, **2.00**
(1968-69-70-71), **3.00** chacun
Guy Lafleur, Y. Pedneault et D. Brodeur, **4.00**
Guide du judo, au sol (Le), L. Arpin, **4.00**
Guide du judo, debout (Le), L. Arpin, **4.00**
Guide du self-defense (Le), L. Arpin, **4.00**
Guide du trappeur,
P. Provencher, **4.00**
Initiation à la plongée sous-marine,
R. Goblot, **5.00**
J'apprends à nager, R. Lacoursière, **4.00**
Jocelyne Bourassa,
J. Barrette et D. Brodeur, **3.00**
Jogging (Le), R. Chevalier, **5.00**
Karaté (Le), Y. Nanbu, **4.00**
Kung-fu, R. Lesourd, **5.00**
Livre des règlements, LNH, **1.50**
Lutte olympique (La), M. Sauvé, **4.00**
Match du siècle: Canada-URSS,
D. Brodeur, G. Terroux, **3.00**
Mon coup de patin, le secret du hockey,
J. Wild, **3.00**
Moto (La), Duhamel et Balsam, **4.00**

Natation (La), M. Mann, **2.50**
Natation de compétition (La),
R. Lacoursière, **3.00**
Parachutisme (Le), C. Bédard, **5.00**
Pêche au Québec (La), M. Chamberland, **5.00**
Petit guide des Jeux olympiques,
J. About, M. Duplat, **2.00**
Puissance au centre, Jean Béliveau,
H. Hood, **3.00**
Raquette (La), Osgood et Hurley, **4.00**
Ski (Le), W. Schaffler-E. Bowen, **3.00**
Ski de fond (Le), J. Caldwell, **4.00**
Soccer, G. Schwartz, **3.50**
Stratégie au hockey (La), J.W. Meagher, **3.00**
Surhommes du sport, M. Desjardins, **3.00**
Techniques du golf,
L. Brien et J. Barrette, **4.00**
Techniques du tennis, Ellwanger, **4.00**
Tennis (Le), W.F. Talbert, **3.00**
Tous les secrets de la chasse,
M. Chamberland, **3.00**
Tous les secrets de la pêche,
M. Chamberland, **3.00**
36-24-36, A. Coutu, **3.00**
Troisième retrait (Le), C. Raymond,
M. Gaudette, **3.00**
Vivre en forêt, P. Provencher, **4.00**
Vivre en plein air, P. Gingras, **4.00**
Voie du guerrier (La), M. di Villadorata, **4.00**
Voile (La), Nik Kebedgy, **5.00**

Ouvrages parus à
L'ACTUELLE
JEUNESSE

Echec au réseau meurtrier, R. White, **1.00**
Engrenage (L'), C. Numainville, **1.00**
Feuilles de thym et fleurs d'amour,
M. Jacob, **1.00**
Lady Sylvana, L. Morin, **1.00**
Moi ou la planète, C. Montpetit, **1.00**

Porte sur l'enfer, M. Vézina, **1.00**
Silences de la croix du Sud (Les),
D. Pilon, **1.00**
Terreur bleue (La), L. Gingras, **1.00**
Trou (Le), S. Chapdelaine, **1.00**
Une chance sur trois, S. Beauchamp, **1.00**
22,222 milles à l'heure, G. Gagnon, **1.00**

Ouvrages parus à
L'ACTUELLE

Aaron, Y. Thériault, **3.00**

Agaguk, Y. Thériault, **4.00**

Allocutaire (L'), G. Langlois, 2.50
Bois pourri (Le), A. Maillet, 2.50
Carnivores (Les), F. Moreau, 2.50
Carré Saint-Louis, J.J. Richard, 3.00
Centre-ville, J.-J. Richard, 3.00
Chez les termites,
  M. Ouellette-Michalska, 3.00
  -de-sac, Y. Thériault, 3.00
  n mur à l'autre, P.A. Bibeau, 2.50
  ka, M. Godin, 3.00
  barque (La), R. Plante, 3.00
  mi-civilisés (Les), J.C. Harvey, 3.00
  rnier havre (Le), Y. Thériault, 3.00
  maine de Cassaubon (Le),
  G. Langlois, 3.00
  ompteur d'ours (Le), Y. Thériault, 3.00
  oux Mal (Le), A. Maillet, 3.00
  n hommage aux araignées, E. Rochon, 3.00
  t puis tout est silence, C. Jasmin, 3.00
  aites de beaux rêves, J. Poulin, 3.00
  lle laide (La), Y. Thériault, 4.00
  réquences interdites, P.-A. Bibeau, 3.00
  uite immobile (La), G. Archambault, 3.00

Jeu des saisons (Le),
  M. Ouellette-Michalska, 2.50
Marche des grands cocus (La),
  R. Fournier, 3.00
Monsieur Isaac, N. de Bellefeuille et
  G. Racette, 3.00
Mourir en automne, C. de Cotret, 2.50
N'Tsuk, Y. Thériault 3.00
Neuf jours de haine, J.J. Richard, 3.00
New Medea (La), M. Bosco, 3.00
Ossature (L'), R. Morency, 3.00
Outaragasipi (L'), C. Jasmin, 3.00
Petite fleur du Vietnam (La),
  C. Gaumont, 3.00
Pièges, J.J. Richard, 3.00
Porte Silence, P.A. Bibeau, 2.50
Requiem pour un père, F. Moreau, 2.50
Scouine (La), A. Laberge, 3.00
Tayaout, fils d'Agaguk, Y. Thériault, 3.00
Tours de Babylone (Les), M. Gagnon, 3.00
Vendeurs du Temple (Les), Y. Thériault, 3.00
Visages de l'enfance (Les), D. Blondeau, 3.00
Vogue (La), P. Jeancard, 3.00

Ouvrages parus aux
PRESSES
LIBRES

  mour (L'), collaboration 7.00
  mour humain (L'), R. Fournier, 2.00
  nik, Gilan, 3.00
  riâme . . .Plage nue, P. Dudan, 3.00
  ssimilation pourquoi pas? (L'),
  L. Landry, 2.00
  ventures sans retour, C.J. Gauvin, 3.00
  ateau ivre (Le), M. Metthé, 2.50
  ent Positions de l'amour (Les),
  H. Benson, 4.00
  omment devenir vedette, J. Beaulne, 3.00
  ouple sensuel (Le), Dr L. Gendron, 3.00
  émesure des Rois (La),
  P. Raymond-Pichette, 4.00
Des Zéroquois aux Québécois,
  C. Falardeau, 2.00
Emmanuelle à Rome, 5.00
Exploits du Colonel Pipe (Les),
  R. Pradel, 3.00
Femme au Québec (La),
  M. Barthe et M. Dolment, 3.00
Franco-Fun Kébecwa, F. Letendre, 2.50
Guide des caresses, P. Valinieff, 4.00
Incommunicants (Les), L. Leblanc, 2.50
Initiation à Menke Katz, A. Amprimoz, 1.50
Joyeux Troubadours (Les), A. Rufiange, 2.00
Ma cage de verre, M. Metthé, 2.50

Maria de l'hospice, M. Grandbois, 2.00
Menues, dodues, Gilan, 3.00
Mes expériences autour du monde,
  R. Boisclair, 3.00
Mine de rien, G. Lefebvre, 3.00
Monde agricole (Le), J.C. Magnan, 3.50
Négresse blonde aux yeux bridés (La),
  C. Falardeau, 2.00
Niska, G. Robert, 12.00
Paradis sexuel des aphrodisiaques (Le),
  M. Rouet, 4.00
Plaidoyer pour la grève et la contestation,
  A. Beaudet, 2.00
Positions +, J. Ray, 4.00
Pour une éducation de qualité au Québec,
  C.H. Rondeau, 2.00
Québec français ou Québec québécois,
  L. Landry, 3.00
Rêve séparatiste (Le), L. Rochette, 2.00
Sans soleil, M. D'Allaire, 2.00
Séparatiste, non, 100 fois non!
  Comité Canada, 2.00
Terre a une taille de guêpe (La),
  P. Dudan, 2.00
Tocap, P. de Chevigny, 2.00
Virilité et puissance sexuelle, M. Rouet, 4.00
Voix de mes pensées (La), E. Limet, 2.50

Books published by HABITEX

Aikido, M. di Villadorata, **3.95**
Blender recipes, J. Huot, **3.95**
Caring for your lawn, P. Pouliot, **4.95**
Cellulite, G .Léonard, **3.95**
Complete guide to judo (The), L. Arpin, **4.95**
Complete Woodsman (The),
    P. Provencher, **3.95**
Developping your photographs,
    A. Desilets, **4.95**
8/Super 8/16, A. Lafrance, **4.95**
Feeding your child, L. Lambert-Lagacé, **3.95**
Fondues and Flambes,
    S. and L. Lapointe, **2.50**
Gardening, P. Pouliot, **5.95**
Guide to Home Canning (A),
    Sister Berthe, **4.95**
Guide to Home Freezing (A),
    S. Lapointe, **3.95**
Guide to self-defense (A), L. Arpin, **3.95**
Help Yourself, L. Auger, **3.95**

Interpreting your Dreams, L. Stanké, **2.95**
Living is Selling, J.-M. Chaput, **3.95**
Mozart seen through 50 Masterpieces,
    P. Roussel, **6.95**
Music in Canada 1600-1800,
    B. Amtmann, **10.00**
Photo Guide, A. Desilets, **3.95**
Sailing, N. Kebedgy, **4.95**
Sansukai Karate, Y. Nanbu, **3.95**
"Social" Diseases, L. Gendron, **2.50**
Super 8 Ciné Guide, A. Lafrance, **3.95**
Taking Photographs, A. Desilets, **4.95**
Techniques in Photography, A. Desilets, **5**
Understanding Medications, R. Poitevin, **2**
Visual Chess, H. Tranquille, **2.95**
Waiting for your child,
    Y. Pratte-Marchessault, **3.95**
Wine: A practical Guide for Canadians,
    P. Petel, **2.95**
Yoga and your Sexuality, S. Piuze and
    Dr. L. Gendron, **3.95**

Diffusion Europe

Belgique: 21, rue Defacqz — 1050 Bruxelles
France: 4, rue de Fleurus — 75006 Paris

CANADA	BELGIQUE	FRANCE
$ 2.00	100 FB	13 F
$ 2.50	125 FB	16,25 F
$ 3.00	150 FB	19,50 F
$ 3.50	175 FB	22,75 F
$ 4.00	200 FB	26 F
$ 5.00	250 FB	32,50 F
$ 6.00	300 FB	39 F
$ 7.00	350 FB	45,50 F
$ 8.00	400 FB	52 F
$ 9.00	450 FB	58,50 F
$10.00	500 FB	65 F